AF559330

Matthias Pöhm

# Ich kann euch alle haben

Matthias Pöhm

# Ich kann euch alle haben

## Der entschlüsselte Verführungscode

## Die geheimen Rezepte erfolgreicher Frauenflüsterer

2. Auflage 2015

www.poehm.com Verlag



Druck: Life Success Media, Innsbruck
Satz: MarcAlbrecht, www.1-2-buch.de
Printed in Europe
ISBN 978-3-952395-5-9

# Inhalt

# Einleitung

Der Buchtitel «Ich kann euch alle haben» ist eine Lüge: Sie können niemals JEDE Frau haben. Ausgeschlossen! Selbst die weltbesten Verführer können das nicht. Aber was Sie können, ist so eine *Ausstrahlung* zu bekommen, wie einer, der es anscheinend kann. Und dann verdreifachen Sie Ihren Erfolg bei Frauen.

Dieses Buch ist auch kein Buch darüber, wie Sie Ihre einzige Traumfrau finden, ansprechen, erobern und mit ihr dann eine harmonische Beziehung führen. Denn das Problem ist, wenn Sie sie entdeckt haben und sie steht in voller Blüte vor Ihnen, dann wissen Sie nicht, wie Sie sie ansprechen sollen, was Sie mit ihr reden sollen, und an das Weitergehende ist sowieso nicht zu denken.

Ohne gut zu werden im Erobern von Frauen, ohne große Routine und Erfahrung brauchen Sie an Ihre Traumfrau gar nicht zu denken.

## Ignorieren Sie die Tipps der Frauen

Es gibt immer wieder Männer, die denken, man müsse die Frauen selber fragen, wie man sich ihnen gegenüber nähern soll und welche Strategie erfolgreich bei ihnen sind.

Frauen leben immer noch in der Fantasiewelt der Märchenbücher, der Fernseh-Hochzeit-Shows, der Liebesromane und des Prinzen auf dem weißen Pferd. Sie verstehen sich selber nicht. Sie wissen im Prinzip nicht, wie sie funktionieren, und schon gar nicht, was ihr Liebesleben angeht.

Wenn Sie Frauen fragen, wie man sie ansprechen soll, dann bekommen Sie solche Antworten wie «bleib natürlich», «zeig direkt dein wahres, natürliches Gesicht»,»gib echte, aufrichtige Komplimente», «sei locker», «sprich einfach nett mit ihr» oder «sei einfach du selbst».

Das ist in etwa dasselbe, wie wenn jemand fragt, wie man einen DVD Rekorder programmieren soll und er bekommt die Antwort: «Sei einfach du selbst!» Sie dürfen nie einen Baum fragen, wie man ihn fällen soll, Sie müssen den erfahrenen Holzfäller fragen.

Die Anweisung «locker und natürlich bleiben» bringt da draußen, wenn Sie nach einer Minute schon nichts mehr zu reden wissen, einfach gar nichts. Mit dieser Art Tipps von Frauen werden Sie weiterhin Opfer sein. Sie müssen erfahrene Casanovas fragen, die konkrete Strategien und Methoden haben – das hilft.

Deswegen ist es gut, dass Sie dieses Buch in den Händen halten.

# Wie alles begann

Ich liebe Frauen. Ich habe immer Frauen geliebt. Ich finde, sie sind absolut faszinierende Geschöpfe. Es war mir nie klar, warum die Gesellschaft mir einreden wollte, mich im Leben nur mit einer Frau zu begnügen.

Ich kann mich erinnern, dass ich bereits mit 18/19 Jahren die ersten Notizen in ein Notizheft machte, wie man das Thema Frauen-erobern in den Griff bekommen könnte. Irgendwann kam die erste Beziehung, das Thema wurde weniger dringlich, verschwand aber nie aus meinen Augen. Dann kam die zweite Beziehung, dann die dritte, die vierte, die fünfte usw. Die Jahre gingen in einlullenden Beziehungen dahin.

Keine Beziehung konnte diese Sehnsucht, dieses Jagdfieber in mir wahrhaft eindämmen. Eine Beziehung war für mich nicht wahrhaft das Ziel, mein Interesse galt immer *Frauen.* Aber es gab diese Kluft zwischen meinem sehnlichsten Wunsch und meiner erlebten Fähigkeit.

Ich empfand mich als Opfer. Frauen machten mir Angst, besonders schöne Frauen.

Dann kam das Ende einer langjährigen Beziehung, und, wie der Zufall es wollte, war mein damaliger Freund Roger ebenfalls solo. Das Thema Frauen interessierte ihn genauso wie mich. Also beschlossen wir, uns diesem Thema analytisch zu nähern. Es musste doch irgendeine Systematik, eine Strategie geben, mit der man bei Frauen mehr Erfolg hat?

Wir begannen uns regelmäßig zu treffen und Vorgehensweisen zu entwickeln. Wir interviewten einige unserer Ansicht nach erfolgreiche Casanovas von Zürich und Kärnten, arbeiteten Theorien aus und entwickelten Modelle von Frauentypen, denen man sich mit unterschiedlicher Strategie nähern musste.

Das ging so über Monate und Jahre. Ich war der Theoretiker, ich entwickelte die meisten Strategien … Roger wendete die Theorien *an*. Ich selber traute mich höchst selten, fremde Frauen einfach anzusprechen, und wenn, dann war ich einfach blockiert. Roger war anders. Er probierte die Dinge immer und immer wieder, gab nicht nach, blieb teilweise bis 5 Uhr morgens im Club, bis er endlich eine erwischt hatte, die er schließlich mit nach Hause nehmen konnte. *Er* wurde gut. *Ich* blieb auf demselben Niveau wie zuvor.

Dann entdeckte ich eines Tages, dass in Zürich, meiner Wohnstadt, ein Verführungs-Seminar von der Zeitschrift Playboy veranstaltet wurde. Ich meldete mich an. Ca. 30 Leute versammelten sich an einem Samstag in einem engen Seminarraum. Am Ende der zwei Tage, stand ich mit Stefan und André, zwei Teilnehmern, die ich von den Gruppenübungen im Seminar kannte, vor dem Seminarhotel und sie sagten zu mir: «Komm mit, wir gehen das jetzt ausprobieren!»

Mir rutschte das Herz in die Hose. «Nein, aber doch nicht heute! Wir treffen uns dann irgendwann mal, wir müssen uns doch *vorbereiten*.» Doch Stefan und André insistierten: «Quatsch, wir machen das jetzt. Komm geh mit!»

Ich folgte ihnen durchs angrenzende Zürcher Kneipenviertel Niederdorf, sah, wie sie nacheinander einige Mädchen ansprachen und nach anfänglichen Hemmungen ließ ich mich von meinen neuen Kumpels anstecken und wagte es bei einer ersten. Ich war erstaunt: Ich rechnete damit, von ihr stehen gelassen zu werden, aber sie schien Gefallen an dem Talk zu haben. Ich sprach weitere Mädchen an und hatte dann erstaunlicherweise einigen Erfolg. Erfolg bestand für mich damals darin, dass sie das Gespräch als angenehm empfanden und für längere Zeit stehen blieben. Und als Krönung konnte ich an diesem Tag sogar eine Telefonnummer einsammeln. Als ich am Abend nachhause fuhr, war ich in Euphorie. Du kannst einfach auf der Straße irgendwelche Frauen ansprechen, und sie steigen sogar auf dich ein?! Der Virus hatte mich infiziert!

Ich hatte damals eine Freundin, die ich wirklich liebte. Aber das Verführen-lernen war mir im Herzen viel wichtiger und nach einigen Monaten ließ ich die Beziehung auseinander brechen. Warum sich mit einem Apfel zufrieden geben, wenn man doch anscheinend den ganzen Apfelbaum ernten kann?

Ich bin nun schon sieben Jahre in der Szene der Jungs, die sich mit dem Erlernen von Frauenerobern beschäftigen, und ich will Ihnen einen realistischen Blick auf die Erfolgsaussichten der Meisterschaft im Umgang mit Frauen geben.

Es gibt diejenigen, die nach einem Wochenend-Seminar und einem Monat intensiven Übens die Sache drauf haben. Das ist die Ausnahme.

Es gibt diejenigen, die vielleicht drei Seminare besuchen und ein Jahr intensives Training brauchen und dann vernünftige Ergebnisse bekommen. Das ist der Normalfall.

Und es gibt diejenigen, die brauchen Wochen und Wochen von Einzelcoachings und Jahre über Jahre an Training, um die Sache mit den Frauen in den Griff zu bekommen. Das ist ebenfalls die Ausnahme. So eine Ausnahme war ich.

Mit André und Stefan traf ich mich immer wieder, um gemeinsam zum «Sargen» zu gehen. «Sargen» ist ein Ausdruck aus der verborgenen «Pickup Community». Diese verschworene, übers Internet kommunizierende Gemeinde hat sich darauf spezialisiert, die Geheimnisse der Fraueneroberung zu erforschen und hat eigene Begriffe erschaffen, die eine Art Geheimcode unter den Frauenverführern geworden sind. «Sargen» (englisch ausgesprochen «sardschen») ist der Insider-Begriff dafür, auszuschwärmen, um Frauen mit dem Ziel anzusprechen sie rumzukriegen.

Wir gingen aber nur dann sargen, wenn einer aus der Clique den anderen angerufen hatte. Alleine auf Tour zu gehen kam praktisch nie vor. In unregelmäßigen Abständen, manchmal zweimal die Woche, manchmal drei Wochen gar nicht, gingen wir auf die Straße, in Cafés, in Bars. Es gab einzelne Erfolgserlebnisse, aber die Hemmung am nächsten Tag, kam immer wieder zurück und der dauerhafte Erfolg wollte sich einfach nicht einstellen.

Da beschloss ich eines Tages, ins Mekka der europäischen Pickup-Szene (so nennt sich die Verführungs-Szene) zu reisen, um dort intensiv mit anderen Gleichgesinnten zu üben. Ich buchte zwei Wochen London!

Wenn Sie mit dem Ziel des «Pickup» durch die Welt reisen, sind Sie nicht mehr alleine. Dank des Internets und der spezialisierten Webseiten können Sie in jeden Winkel der Erde fahren und Sie finden dort sofort Gleichgesinnte. Einige Posts im Pickupforum London reichten und ich hatte eine Auswahl an etlichen Jungs, mit denen ich mich treffen konnte. Es ist eine der angenehmen Erfahrungen dieser Szene, dass Sie in einer beliebigen fremden Stadt landen können und dort sofort «Freunde» finden. Dieses abtastende, vorsichtige Kennenlernen ist sehr verkürzt, Gesprächslosigkeit kommt kaum auf, denn man hat das gleiche brennende Interesse. Jeder gibt Ihnen sofort seine Telefonnummer, und es fällt überhaupt nicht schwer, einen Kumpel zu finden mit dem man «auf Tour» gehen kann. Zum anderen ist es die beste und effektivste Art, sein Englisch zu verbessern.

Es gab damals ein Buch, das die Bibel der Verführung war. «The Game» von Neil Strauss! Das Buch war auf der New Yorker Bestsellerliste und jeder in der Szene hatte es gelesen. Die Story war genauso interessant wie spannend. Neil Strauss, ein Journalist, schmuggelte sich inkognito in die geheime Pick-up-Szene ein, leckte Blut, und wurde selbst zu einem der besten Verführer der Welt. Die Hauptfigur in diesem Buch, von der Strauss alles lernte, hieß Mystery. Es ist üblich, wenn man in der Szene etwas darstellen will, dass man sich einen Künstlernamen zulegt, mit dem man dann nach außen auftritt. Die Verführer heißen dann Trigger, Matador, Gambler usw. Diese Alias-Namen kennt die Internetgemeinde fast ausschließlich, der echte Name ist meist unbekannt. Mystery hieß mit bürgerlichem Namen Erik von Markovik und war der unbestrittene Welt-Star der damaligen Szene. Ich nahm Kontakt mit seiner Seminar-Organisation in den USA auf und buchte jemand aus seinem Team für drei Tage: Sein Name war TenMagnet. TenMagnet kannte Mystery sogar noch aus Tagen, bevor er berühmt wurde, denn beide kamen aus Toronto in Kanada.

Die drei Tage Einzel-Coaching mit Tenmagnet und die zwei Wochen sargen mit Kumpels in London gingen vorbei. Ich kam zurück nach Zürich … und ich hatte noch immer dieselben Hemmungen vor unbekannten fremden Frauen.

Ich wollte, ich musste weiter machen. Als die einzige *europäische* Größe, war im Buch «The Game» ein Kroate namens Badboy erwähnt. Ich buchte ein 3-Tages-Seminar in München mit ihm – wir gingen am Abend in Clubs und ich tat einige Dinge auf sein Geheiß, die ich mir sonst nie zugetraut hätte – kam zurück nach Zürich … und ich hatte noch immer dieselben Hemmungen vor fremden Frauen.

Jetzt wollte ich es einfach wissen. Ich buchte zwei weitere volle Wochen in London, um mit dem inzwischen dort aufgebauten Freundeskreis weiter zu sargen. Gleichzeitig buchte ich während dieser Zeit drei Tage Einzel Coaching mit Badboy – in Amsterdam.

Die zwei Wochen gingen vorbei – das Coaching mit Badboy auch … und ich hatte danach noch immer dieselben Hemmungen.

Ich hatte in London zwischenzeitlich auch die Spinnen im Netz der Pick-up-Szene kennen gelernt. Das waren die großen Figuren, bewundert von allen anderen Neulingen, die kleinen Stars, die auch selber schon Bootcamps (Seminare mit gleichzeitigem Ausprobieren am Abend) gaben und sichtbar besser waren als wir Theoretiker. Dort wurde mir eines Tages Richard Macilwaine, alias Trigger vorgestellt, ein 21 jähriger Junge, aufgewachsen in Zimbabwe auf einer Farm mit über 100 Angestellten, deren Familie vom Mugabe Regime enteignet und zum Auswandern gezwungen worden war.

Richard hatte es an einem Abend im China Whites Club in London geschafft, dass ich dank seiner präzisen Anweisung innerhalb von vier Minuten ein wildfremdes Mädchen küssen konnte. Ich buchte Richard für ein Dreitages Intensiv-Coaching-Wochenende.

Das Wochenende ging vorbei und … ich hatte danach noch immer dieselben Hemmungen.

Ich – ließ – nicht – locker … und buchte das nächste mögliche Wochenende, wieder mit Richard. Das Wochenende ging vorbei, ich war zurück in Zürich – die Hemmungen waren immer noch da. Mein Seminarkalender ließ das nächste Wochenende auch noch zu, und wieder flog ich wie immer am Donnerstagabend von Zürich nach London. Auch nach diesen drei Tagen Intensivtraining fühlte ich mich noch längst nicht angekommen und, Sie ahnen es bereits, vier Wochen später holte mich Richard, fast schon wie in einem Ritual, wieder vom Londoner Cityflughafen ab. Dies war nun schon das vierte Wochenende, an dem ich mir für drei Tage einen Individualcoach leistete, und ich ahnte, dass ich auch diesmal nach der Rückkehr nach Zürich immer noch nicht den Durchbruch haben würde. Ich sagte mir, dass ich nun einen Gang nach oben schalten musste. Ich fragte Richard, ob er in diesem Sommer drei volle Wochen am Stück Zeit hätte, um mich 21 Tage lang im Dauer-Coaching in die Geheimnisse des Fraueneroberns einzuführen.

Ende Juli landete ich in London und zog in ein extra für diesen Zweck von Richard angemietetes kleines Appartement mitten im Zentrum von London. Es lag in einer Seitenstraße der Carnegie-Street, der Hydepark war nicht weit, die Clubs von Soho waren in greifbarer Nähe und ich hatte mein eigenes Zimmer in diesem Verführungs-Nest. Es wurde einer der schönsten Aufenthalte in London, wo ich auch die meisten Erfolge von allen hatte.

Aber als ich nach Zürich zurückkam, traf ich mich wieder mit meinen «Wings» (der Szeneausdruck für die gleichgesinnten Kumpels, mit denen man ausschwärmt und Frauen anspricht), aber bemerkte, dass ich immer noch nicht so weit war, dass ich Ihnen nun aus dem Stand locker etwas hätte demonstrieren können. Ich hatte immer noch Hemmungen vor fremden jungen Frauen.

Ich rief meinen Freund Jim in London an (heute in der Szene bekannt als «Mr. M»), der mir damals auch Richard vorgestellt hatte, und fragte, wen er mir noch als Super Coach der jetzigen Londoner Szene empfehlen könnte. Er nannte zwei Namen: Beckster und Adam Lyons. Beckster galt seit zehn Jahren als einer der größten in der englischen Szene, und Adam Lyons war damals frisch zum besten Pickup Artist der Welt gewählt worden. Beckster buchte ich fünf Tage am Stück und Adam Lyons für zehn Tage.

Ich kam zurück nach Zürich … und hatte immer noch Hemmungen.

So konnte es nicht weitergehen. Ich ließ alle meine ehemaligen Coaches im Geiste Revue passieren und fragte mich: Was haben die alle anders gemacht als ich? Ich hatte in diesen vielen Wochen des Zusammenseins unendlich viel Gelegenheit, mich mit diesen Master Pickup Artists über deren eigene Anfänge zu unterhalten. Bei allem gab es eine Gemeinsamkeit, die sich von meiner Biografie unterschied: Sie alle waren Monate um Monate, teilweise Jahre, *mutterseelenallein* auf Tour gegangen und hatten niederlagenreich in Clubs, Bars und Straße ein Mädchen nach dem andern angesprochen. Ich beschloss: Das musst du auch machen!

Keine dir wohlgesonnenen Kumpels mehr, zu denen du als sicherem sozialem Bollwerk nach einer Blamage wieder zurückgehen kannst. Kein vertrautes offenes Ohr mehr für das Besprechen deines «Sarge». Kein Mensch mehr, der dich nach einer Niederlage wieder aufbaut.

Nur einen Tag nachdem ich von London zurückkam, hatte ich ein Rhetorik-Seminar in Salzburg zu halten. Am Tag davor saß ich am Nachmittag in meinem Hotel außerhalb von Salzburg und dachte: Wenn du dich jetzt nicht traust alleine loszugehen, dann traust du dich für den Rest deines Lebens auch nicht mehr. Ich nahm mir ein Taxi und fuhr in die Innenstadt von Salzburg. Circa eine Stunde lang zirkulierte ich durch die Fußgängerzone, tat nichts, tat nichts, zögerte hier, zögerte da, redete erbärmlich schlecht mit mir selber und schließlich fragte ich, nur um in mich selbst ins Handeln zu bringen, einfach ein Mädchen nach dem Weg zum nächsten Starbucks.

Irgendwann nach dem dritten oder vierten London Aufenthalt hatte ich begonnen, für jedes Mädchen oder jede Mädchengruppe, das ich angesprochen hatte (in der Geheimsprache der Pickup Szene nennt man das ein «Set») einen Strich in meinem Taschenkalender zu machen. Das hat den großen Vorteil, dass man sich an etwas Konkretem festhalten kann, um sich auch in den Momenten des Zweifels zum Handeln zu bringen. Das Strichemachen ist einerseits manchmal die einzige Motivation, wenn es nicht so läuft, andererseits sind diese Striche für das Bewusstsein der befriedigende Beweis: «I did it!».

Irgendwann in Salzburg sagte ich mir: Geh einfach Striche sammeln! So fragte ich Eine nach den Ladenöffnungszeiten, dann wieder eine Nächste nach dem Weg zum Bahnhof, einer anderen rief ich durch die offene Ladentür zu, dass ihr die Schuhe, die sie gerade anprobierte, perfekt stehen würden «die musst du kaufen!» und langsam kam ich in Fahrt. Die Gespräche wurden immer länger, immer «flirtiger» und mein Mut und meine Stimmung immer besser. Am Abend war dann meine Laune so gut, dass ich mitten in einer vollen Kneipe quer durch den Mittelgang auf einen Tisch mit vier Mädchen zuging, und den Flirt startete. 18 Sets mit drei Telefonnummern wurden es an diesem Tag.

Striche sammeln wurde in den Monaten und Jahren danach meine Motivation. Im Rekord-Jahr schaffte ich 2750 Striche. Teilweise bis zu 60 Striche pro Tag. Bis heute sind es 9000 Striche geworden.

Dabei ist es nicht maßgeblich, welches Ergebnis man erzielt. Mit einem Strich bewertet wird allein der Mut, auf eine fremde Frau zuzugehen und sie anzusprechen. Ob sie, ohne mich eines Blickes zu würdigen, einfach weiterläuft oder ob ich sie zwei Stunden später am Seeufer küsse, ist egal. Aus der eigenen Komfortzone herausgetreten zu sein, das alleine zählt.

## Das ungeheizte Schwimmbad

Stellen Sie sich vor, Sie springen an einem Morgen in ein unbeheiztes Freischwimmbad. Sie erleben das Wasser als so kalt, dass es Ihnen fast die Luft abschnürt. Sie bleiben aber tapfer drin und schwimmen kontinuierlich im kalten Wasser. Nachdem Sie sich ungefähr eine Viertelstunde im kalten Wasser bewegt haben, ändert sich Ihr Empfinden. Dasselbe Wasser, das Sie eben noch als kalt empfunden haben, fühlt sich warm an! Sie planschen wohlvergnügt zwei Stunden im nunmehr «warmen» Wasser und fühlen sich pudelwohl.

Am nächsten Morgen kommen Sie wieder zum selben Schwimmbad. Sie springen kopfüber hinein und … wie am Vortag, schlägt Ihnen wieder dieselbe unangenehme Kälte entgegen. Das Warmwerden von gestern hat Ihnen für heute nichts genutzt.

Genauso ist es mit dem Frauen ansprechen. Wenn Sie an einem Tag mit den ersten Sets beginnen, dann fühlt sich das frostig an. Angst, Unnatürlichkeit, gehemmt-Sein begleitet Sie. Irgendwann, nach fünf bis zehn Sets gewöhnen Sie sich daran, und Sie werden warm. Im Geiste denken Sie: «Wow! Das ist der Durchbruch, ich hab's jetzt für immer im Griff!»

Leider nein! Ich will ihnen die Seligkeit nicht billiger verkaufen, als sie zu haben ist. Auch wenn Sie an dem einem Tag warm geworden und zu Hochform aufgelaufen sind, bedeutet das für den nächsten Tag … nichts.

Wenn Sie am nächsten Tag wieder beginnen neue Frauen anzusprechen, dann erleben Sie dasselbe Wasser wieder genauso kalt wie am Vortag, die Hemmungen sind wieder da, so wie am Vortag – so *ist* es einfach.

Beim Flirten und Verführen ist es wie beim Fußballspielen. Sie müssen sich «warmspielen!», bevor das eigentliche Spiel beginnt. Je nach Typ, Laune und Tagesform brauchen Sie zwischen fünf und 15 Sets, um auf Touren zu kommen.

## Wie Frauen wirklich sind

Mädchen gehen aus, um Typen kennenzulernen, um zu flirten. Das ist ein Fakt! Mädchen sind von Natur zwiespältig, unschlüssig, unsicher und *handeln* anders, als sie denken. Das ist ebenfalls ein Fakt! Wenn sie sich untereinander zum Ausgehen treffen, dann wird natürlich auch über Männer, Männer, Männer gesprochen. Die Sorge von Mädchen, wenn sie sich fürs Ausgehen fertigmachen, ist neben ihrem Aussehen, die Hoffnung «Spaß zu haben». Spaß zu haben beninhaltet immer auch: «Hoffentlich lerne ich jemand Interessantes kennen. Werde ich wohl heute Abend angesprochen?» Schnatter, schnatter, schnatter.

Frauen haben etwas Schizophrenes an sich. Ihr Amüsierbedürfnis und ihre Launenhaftigkeit überlappen sich mit dem alles dominierenden, zwanghaften Gedanken, dass niemand anderes sie als «leicht zu haben» ansehen darf.

Wenn dann dieselbe Frau im Club tanzt, dann tut sie so, als ob sie nur «alleine für sich» sein will und setzt das Gesicht der Unnahbaren auf. Sie weiß selber nicht, warum. Es ist ein Gemisch aus Unsicherheit und dem ihrem Ego schmeichelnden Bedürfnis, für alle sichtbar als «unerreichbar» wahrgenommen zu werden. Wenn dann tatsächlich ein Typ auf sie zukommt, dann weiß sie nicht, was ihr wichtiger ist. Fühlt sie sich dann auch noch unsicher, dann … dreht sie sich ab. Frauen wissen selber nicht, warum sie das tun. Am nächsten Tag beklagt sie sich dann bei ihrer Freundin, ob sie irgendwie unattraktiv rüberkommt, weil sie einfach von «niemand» angesprochen wurde.

Es ist wichtig das zu wissen, Männer! Wir tun ihnen einen Gefallen, wenn wir sie ansprechen! Sie würden depressiv, wenn es uns nicht gäbe.

## Wie Frauen auf das Thema reagieren

Ich weiß, dass auch einige Frauen dieses Buch lesen. Ich erlebe bei vielen Frauen eine Mischung aus hochgradiger Neugier, gepaart mit massiven Vorurteilen. Sie stellen sich Männer in meinen Verführungs-Seminaren vor, die vom Leben benachteiligt sind, unsympathisch, introvertiert, erfolglos, gehemmt oder hässlich. Andererseits wollen sie gerne mal «Mäuschen» spielen, und im Seminar als Zuschauerin dabei sein.

Liebe Frauen, ihr wisst in Wahrheit sehr wenig über Männer, ihr habt eine völlig falsche Vorstellung, wie Männer wirklich sind.

Frauen denken, ein normaler Mann hat doch keine Probleme Frauen anzusprechen?! Er, der Autos baut, Kriege führt und zum Mond fliegt, der flirtet mit der, die er haben will, und dann erobert er sie, oder?

Nein, meine Damen, weit, weit, weit gefehlt. Männer nehmen die Frau, die sie *kriegen* können und nicht, die, die sie haben wollen. Das ist eine Tatsache, die die meisten Frauen nicht wahrhaben wollen. Und das betrifft fast ALLE Männer, unter anderem auch den, mit dem Sie gerade Bett und Wohnung teilen.

Alle Männer haben Narben auf der Seele. Narben von Erfolglosigkeit, Minderwertigkeitsgefühlen und Zurückweisung von Frauen. Wir sind vorsichtig und angstvoll. Frauen ansprechen und erobern ist ein schmerzvolles Thema. Wir sind da wie ein Hund, der irgendwann von einem Mann im langen, schwarzen Mantel geschlagen worden ist. Sobald dieser Hund wieder einen x-beliebigen Mann im langen, schwarzen Mantel sieht, fängt er an zu zittern. Schön empfundene Frauen sind für Männer wie so ein Mann im langen schwarzen Mantel, von dem wir seelische Schläge befürchten – wir bleiben fern.

Ich bin seit mehr als 15 Jahren Business-Trainer. Ich habe festgestellt, dass einer der größten unterschwelligen Beweggründe um Karriere zu machen, die Hoffnung ist, vielleicht dadurch endlich mehr Erfolg bei Frauen zu bekommen. Das betrifft fast alle Männer, die Karriere machen. Wussten Sie das, liebe Frauen? Aber am Ende klappt diese Strategie natürlich nicht oder nicht so, wie erhofft. Denn selbst wenn die Karriere wirklich dick angezogen hat, ist dieser «Erfolgsmann» trotzdem immer passiv wartend auf *die* Frau angewiesen, die sich ihm mit ihrem Interesse offenbart. Auch der medienbekannte Sportprofi, auch der Millionär und auch der Kinoregisseur müssen warten, bis etwas *passiert* und bleiben am Ende Opfer.

Geld und Ruhm allein bringen keinen Erfolg. Ein gutes Beispiel ist Pius Heinz, der erste Deutsche, der aus 7000 Poker-Spielern (siebentausend!), des Welt größten Pokertuniers «World Series of Poker» in Las Vegas am Ende als letzter Gewinner hervorging. Sein Preisgeld: 8.7 Mio Dollar. Noch nie vorher hatte das ein Deutscher geschafft. 23 Jahre jung, alle Zeitungen berichteten, Auftritte in allen Talkshows Deutschlands. Er sagt in einem Interview über seinen Erfolg bei Frauen seither: «Ich hab dieselbe Erfolgsquote bei Frauen wie vorher – da hat sich fast nichts geändert.»

80% aller Männer sind an diesem Thema interessiert, sie sind es aber nur heimlich. Das betrifft auch genau die Männer, liebe Frauen mit denen Sie Ihre vergangenen und jetzigen Beziehungen haben. Ja, genau DIE!

Sie haben nie mit ihm darüber gesprochen, und er würde Ihnen gegenüber auch nicht ehrlich sein, weil wir wechselseitig dressiert worden sind, unsere Fassade als echt auszugeben. Wir wollen uns nicht in unserer Armseligkeit und Minderwertigkeit erkennen lassen. Wir bekleben es mit Treue-Gelübden, aufgebauschten Frauen-Erfolgsgeschichten und angeblich erstrebenswerten Beziehungen … Luftschlössern, die sich dann in der Realität fast immer als Drama entpuppen. Aber das Beziehungs-Drama empfinden Männer immer noch als weniger schmerzhaft, als wieder draußen im Spielfeld stehen zu müssen, wo sie mit ihrer für alle sichtbaren Unfähigkeit und Angst konfrontiert wären. Das wäre viel schlimmer. Viele Männer heiraten dann, damit dieses unappetitliche Thema endlich dauerhaft vom Tisch ist. Bis wieder die nächste Trennung kommt und die gefürchtete sichtbare Unfähigkeit nicht mehr mit einer «stabilen Beziehung» auf Distanz gehalten werden kann.

Also, liebe Frauen, die Männer, die dieses Thema interessiert, sind der Durchschnitt der Bevölkerung. Darunter habe ich erlebt: Profitänzer, Mehrfachmillionäre, Bundesliga Profis, Fotomodels, der Parteivorsitzende einer kanadischen Parlamentspartei, und selbst einen englischen Rockstar.

Aber natürlich auch allgemein gehemmte Männer. Aber die sind nicht häufiger im Seminar, als wie sie Ihnen in der Fussgängerzone begegnen.

Wenn man einem Mann eine Pille auf den Tisch legen würde und ihm sagte: «Mit dieser Pille, kannst du völlig angstfrei jede Frau auf dem Planeten, die dir gefällt, erobern – JEDE!». Zwei Drittel aller Männer würde die Pille nehmen und ihre momentane Beziehung quittieren. Angst und Unfähigkeit hält die meisten Männer in «stabilen Bahnen».

# Die typischen Fehler der Männer beim Frauenverführen

Die Mehrzahl der Männer ist beim Thema Frauen-Erobern erfolglos, denn sie begehen Basisfehler, ohne es zu wissen. Das, was man in Anstandsbüchern liest, das, was Ihre Mutter versucht hat Ihnen beizubringen, dass was die Frauen einem erzählen, was angeblich wirken soll … funktioniert in Wahrheit nicht.

Schauen wir uns die typischen Fehler der Männer beim Frauen erobern an.

## Männer geben zu früh Komplimente

Ein Problem, das einem die Chancen bei Frauen verbaut, ist, zu früh Komplimente auszusprechen. Da klingelt der Postmann an der Tür, um ein Paket zu übergeben. Es öffnet die gut aussehende Tochter des Hauses. Der Paketmann: «Oh, du siehst gut aus! Entschuldigung, dass ich so früh eine so schöne Frau dem Bett holen musste …»

Das ist ein Einstieg, der höchstens bei schlecht aussehenden Frauen funktionieren würde. Mit Komplimenten einzusteigen, wird von den meisten Frauen als peinlich und als unbeholfene Anmache empfunden.

– Männer geben zu früh Komplimente, sie geben zu heftige Komplimente – sie geben zu viel Komplimente. Damit weiß die Frau, dass der Mann auf sie steht und sie ihn jederzeit haben könnte … und damit ist für den Mann Winterzeit.

## Männer sprechen zu plump über ihren Status, Wohlstand, Erfolg.

Es ist eine Illusion, die bei den Männern herrscht, dass man über sozialen Status, Erfolg, und Besitztümer den Frauen soweit imponieren könnte, dass sie plötzlich auf einen stehen. Da lernt ein Mann ein Mädchen an der Bar kennen, und nach drei Sätzen erwähnte er: «Wenn du Lust hast, können wir mal eine Spritztour machen mit meinem neuen Porsche, den hab ich vor der Tür stehen». Falsch! Mit so einem Satz fallen Sie bei der Frau in die Unattraktiv-Schublade. «Er hat's nötig!»

## Männer reden zu viel intellektuelles Zeug

Männer haben nicht das Gespür dafür, was eine Frau wirklich interessiert. Was ein Mann gerne hören würde, ist noch lange nicht interessant für eine Frau. Wenn Sie erklären, dass durch die Monokultur in der Forstwirtschaft einige Insektenarten keine Heimat mehr finden und auszusterben drohen, dann hört ihnen die Frau nur anstandshalber zu, aber es entsteht keinerlei Flirtsignal, kein romantisches Interesse. Themen wie die neueste Theaterinszenierungen, Skandale in der Politik, oder wie funktioniert ein Turbolader lösen bei der Frau Langeweile aus.

## Männer heben die Frau auf einen Sockel

Männer, die die Frau als etwas Höherstehendes ansehen, die signalisieren, dass die Frau der Preis ist, Männer, die zeigen, dass sie alles tun würden um sie zu bekommen, Männer, die durchscheinen lassen, dass sie nur auf diese eine Frau fixiert sind, machen sich unattraktiv.

Das, was da in alten Ritterromanen scheinbar funktioniert hat, dass der Ritter nachts vor dem Fenster der schönen Giselinde ein Lied singt, dass er für sie in den Krieg ziehen würde, dass er die Hälfte seiner Ländereinen für sie hergeben würde … macht ihn in Wahrheit uninteressant.

## Männer verheimlichen ihr romantisches/sexuelles Interesse.

Das ist eines der schlimmsten «Vergehen», die Männer beim Verführen gemäß ihrer sozialen Programmierung verinnerlicht haben. Sie denken, dass sie einen «anständigen» Mann spielen müssen, der natürlich niemals an so etwas Schlimmes, Perverses wie an «Küssen» oder, sogar noch schlimmer, an «Sex» denken würde. Sie tun so, als ob sie nur gut Freund sein wollten, und hoffen aber insgeheim in ihren sehnsüchtigen Träumen, dass die Angebetete eines Tages erkennen wird, was für ein toller, weil zurückhaltender Mensch dieser «Freund» ist. Sie hoffen, dass die Frau dann irgendwann zu denken anfängt: « Thomas ist *anders* – Thomas ist nicht so aufdringlich, nicht so lästig wie alle anderen». Und dann hoffen sie, dass sie auf Grund dieses Erkennens anfängt, sich in ihn zu verlieben. Diese Männer helfen ihr beim Umzug, reparieren die Kaffeemaschine, gehen mit ihr ins Kino, laden sie zum Pizzaessen ein, sind der Mülleimer für ihre Probleme … aber sonst läuft nichts! Sex hat sie mit einem *anderen.*

## Männer hoffen mit einer beherrschten Fähigkeit Anziehung zu erschaffen.

Viele Männer denken – ähnlich wie bei Status, Erfolg, Reichtum – man könne über eine gut beherrschte *Fähig-*

*keit*, ein romantisches, sexuelles Interesse bei einer Frau auslösen. Tanzen, Zaubern, Witze erzählen, Klavierspielen, Sportskanone sein. Ich kenne viele Männer, die leidenschaftliche Tänzer sind. Gemäß dem Altherren-Knigge müsste das ja ein Türöffner zu den Herzen der Damen sein. Leider weit gefehlt. Männer, die ihre Verführung einzig auf eine beherrschte Fähigkeit aufbauen, und sonst keine weitere Strategie haben, bleiben erfolglos. Gute Tänzer, gute Zauberer, gute Witzeerzähler gehen meistens allein nachhause.

## Männer offenbaren sich zu schnell und signalisieren Ihre Verfügbarkeit

Männer zeigen zu offensichtlich Interesse an ihr – sie bewundern sie und sie sind zu bemüht. Männer offenbaren sich zu schnell, geben Signale, dass sie hingerissen sind und alles für die Frau tun würden. Sie schreiben Liebesbriefe oder Liebes-SMS, ohne dass etwas gelaufen ist. Das wirkt auf Frauen unattraktiv. Männer signalisieren durch permanente Telefonanrufe, SMS und andere Kontakte ihre Verfügbarkeit. Da geht bei Frauen die Schleuse zu. Dazu kommt oft, dass Männer immer alles zahlen, ohne dass es eine Begründung dafür gibt. Das wirkt auf die Frau, als ob man sie «kaufen» will.

## Männer bauen das Gespräch ausschließlich über Fragen auf.

Männer wissen nicht, wie man ein «flirtiges», Anziehung erzeugendes Flirt-Gespräch führt. Wenn sie eine neue Frau kennen lernen, dann klingt das Gespräch oft wie bei einem Bewerbungsgespräch: «Wie heißt du?» Sie: «Manuela».

Er: «Aha, und was hörst du gerne für Musik?». Sie: «Hip-Hop». Er: «Hip Hop, O. K. Und was arbeitest du?»» Sie. «Ich bin Krankenschwester». Er: «Aha, Krankenschwester. In welcher Stadt?» Sie: «Hier in Zürich». Er: «Aha, und in welchem Krankenhaus?» Sie: «Im Uni-Krankenhaus» Er: «Und ist es interessant?» Sie: «Ja». Er: «Ah ja … äh … äh», und er weiß nicht mehr weiter.

Das ist anstrengend, das ist ermüdend, das ist langweilig! So etwas fühlt sich nicht wie ein Gespräch an, sondern wie ein Verhör!

## Männer gehen ohne abzusetzen auf ihr Ziel zu

Männer, wenn sie durch die ersten Hürden durch sind und Sex wollen, gehen gemäß ihrer männlichen Programmierung zu direkt und ohne abzusetzen auf ihr Ziel zu. So sind sie es gewohnt, wenn sie ein Gartenhaus bauen, wenn sie eine Firma gründen, wenn sie auf dem Mond fliegen. Immer dran bleiben, immer bohren, immer sägen …, bis die Kiste fliegt. Diese Strategie funktioniert vielleicht, um Firmen-Marktanteile zu gewinnen, aber nicht um bei Frauen zum Ziel zu kommen.

## Männer verhalten sich unmännlich

Männer denken oft, sie könnten eine Frau für sich gewinnen, indem sie ihr jeden Wunsch von den Lippen ablesen und immer genau das tun, was *sie* will. So klingt das dann. Sie (Frau): «In welchen Kinofilm sollen wir gehen?» Er: «Ich will den Film, den DU magst». In einer Bar. Sie: «Ich finde es hier nicht mehr so spannend». Er: «Ja Nicole, find ich auch. Wohin sollen wir gehen?» Das ist zu unterwürfig, das ist unmännlich, so verhält sich kein Mann, sondern ein

Weichei. Männer, die Frauen nach dem Mund reden, Männer, die wollen, dass *sie* sagt, was gemacht werden soll, Männer, die Dinge nicht aktiv in die Hand nehmen, werden von den Frauen in die «Just a friend» Schublade abgelegt.

## Männer behandeln die Frauen zu formell und sind zu angestrengt

Viele Männer behandeln Frauen, die sie gerade kennen gelernt haben, wie ein rohes Ei, dem gegenüber man zunächst distanziert sein muss. Damit geht oft einher, dass viele Männer denken, dass sie beim Spiel der Verführung «seriös» sein müssen. Sie sind zu verkrampft, sie sind zu ernst, ihnen fehlt die Leichtigkeit. Das ist ein Weg in die Sackgasse.

## Männer kennen den Körper Gefühl-Zusammenhang von Frauen nicht

Frauen sind emotionale Wesen und Männer wissen nicht, wie sie damit umgehen sollen. Vom Umgang unter Männern sind Männer es gewohnt, eine Zeit mit jemand zu verbringen, aber körperliche Distanz zu halten und Berührungen zu vermeiden. Das ist bei Männern O. K., aber bei Frauen kann so keine Nähe, keine Wärme entstehen, und deswegen scheitert auch zum Schluss der Kussversuch.

## Männer bleiben unverbindlich und tun so, als ob sie asexuell sind.

Männer machen nur Smalltalk, spielen den gut erzogenen Jungen und wagen nicht, den nächsten Schritt zu tun. Sie tun so, als ob sie asexuelle Wesen seien, was sie in Wahrheit natürlich nicht sind. Sie trauen sich nicht nach der Telefonnummer zu fragen. Sie trauen sich nicht, sie zu küssen. Sie trauen sich nicht, sie nach Hause zu nehmen. Sie kreisen wie ein Aasgeier endlos um den Kadaver herum und lassen ihn dann am Schluss von einem anderen fressen, der mehr Mut hatte.

## Erfolgreiche Casanovas füttern den «Glauben an den Weihnachtsmann»

Ich will hier niemanden zwingen, seine Träume von der einzigen wahren Seelenverwandten und der «ewigen Liebe» und die Vorstellung vom «Es-passiert-einfach» aufzugeben. Aber es ist für unser Vorhaben hier wichtig, die Sache nüchtern zu sehen, und das ganze Verführen als eine Show, als ein Spiel zu betrachten.

Denn in Wahrheit ist es ein Spiel, es ist immer ein Spiel gewesen und es wird immer ein Spiel sein. Wir Männer gehen strategisch und planmäßig vor und versuchen «sie» glauben zu lassen, dass die Welt wirklich so ist, wie es in der «Brigitte», «Cosmopolitan» und «Gala» vorgestellt wird. Wir erschaffen, ihrer Vorstellung entsprechend, die perfekt inszenierte Seifenoper.

Frauen, gemäß ihrer Programmierung, sehen das anders.

Frauen haben diese illusorische Welt bezüglich Dating, Kennenlernen, romantischen Beziehungen im Kopf, und wir Männer, wenn wir Erfolg haben wollen, müssen diese Illusion füttern. Frauen sind meist nicht in der Lage zu sehen, dass diese romantische Beziehungs-Welt, mit «*dem* Richtigen» in Wahrheit gar nicht existiert. Zu sehr entspricht sie dem von Frauenmagazinen, Romanen und Liebesfilmen gefütterten Märchen von dem *einen* wahren Seelenpartner, dem starken Prinzen auf dem Pferd, den man schicksalhaft kennenlernt, dann in einer «Märchenhochzeit» heiratet und mit dem man harmonisch bis ans Lebensende alt wird. (Liebe Frauen, das ist ein *Märchen*!)

Männer, die Erfolg bei Frauen haben wollen, spielen diesen Mann aus ihrer Fantasiewelt und tun so, als ob dieses Märchen von dauerhaft romantischer Partnerschaft tatsächlich wahr wäre (auch einige Männer glauben daran). Es ist so ähnlich wie zu wissen, dass der Weihnachtsmann nicht existiert, aber es macht Spaß, den Kindern zuzuschauen, wie sie große feuchte Augen bekommen und so süß weiter daran glauben wollen! Also tun wir ihnen den Gefallen. [1]

1 Dieses Buch ist *kein* Beziehungsratgeber. Wir gehen bis zum Sex. Beziehungsratgeber füttern die Illusion, dass man *danach* so eine Beziehung noch «Bis dass der Tod uns scheide» harmonisch weiterführen könnte. Überprüfen Sie selber, nach Erscheinen von Tausenden von Beziehungsratgebern, wie viele harmonische Beziehungen es tatsächlich gibt…?

## Das fünfstufige Launen-Modell

Ich will und kann Ihnen gegenüber ehrlich sein. Bei all den vielen Coaches, bei all den vielen Büchern, bei all den vielen Videos, die ich mir zum Thema Pickup angesehen habe, muss man eine Sache wissen, die elementar ist, wenn man das Handwerk des Frauenverführens wirklich erlernen will.

Wenn Sie auf YouTube einen mit versteckter Kamera gefilmten Pick-up-Artist bei der Arbeit sehen und Sie werden ganz neidisch, wie leichtfüßig ihm da scheinbar alles gelingt, dann müssen Sie wissen, dass das, was Sie da sehen, der beste von vielleicht 15 Versuchen an diesem Tag ist. Worüber kein auch noch so erfolgreicher «Verführer» gerne redet, ist, dass die gezeigte Performance von einem wesentlichen Element abhängt. Und dieses Element zu kennen, mit diesem Element umzugehen, ist grundlegend, um wahrhaft erfolgreich zu sein.

Ich verrate Ihnen einen Spruch, der bei mir schon hundertfach wunderbar funktioniert hat und mit dem Sie eine schöne Frau in der Straße, in Cafés hocherfolgreich ansprechen können. Hier ist er:

*«Ich hab dich von da hinten kommen sehen. Du siehst interessant aus. Ich musste dich ansprechen. Hi, ich heiße Matthias ...»*

Jetzt prägen Sie sich diesen Spruch ein, denn er hat ja funktioniert, und wollen ihn selbst ausprobieren. Sie warten in der Fußgängerzone bis eine passende Frau kommt. In Ihnen wächst der Zweifel, ob der Spruch aus *Ihrem* Mund überhaupt klappt, Angst kommt auf: was, wenn das in der Blamage endet? Ihr Puls steigt, Angst ist im ganzen Körper spürbar. Darf ich das überhaupt, was ich hier vorhabe? Ich fühl mich, ehrlich gesagt, beschissen.

Und plötzlich, da kommt sie, ein gutaussehendes Mädchen läuft daher. Ihr Herz schlägt bis zum Hals. Trotz Hemmungen, Unsicherheit und Nervosität gehen Sie auf sie zu. Sie sagen mit zitternder Stimme, genau den gelernten Spruch und ... sie antwortet: «*Tut mir leid, ich hab keine Zeit*», verdreht die Augen und lässt Sie im Regen stehen.

Der Spruch hat *nicht* funktioniert!

Aber trotzdem, wenn Sie dann mit mir unterwegs sind, dann demonstriere ich Ihnen diesen Spruch, an einer anderen Frau und Sie werden erleben: sie bleibt stehen und lässt sich fasziniert mit mir auf einen Flirt ein.

Und hier der Unterschied. Hier das Element, von dem ich gesprochen habe. Es hängt nicht an dem Spruch, es hängt nicht an irgendeiner Methode, es hängt an Ihrem *inneren Zustand.*

Wir haben in der deutschen Sprache das Wort «Stimmung» oder «Laune», das unseren inneren Zustand beschreibt. Wenn Ihre Stimmung gut ist, dann ist auch Ihre Hemmungslosigkeit gut, Ihre Lockerheit gut, Ihr Selbstbewusstsein gut, Ihre Kreativität gut und Ihre Spontaneität gut. Jeder hat solche Phasen der guten Laune schon bei sich erlebt. Da gab es Zeiten, da waren Sie in so einer selbstzufriedenen, euphorischen Stimmung, dass Sie ohne Zögern auf dem Tisch eines Restaurants eine Rede hätten halten können. Wenn Sie in richtiger Stimmung sind, dann können Sie im Notfall ein ganzes Bierzelt unterhalten.

Am nächsten Morgen aber ist alles vorbei. Da haben Sie vielleicht schon Bammel, einen Fremden nach dem Weg zum Bahnhof zu fragen. Sie sind aber derselbe Mensch, mit demselben theoretischen Wissen, nur Ihre Laune ist eine andere.

Mit diesem Phänomen haben wir beim Verführen zu tun. Ihre Stimmung ist das Match-Entscheidende!

Die wichtigste aller Fragen, die ich bei keinem der Verführungscoaches in der Welt angesprochen gesehen habe, ist die: Wie kommt man in diese Stimmung, in der alle Sprüche und alle Strategien erst funktionieren?

Hier werden Sie die Antwort erfahren.

Ich unterscheide fünf Stufen der Stimmung.

## 1 Angst-Stimmung

Das ist die Stimmung, mit der jeder Neuling zu kämpfen hat. Die Frau repräsentiert etwas fast Lebensbedrohliches. Die Angst sitzt tief, manchmal ist sie fast panisch. Angst, dass man plötzlich nichts mehr zu reden weiß, Angst dass man sich vor dieser Schönheit blamiert, Angst, dass die Schamröte ins Gesicht treibt, dass man «als lästig» empfunden wird. Und dann noch die Angst, dass alle anderen drum herum diese eigene Schmach sehen! Lieber würde man ein Jahresgehalt hergeben, als sie anzusprechen. Man kämpft mit selbstzweifelnden Gedanken: «Du traust dich nicht einmal eine mittelmäßig aussehende Frau anzusprechen. Du bist ein völliger Versager! Was machst du hier eigentlich?»

## 2 Defensiv Stimmung

Hier ist man defensiv, reserviert, vorsichtig. Zwar nervös, aber nicht mehr panisch. Eigentlich würde man das Ansprechen am liebsten vermeiden, aber man tut es trotzdem. Man ist beim Gespräch angespannt, hektisch, kontrolliert, versucht heil über die Runden zu kommen und sucht angestrengt nach Themen. Das Gespräch zu führen wird meistens noch als Arbeit empfunden. Man versucht auf Sicherheit zu spielen und ist bereit, das Set notfalls sofort aufzugeben.

### 3 Neutral Stimmung

In dieser Stimmung fängt man an, «man selbst» zu sein. Das Frauen Ansprechen ist ohne große Nervosität möglich. Gesprächspassagen, die man als Arbeit empfindet, wechseln sich ab mit Gesprächsphasen, die man selbst als angenehm und «rollend» empfindet. Man ist konzentriert, aber nicht hektisch. Eine Gesprächspause muss nicht zwingend unangenehm sein. Stress kommt immer mal wieder auf, legt sich aber auch wieder.

### 4 Offensiv Stimmung

In dieser Stimmung ist man offensiv. Wie im Fußballspiel hat man Lust in den gegnerischen Strafraum zu stürmen. Ein nach außen drängender Druck ist da, man wagt mehr, man freut sich auf jeden «Angriff». Die Angst ist verschwunden. Hier fängt das Spiel eigentlich erst richtig an, hier macht es auch richtig Spaß. Hier kann man Sprüche, Strategien, Methoden überhaupt erst wirksam einsetzen. Hier kommt plötzlich Intuition ins Spiel. Eingebungen aus dem Nichts, die einfach gelingen und man weiß nicht warum.

## 5 Euphorie Stimmung

Wenn Sie in Stufe 5 sind, dann gehen Sie zu einer schönen Frau und sagen: «Ich mag Käsekuchen» und Sie ernten einen verzücken Augenaufschlag.

Diese Stimmung ist die «Unschlagbarkeits-Stimmung». Es ist wie ein Rausch. Der Körper schüttet große Dosen an Adrenalin aus. Man muss sich fast zurückhalten, man will ein Set nach dem andern ansprechen. Man könnte die Welt aus den Angeln heben. Hier ist die Energie meistens so hoch, dass man sich selber bewusst nach unten regulieren muss. Euphorie, wenn sie unkontrolliert laufen gelassen wird, macht zwar gigantischen Spaß, aber führt meistens trotzdem nicht zum Ergebnis. Man ist unkalibriert. Diese Stimmung kann man nicht bewusst erzeugen, die passiert einem aus dem Nichts, und nur einige wenige Male im Jahr.

Das sind sie, die fünf Stimmungen, mit denen Sie für ein realistisches, sauberes Spiel umzugehen lernen müssen. Wichtig ist, dass Sie sich wegen der erlebten Stimmungen 1 und 2 nicht selbst fertig machen. Alle erleben das, auch die sogenannten «Meister».

All diese wunderbaren Videos, die Sie von «Pickup Artists» auf YouTube sehen können, die mit Leichtigkeit Frauen ansprechen und Telefonnummern bekommen, nützen Ihnen fast gar nichts. Denn die Burschen waren alle in Stufe 3.5 bis 5. Und Sie, solange Sie auf Stufe 1 bis 3 herumeiern, können das einfach nicht nachahmen. Man sieht Ihnen Ihre Nervosität, Ihre Unsicherheit an. Ihre Stimmung ist das Problem, nicht die Technik!

Wenn ich Ihnen die Strategie gebe: Gehen Sie zu einem fremden Mädchen, das in der Strasse gerade auf ihrem Handy rum tippt und sagen *«Du brauchst keine SMS zu schicken, ich bin schon hier!»* – big Smile. Dann funktioniert das! Aber nur, wenn Sie in Stufe 3 bis 5 sind.

**Es ist viel wichtiger in guter Laune zu sein und keine Strategie zu haben, als die besten Strategien zu haben und in schlechter Laune zu sein.**

Unser Ziel ist es, in die Offensiv-Laune zu kommen. Und hier die Methode dazu. Sie ist hart, aber erfolgreich:

Striche, Striche, Striche!

Jeder Mensch braucht eine gewisse Anzahl von Sets, um von einer Stufe in die andere zu kommen. Man kann nicht einmal vorher sagen, in welcher Stimmung Sie an einem Tag anfangen werden. Um dann, nach fünf oder vielleicht erst nach 20 Sets, diese Neutral-Stimmung zu erreichen. Es ist erstaunlich, was für eine Arbeit es bedeutet, bis man «sich selbst“ sein kann, aber so ist es einfach. Und dann braucht es weitere Sets, die Sie dann in die gewünschte «Offensiv-Stimmung» Stufe 4 bringen.

Dort herrscht Selbstvertrauen, und dort macht das Spiel Spaß. Wie viel Striche man dazu braucht, variiert von Tag zu Tag und kann auch mal doppelt so lange dauern wie an einem anderen Tag, aber nach ein paar Monaten pendeln sich plötzlich ein oberer und ein unterer Wert ein. Meistens ist es so, dass, wenn irgendwann ein Set gut läuft (das heißt, das Girl zeigt Interesse an Ihnen), man dann schon mal ruckartig eine ganze Stufe überspringt.

Ermitteln Sie Ihren Durchschnittswert. Denn ab dann ist das Hirn mit einem klaren Ziel beschäftigt, das verhindert, dass man sich selbst fertig macht. Diese quälenden Gedanken: «Ich bin ein Loser. Alle andern sind erfolgreich, nur ich nicht. Ich schaff es nie. Ich bin einfach nicht attraktiv genug» kennt jeder, der sich mit diesem Spiel beschäftigt hat.

Jeder Mensch braucht so ein Warm-Up. Selbst mein Meister-Coach Adam Lyons, der drei Jahre hintereinander zum besten Pickupartist der Welt gewählt wurde, hat immer mindestens fünf Warm-Ups gemacht, bevor er «ernsthaft» sargen gegangen ist.

## Wie kann ich eine Frau ansprechen?

Nehmen wir einmal an, Sie stehen auf einer Party. Sie kennen nur drei weitere Freunde, mit denen Sie mit einem Glas in der Hand in einer Gruppe zusammen stehen. Natürlich gehen Ihre Blikke während des Gesprächs immer wieder neugierig im Raum umher, um abzuscannen, welche interessanten Frauen sich noch auf der Party befinden. Da, plötzlich, am anderen Ende des Raumes stehen sie: drei schöne Mädchen in ausgelassener Stimmung. Sie kennen keine einzige von ihnen. Ihre sehnsüchtigen Gedanken: „Oh, das wäre super mit denen ins Gespräch zu kommen». Sie schauen alle paar Minuten verstohlen in deren Richtung, aber Sie wagen natürlich nicht hinüber zu gehen und sich in das Gespräch zu mischen. Der Abend könnte vier Stunden weitergehen, aber Sie kennen sich: So was trau ich mich im Leben nicht!

Das sind typische Situationen, die Männer, wenn sie untrainiert sind, wie der Teufel das Weihwasser fürchten. Da steht eine Frau, oder eine Frauengruppe die mich interessieren würde, aber ich stehe wie gelähmt da, denn die Ungewissheit nagt: Wie fange ich ein Gespräch mit ihr an? Wie kann ich das Gespräch am Laufen halten? Was mach ich, wenn ich nichts mehr zu sagen weiß? Was kann ich erzählen, was für sie interessant ist?

Und weil diese Angst in uns viel zu groß ist, verharren wir in Lähmung und hoffen auf eine «schicksalhafte Fügung». Vielleicht fahre ich irgendwann im Aufzug nach unten und sie steigt in einem Stockwerk zu, und dann bleibt der Aufzug stecken, und dann haben wir was zu reden und sie lernt mich dann kennen, und erkennt, dass ich ein schüchterner, aber in Wahrheit trotzdem netter Mensch bin …

Ich garantiere Ihnen, in den nächsten zehn Jahren wird Ihnen nichts dergleichen passieren. SIE sind dafür verantwortlich, dass etwas passiert!

Plötzlich löst sich ein Freund aus Ihrer Vierergruppe und geht geradewegs hinüber zu den Ladys. Ihnen bleibt der Mund offen stehen. «Heilige Kokosnuss, *der* hat Mumm!»

Sie beobachten aus der Ferne wie alle drei Mädchen sich interessiert zu ihm drehen. Er hat ihre volle Aufmerksamkeit. Nachdem er fertig geredet hat, schnattern alle drei aufgeregt auf ihn ein. Sie sehen an ihren Gesichtern, dass sie Gefallen an diesem Gespräch haben, die Mädchen lachen und Sie entdecken interessierte Blicke auf Ihren Freund. Es vergehen ungefähr zehn Minuten, dann löst sich Ihr Freund wieder von der Frauengruppe und läuft schnurstracks zu Ihnen zurück. Sie können es kaum erwarten, bis er wieder da ist. „Gratulation! Mann, wie hast du das gemacht? Was hast du zu ihnen gesagt?»

Der Freund sagt: «Ganz einfach» und lächelt «ich hab gesagt: Hey Mädels, wir waren da drüben grad bei einer Diskussion. Wir brauchen mal eine weibliche Meinung! Findet ihr, wenn man heutzutage mit einer Frau zu einem Date geht, dass der Mann ihr die Tür aufhalten soll oder ist das altmodisch und un-cool?»

Die Diskussion war natürlich erfunden, aber das ist egal, denn Frauen steigen bereitwillig auf so ein Thema ein. Das funktioniert, weil Frauen es lieben, in ihrer Weiblichkeit angesprochen zu werden. Wenn sie als Repräsentant der «Frauen», als «Fachfrau» für weibliche Belange adressiert werden, tragen sie gerne mit ihrer «wertvollen weiblichen Meinung» etwas zu einem Gespräch bei. Dieser Gesprächseröffnung liegt ein Prinzip zu Grunde, mit dem Sie generell ein Gespräch mit Frauen anfangen können.

## Sie fragen nach ihrer weiblichen Meinung!

> Sorry, ich brauch mal eine weibliche Meinung. Nehmen wir an, du bist in einer Bar und hast einen Mann kennen gelernt. Jetzt kommt nach 'ner viertel Stunde plötzlich ein Rosenverkäufer vorbei und er kauft dir eine Rose. Frage: Hebt das den Typ in den Augen der Frau oder senkt ihn das? Ich hab meine Meinung, aber was sagst du?

Die Community nennt diese Einstiege in das Gespräch einen «Opener». Bei einem Opener geht es nicht zwingend darum, dass man bei diesem Gesprächsthema bleibt, sondern es geht nur darum, einen Anlass zu kreieren, der es beiden Seiten ermöglicht ins Gespräch zu kommen. Das gilt für jede Art von Openern. Diesen, den wir hier betrachten, nennt man einen Opinion Opener.

Es ist völlig klar, dass Sie bei allen anderen Frauen genau dieselbe Frage ständig immer wieder stellen! Denn beim Verführen gilt: «Never change a winnig team». Das Element, das schon fünfmal funktioniert hat, funktioniert auch beim sechsten Mal. Mein Coach Richard Macilwaine, mit dem ich insgesamt 33 Tage im Einzel Coaching verbracht habe, hat den Einstieg mit dem «Tür öffnen» hunderte Male wie in Trance immer wieder benutzt. Selbst am Morgen um 4:00 Uhr, wenn die Clubs geschlossen hatten und wir übermüdet die nach Taxi suchenden Mädchen ansprachen, konnte er wie auf Radar diesen Spruch hervorzaubern ... und er hat fast immer gewirkt.

> Du, ich brauch mal eine weibliche Meinung. Eine liebe Freundin von mir sagt: Ihr Frauen sucht angeblich die Männer aus, – und nicht umgekehrt – über Blicke und so. Das stimmt doch nicht!? Wir suchen euch aus und nicht umgekehrt, oder?

Es kommt jetzt gar nicht darauf an, was die Frau antwortet. Wichtig ist nur, dass man, gerade, wenn man am Anfang steht und noch nicht so routiniert ist, ein zweites Gesprächselement, einen sogenannten Follow-up, in der Tasche hat.

Die Frau sagt dann so etwas wie: *«Ja, das stimmt. Wir geben zuerst Signale, und dann kommt ihr auf uns zu»*. Der Frauenflüsterer fährt weiter: *«Dann habt ihr mich ausgesucht, denn ich bin jetzt hier bei euch. Ha, Ha.»*

Aber auch, was jetzt *danach* kommt, ist ein vorbereitetes Standardelement, das der geübte Frauenflüsterer aus der Tasche ziehen kann.

*Nein, wir Männer sprechen euch an. Ihr gebt Signale, aber die meisten Männer tun nichts, stimmt's?* Frau: *Bla, Bla....* Frauenflüsterer: *Ich weiß, was ihr versucht, um Männer dazu zu bringen, zu euch zu kommen. Ihr spielt mit den Haaren, Ihr tanzt dicht vor ihm. Ihr schaut ihn an, aber dann gleich wieder weg ...* Frau: (Kicher) *Ja, stimmt irgendwie ...* (jetzt wieder ein neues Thema setzen) *Habt ihr zwei schon mal einen Mann angesprochen?* Frau: *Bla, Bla* Frauenflüsterer: *Los, sag mal, mit welchem Spruch, vielleicht kann ich was lernen!*

Es ist wichtig, dass Sie nicht bittstellerisch werden. Die Community hat einen Begriff erschaffen «AFC» (Englisch ausgesprochen Ei äf ci). Die Abkürzung steht für «Average Frustrated Chump» der «durchschnittlich frustrierte Trottel». Damit bezeichnet man in der Community einen Loser, das übliche Material, was da draußen Standard ist. Ein AFC geht zur Frau und benimmt sich, wie er denkt, dass es sich gemäß Etikette geziemt: «Entschuldigung, würde es dir was ausmachen, wenn ich dich was frage?». Das ist unterwürfig und damit unmännlich. Ein selbstbewusster Mann, der weiß, was er will, der fragt nicht um Erlaubnis, sondern der geht wie selbstverständlich davon aus, dass man auf ihn reagiert. «Sorry, ich brauch mal eine weibliche Meinung ...» das kommt bei den Frauen viel besser an.

*Du, sorry, ich brauch mal 'ne weibliche Meinung, Wenn man auf einer Party rum küsst, ist das Fremdgehen? Also, ich hab' meine Meinung, aber ich wollte mal eure hören.* Frau: *Bla Bla.* Frauenflüsterer: *Quatsch, eine Party, bei der ich nicht rum küsse, ist keine richtige Party. Das ist doch langweilig!*

Bei dieser Version habe ich eine Aussage dazwischen geschoben, die nicht unwichtig ist. Ich habe gesagt: *«Also, ich hab' meine Meinung, aber ich wollte mal eure hören»* Denn es gilt ein Prinzip beim Spiel des Verführens:

**Machen Sie sich nie abhängig von der Meinung einer Frau.**

Der Mann muss die Oberhand haben. Denn wenn Sie diesen Einschub nicht in der Eröffnungsfrage unterbringen, machen Sie sich abhängig von der Meinung einer Frau. Das ist ein AFC-Verhalten, das macht Sie für die Frau unattraktiv.

Ich habe diese Lektion in London mühsam lernen müssen, als ich, mit einer pinkfarbenen Krawatte um den Kopf gebunden, auf ein Mädchen zuging und fragte: „Du, ich brauch einmal eine weibliche Meinung. Glaubst du, dass es klug wäre, mit so einem Outfit zu einem ersten Date zu gehen?», und sie sagte: „Nein, zieh das ja nicht an, du blamierst dich». Ich stand da wie ein Trottel. Ich habe mich gerade von einem Mädchen bewerten lassen, das wirkt auf Frauen unmännlich. Frauen lieben Männer, die wissen, was sie wollen. Deshalb ist es Ihre Aufgabe, *den* Mann darzustellen, der das Sagen hat, denjenigen, der weiß, was Sache ist. Sie erklären *ihr* die Welt und nicht umgekehrt.

Der zweite Grund für diesen Einschub *«Ich hab meine Meinung, aber ich wollte mal deine hören»* ist, dass Sie dadurch ein Follow-Up haben. Sie wissen, wie Sie direkt nach ihrer Antwort noch weiterfahren können. Sie fügen Ihre eigene vorgefertigte Meinung an, und damit wird es leichter, in ein normales Gespräch überzuführen. Deshalb gilt als Regel für Sie:

Wenn Sie einen Opinion Opener benutzen, haben Sie Ihre eigene Meinungen vorbereitet, die Sie nach ihrer Antwort entweder einleiten mit: «Da hast du recht und ich sage dir auch warum ...» oder «Nein, es ist anders und ich sagte dir auch warum ...»

Schauen wir uns einmal an, wie so ein Follw-Up bei dem Rosen-Opener aussehen könnte.

*Sorry, ich brauch mal eine weibliche Meinung. Nehmen wir an, du bist in einer Bar und hast einen Mann kennen gelernt. Jetzt kommt nach 'ner viertel Stunde plötzlich ein Rosenverkäufer vorbei und er kauft dir eine Rose. Frage: Hebt das den Typ in den Augen der Frau oder senkt ihn das? Ich hab' meine Meinung, aber was sagst du?*

Frau: *Kommt drauf an, wenn er nett ist, dann hebt ihn das.*
Frauenverführer: *Nein, das senkt ihn. Ich sag dir auch warum. Wenn er dir nach so kurzer Zeit eine Rose kauft, hat er sich vollkommen offenbart. Da ist keine Spannung mehr drin. Du weißt, den kann ich mit einem Schnips haben. Damit ist es uninteressant für euch Frauen. Kennst du die Typen, die dir 20 SMS pro Woche schicken? Ist das interessant für dich?* (Kopf schütteln dabei) *Siehst du*!

Ich möchte Sie noch auf ein weiteres wichtiges Detail aufmerksam machen. Was ich aus der 15 jährigen Schulung meines anderen Kernthemas Schlagfertigkeit gelernt habe, ist, dass die Wirkung einer Aussage um 50 % gewinnen oder verlieren kann, indem man eine andere Formulierung benutzt. Deshalb ist es bei den Gesprächseinheiten nicht unwichtig, *welchen* Text Sie sagen. Es kommt auch hier manchmal auf einzelne Worte an. Es ist ein Unterschied ob man fragt: „*Du, ich wollte dich mal was fragen*» oder «*Du, ich brauch mal eine weibliche Meinung*". Testen Sie das aus, Sie werden in der zweiten Version einfach eine wesentlich bessere Wirkung erleben. Die Worte „weibliche Meinung" sind Zauberworte, die die Tür bei Frauen weiter aufstoßen.

Der Opinion Opener ist nur einer von mehreren Möglichkeiten, eine Frau anzusprechen. Im Laufe dcs Buches, werden Sie noch weitere kennenlernen.

## Wie Sie ein lockeres, flirtiges Gespräch führen können

Einer der größten Bremsklötze, der Männer davon abhält, auf fremde Frauen zuzugehen, ist die Angst, dass sie mit ihr nichts zu reden wissen. Es würde vielleicht noch reichen für eine schnelle Ansprache, «Hallo ich bin der Thomas» aber dann kommt die panische Angst: Was – rede – ich – DANN?

Ich will Sie beruhigen, Gesprächsführung ist lernbar. Wenn Sie in der Lage sind, mit ihrem besten Kumpel ein lockeres Gespräch zu führen, dann sind Sie auch in der Lage, mit einer schönen Frau ein lockeres Gespräch zu führen.

# Die sechs Themen, über die Frauen gerne sprechen

Wenn Sie Erfolg bei Frauen haben wollen, dann müssen Sie in der Lage sein, Themenfelder anzusprechen, die die Frau als interessant empfindet. Fußball, Politik, Autos scheiden aus, aber DAS hier funktioniert:

## Schönheit

Gemeint ist hier nur die weiblich Schönheit. Es ist nicht hilfreich über Brat Pitt zu reden, denn das lenkt die Aufmerksamkeit weg von Ihnen. Frauen sind magisch fasziniert von weiblicher Schönheit: Sie können mit ihr über Kleider, Schmuck, Make-up oder Frisuren reden. Sprechen Sie über schöne Schauspielerinnen, Models oder Sängerinnen. Sie können ohne weiteres einen Talk über die existierende oder nicht existierende Schönheit der neuen Miss Germany oder die Mädchen des neuesten Fernseh-Model-Contests anfangen. Ein guter Trick innerhalb dieses Themenfeldes besteht darin, ihr Ratschläge zu ihrer eigenen Schönheit zu geben. «Dir stehen lange Ohrringe besser» – «du solltest deine Haare offen tragen!» –»Wenn wir zusammen ausgehen würden, müsstest du aber High-Heels anziehen».

## Romantisches Kennenlernen

Ein unerschöpfliches Thema, über das Frauen gerne reden. Ausgehen, Dating, Flirten, Beziehungen. Alle vorher vorgestellten Opinion-Opener kamen aus diesem Bereich. Fragen Sie zum Beispiel: «Was glaubst Du, warum alle Beziehungen so verkorkst sind?», «Hast du schon mal per SMS mit ihm Schluss gemacht?». In dieses Themengebiet fällt auch das unersättliche Thema: Unterschied zwischen Männern und Frauen.

## Metaphysik

Warum finden Sie in allen Frauenzeitschriften Horoskope, aber in keiner einzigen Männer-Zeitschrift? Weil Frauen sich für Übernatürliches interessieren. Darunter fallen Astrologie, Persönlichkeitstests und Handlesen. Ein weiteres darunter fallendes Interessensgebiet sind übersinnliche Phänomene: Telepathie, Wiedergeburt, Hypnose, Heiler, Intuition, Vorherbestimmung und Seelenpartnerschaft. In dieses Themengebiet fällt auch die Sehnsucht fast aller Frauen, etwas über sich selbst zu erfahren, sich endlich selbst kennen zu lernen. Wenn Sie einen Satz einleiten mit «ich kann anhand deiner Art zu reden etwas über dich aussagen…» dann ernten Sie bei ihr höchste Aufmerksamkeit.

## Style

Darunter fällt natürlich das große Gebiet der Mode. Im Gegensatz zur Schönheit können Sie hier über beides, männliche *und* weibliche Mode reden. Tauschen Sie sich aus über Shopping, tolle Läden und den Unterschied zwischen H&M und Zara. Aber auch Wohnungseinrichtungen und das Thema Romantik (Sonnenuntergänge, Strand, verschneite Winterlandschaften) gehören hier hinein.

## Unterhaltungsfreizeit

Um diese Themen Gebiet zu umreißen, können Sie sich ganz einfach fragen: Was tun Frauen zum Entertainment in ihrer Freizeit?

Reden Sie über die neuesten Kinofilme, über Ihren eigenen oder ihren Musikgeschmack, über Popgruppen, Konzerte und andere Großveranstaltungen. Dazu gehört natürlich auch das ganze Thema Ausgehen. Welche Clubs sind gerade angesagt. Machen Sie sich interessant, indem Sie sagen: «Sag mir, in welchen Club du gehst, und ich sag dir, was für ein Typ du bist.» Fragen Sie sie: «Ich mag gute Tänzerinnen. Kannst du tanzen?» Außerdem interessieren sich Frauen explizit für Privat-Partys. Dann kommt noch das unermessliche Thema Reisen und ferne Länder dazu.

## Sex

Ja, Sie haben richtig gelesen: Frauen reden gerne über Sex. Als Faustregel können Sie folgendes sagen: So wie sie (das Girl) mit ihrer besten Freundin über Sex redet, so dürfen Sie auch mit ihr über Sex reden. Seien Sie direkt, aber nicht anzüglich. Männer, die gewöhnt sind, bei Frauen Erfolg zu haben, reden über Sex! Ihr gesunder Menschenverstand erkennt wohl, dass Sie das am Nachmittag in der Fußgängerzone nicht als Opener wählen, aber am Abend im Club ist sogar *das* möglich: «Glaubst du, dass die Größe wichtig ist?» oder «Hattest du schon mal Sex mit einer anderen Frau?» Wichtig ist der selbstbewusste Blick dabei.

Das Thema «über Sex reden» wird noch wichtig, wenn Sie Sex mit ihr haben wollen. Auch darauf komme ich noch zu sprechen.

## Umgang mit Niederlagen

Die größte angezogene Handbremse, die uns Männer daran hindert, frank und frei auf eine schöne Frau zuzugehen und sie einfach locker anzusprechen, ist die Angst vor der Niederlage. Was, wenn ich verlegen werde, vielleicht sogar rot anlaufe, vor ihr sprachlos bin, und sie mich dann wie einen aufdringlichen Belästiger anschaut? Vielleicht denkt sie: «So was sollte man von der Polizei verhaften lassen.» Oder noch schlimmer, sie betrachtet mich als einen bemitleidenswerten, erfolglosen Loser, der bei keiner Frau ankommt. Mr. Minderwert, der es versucht, aber nicht kann. Vielleicht sagt sie sogar «Lass mich in Ruhe, du interessiert mich nicht, verschwinde!» Und das Ganze beobachten dann womöglich auch noch die umstehenden Passanten – blamiert vor allen! Wie stehe ich dann da? Das Selbstwertgefühl auf einer Skala von Null bis zehn schwingt auf minus fünf.

Wir haben Angst vor den eventuellen Gedanken der *Frau*, und Angst vor den Gedanken derjenigen, die das eventuell beobachten könnten. So weit, so schlecht.

Was läuft hier tatsächlich? Woher kommt das eigene schlechte Gefühl? Ich habe mir eines Tages die Frage gestellt: Wie *entstehen* Gefühle? Ich beobachtete mich selbst und ich bin auf ein erstaunliches Phänomen gestoßen.

Ich lief im Sommer am Züricher Limmat Ufer entlang. Da kamen plötzlich zwei junge Frauen in einem Straßencafé auf mein Radar. Ich ging auf sie zu, und sprach sie an. Der Flirt endete mit einem Reinfall. Am Ende von ein paar Sätzen sagte mir das eine Mädchen: «Lass uns in Ruhe, du störst!»

Ein Stich im Herz – ein Gefühl der Minderwertigkeit. Geschlagen lief ich davon. Selbst nach fünf Minuten ließ mich das «Desaster» noch nicht los. Irgendwann fragte ich mich, warum ich mich eigentlich so schlecht fühlte? Ich wollte wissen, was zuerst da war: War das Gefühl zuerst da und dann kamen die Gedanken oder waren zuerst die Gedanken da und dann das Gefühl?

Ich setzte mich auf eine Mauer und ließ das Erlebnis noch einmal Revue passieren. Immer und immer wieder ließ ich in Gedanken das Mädchen den Text sprechen «Lass uns in Ruhe, du störst!»

Immer wieder kam dieses Gefühl auf. Ich konzentrierte mich auf die Gedanken. Ist da ein *eigener* Gedanke vor dem Gefühl oder ist das Gefühl zuerst da?

Und nach dem 10ten, 15ten Mal hatte ich es eindeutig festgestellt:

Zuerst war da ein eigener Gedanke, und *danach* erst kam das Gefühl der Minderwertigkeit. Der Gedanke war «Du bist nicht attraktiv genug, du bist ein Niemand, du bist wertlos», und dann erst habe ich mich minderwertig *gefühlt.*

Diesen Test können Sie selber durchführen. Durchleben Sie im Nachhinein noch einmal ein negatives Gefühl. Sie werden immer, ohne Ausnahme, zu diesem Ergebnis kommen:

Gefühle entstehen *nicht* durch Ereignisse, sondern Gefühle entstehen durch *Gedanken.* Es gibt *kein* Gefühl, das einfach so aus dem Nichts entsteht. Sie können das jederzeit durch Beobachtung Ihrer eigenen Gedanken feststellen. Das gilt im Positiven wie im Negativen!

Sie können sich nicht schlecht fühlen, ohne dass Sie vorher schlecht mit sich geredet haben!

**Niemand kann Sie ärgern, niemand kann Ihnen Probleme verursachen, niemand kann Ihnen Leid zufügen ... außer Sie selber. Sie selber mit Ihren kommentierenden Gedanken.**

Aus dieser Erkenntnis ergibt sich jetzt eine wundersame Lösung, wie Sie sich von Ihren negativen Gefühlen beim Sargen befreien können.

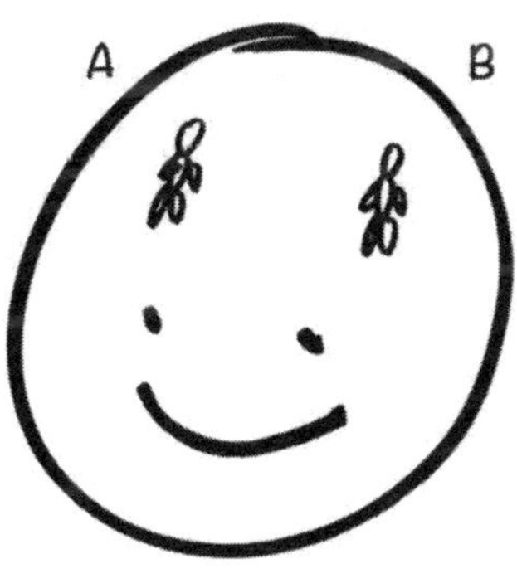


In ihrem Kopf gibt es in Wahrheit nicht nur eine Person, sondern zwei. Da ist einer (Männchen A), der redet Ihre Gedanken, und da ist ein zweiter (Männchen B), der hört dem Redner zu. Sie sind in Wahrheit Männchen B, Sie sind der Zuhörer. Männchen A ist eine virtuelle Figur, die aber ständig plappert.

Der Trick besteht jetzt darin, dass, wenn beim Flirten eine peinliche, unangenehme Situation zu entstehen droht, Sie ganz einfach eine interne «wissenschaftliche Untersuchung» machen und von Männchen A zum Zuhörer-Männchen B wechseln. Sie versuchen sich selber zuzuhören, welchen miserablen Text Sie sich da gerade selber sagen. Indem Sie nämlich in die Position des zuhörenden Männchens B gehen, bekommt die ganze Situation plötzlich ein ganz anderes Ziel. Es geht gar nicht mehr um ein romantisches Interesse, Flirten, Verführen …, sondern es geht darum zu erkennen, was dieser komische Redner da für ein dummes Zeug ablässt. Sie werden erkennen, dass dieser Redner immer solche Dinge sagt wie «du bist schlecht, du schaffst es einfach nicht, du bist wertlos und minderwertig …» Bei diesem Vorgehen des Beobachtens werden Sie erstaunlicherweise feststellen, dass das negative Gefühl gar nicht mehr richtig wirken will denn *Sie* sind es gar nicht, es ist dieser Gnom, dieses Männchen A. Sie werden von «Erleber» zum Beobachter. Und das befreit!

Ein weiterer hilfreicher Gedanke, den Sie bei (den nicht zu vermeidenden) Niederlagen anknipsen können, ist das Bewusstmachen, dass nichts von Ihrem eigentlichen Wert verloren gegangen ist. Das, was Sie im Kern sind, das, was Ihre Seele darstellt, ist durch keine Reaktion einer Frau angetastet. Egal, was sie denkt, egal, was sie sagt, Sie sind und bleiben das Wertvollste, was es in dieser Welt gibt. Denn in Ihnen ist diese Kraft, diese Energie, aus der alles besteht. Und das kann durch nichts beleidigt oder zerstört werden. Das ist nicht nur ein aufbauender Spruch, das es wirklich so!

Und ein weiterer hilfreicher Gedanke ist: Es geht allen anderen auch genauso! Alle Männer, die gut im Umgang mit Frauen geworden sind, erleben diese Niederlagen und werden immer mal wieder von den Frauen stehen gelassen. Inklusive der Master Pickup Artists!

## Imitieren Sie den Gesprächsstil von langjährigen Freunden

Flirtige Gespräche zu führen ist eine Kunst. Die meisten Anfänger machen den Fehler, dass sie, wie bei einem Bewerbungsgespräch, ausschließlich Fragen stellen. «Wie heißt du?», «Was hörst du gerne für Musik?», «Was arbeitest du?» usw. Das ist langweilig und hat nichts mit Flirten zu tun!

Wenn man Gespräche von guten Freunden analysiert, die sich vertrauen und schon lange kennen, dann erkennt man ein gewisses Muster. Wir, als gute Frauenflüsterer, imitieren dieses Gesprächsmuster und erreichen dadurch, dass wir damit bei der Frau dieselbe Vertrautheit auslösen können.

Hier ist die Besonderheit:
Gespräche mit guten Freunden laufen so, dass dabei eine Aussage mit einer anderen Aussage beantwortet wird. Es werden in der Mehrheit Aussagen und Geschichten ausgetauscht, nur zu einem Drittel werden Fragen gestellt. Deshalb ist es für Sie wichtig, dass Sie zu jedem neuen Gesprächsthema auch selber entweder eine Aussage machen oder eine kurze Geschichte erzählen.

Ich nenne Ihnen zwei Möglichkeiten: 1) Eine Story, in der etwas Außergewöhnliches vorkommt, 2) Ein Statement, das die Aussage «Ich mag …» oder «Ich mag nicht …» als Grundlage hat. Danach spielen Sie den Ball wieder zu ihr zurück, indem Sie mit einer Frage an sie abschließen.

Er: *Was hörst du gerne für Musik?*
Sie: *Hip Hop und Salsa*
Er: *Ach du Schande. Eigentlich warst du mir sympathisch! Bei Salsa triffst du meinen Geschmack. Aber, Hip Hop – da musst du bei mir noch Überzeugungsarbeit leisten. Was ich liebe, ist Housemusic. Das geht direkt in den Bauch. Da kann ich mich richtig gehen lassen.* (Jetzt Überleitung zu einer Frage) *Aber ich mag gute Tänzerinnen. Bist du 'ne gute Tänzerin?*

Das Muster ist, dass Sie nach einer Aussage bzw. Geschichte wieder mit einer Frage (oder einer Unterstellung) den Ball zu ihr zurückschießen. Außerdem müssen Sie derjenige sein, der Standards setzt und der die Frau dazu bringt, sich für SIE zu qualifizieren, und der nicht, wie das alle AFCs machen, versucht, sich für *sie* schmackhaft zu machen.

Ein weiteres Phänomen, wenn man Menschen analysiert, die sich gut verstehen, ist die Tatsache, dass sie im rasanten Tempo von einem Thema zum anderen wechseln. Es ist eine Gefahr beim Flirten, dass man, wenn man eine Gemeinsamkeit gefunden hat, im Gespräch zu lange bei dieser Gemeinsamkeit verweilt. Sie müssen das feine Gespür dafür entwickeln, wann ein Gesprächsthema in die Sättigung kommt. Sie kennen das wahrscheinlich aus eigener Erfahrung von Hochzeiten, Weihnachten und anderen langweiligen Familienzusammenkünften, wenn man mit einem entfernten Verwandten versucht ein Gespräch aufrechtzuerhalten. Spätestens nach der dritten, vierten Kindheitsgeschichte wird es träge und erschöpfend. Sie haben keine Lust, jetzt noch eine fünfte und sechste Kindheitsgeschichte zu hören, selbst wenn Sie darin involviert waren. Nur aus Höflichkeit bleiben Sie dabei.

Das gilt es unbedingt bei Flirt-Gesprächen zu vermeiden. Nehmen wir an, Sie entdecken, dass das Mädchen, genauso wie Sie, als Hobby Reiten hat. Jetzt besteht eine große Gefahr, dass Sie zu lange und zu erschöpfend beim Thema Reiten bleiben. Damit entfernen Sie sich, ohne es zu merken, von der flirtigen Dynamik eines interessanten Ping-Pong Gesprächs. Für Sie ist wichtig, immer dann das Thema zu wechseln, wenn es am interessantesten wird. Das heißt nicht, dass Sie später nicht mehr zu diesem Thema zurückkommen dürfen. Aber wenn Sie es in einem Stück endlos abhandeln, dann ist das wie eine Zitronenhälfte, die Sie bis zur Trockenheit ausgequetscht haben – es ist kein Saft mehr drin. Deshalb gilt als Regel für Sie:

**Sie sind verantwortlich, immer ein neues Thema zu setzen, bevor ein Thema in die Sättigung kommt!**

## Verführung lebt von Standard-Situationen

Das Verführen in seinen einzelnen Stufen ist wie Fußball spielen. Erfolgreiche Fußballteams beschäftigen sich mit drei Elementen, die sie beherrschen müssen und eintrainieren.

Standardsituationen – Strategie – freies Spiel.

Auf diesen drei Elementen ist der Gesamterfolg der Mannschaft aufgebaut. Genau diese drei Elemente sind es auch, die wir beim Untergebiet der Verführung, der Gesprächsführung benutzen: Standardsituationen – Strategie – und das freie Spiel.

Wir wollen hier auf Standardsituationen eingehen. Es gibt immer wieder Gesprächsmomente, die standardmäßig auftauchen, wenn man mit jungen Frauen flirtet. Der geübte Flirt-Künstler ist vorbereitet.

Er: *Du bist aber nicht aus München, das hör ich am Dialekt. Wo bist du denn her?*
Sie: *Ich komme aus Düsseldorf.*
Er: *Oh, Düsseldorf, da war ich einmal, aber nur auf Durchreise. Was ist schön an Düsseldorf? Mach mal Düsseldorf interessant. Wo würdest du mich hinführen, wenn ich dein Gast wäre?*

Bei jedem Kennenlernen kommt notgedrungen irgendwann die Frage: «Wo kommst du her?». Dies ist eine absolute Standardsituation, auf die man standardmäßig reagieren kann. Was auch immer sie sagt, ich kann sie zum Weiterreden bringen, indem ich sage: « Wow, aus Russland! Ich war noch nie in Russland. Was ist schön in Russland? Wo würdest du mich hinführen in Russland, wenn ich dein Gast wäre?»

Diese Reaktionsweise klappt nur dann nicht, wenn man aus derselben Stadt kommt. Ansonsten kann ich sie immer zu ihrem Herkunftsland, Herkunftsstadt befragen und ihr die Aufgabe geben, ihre Stadt für mich interessant zu machen.

- *Was ist interessant an London?*
- *Jetzt erzähl mal etwas über London, so dass ich Lust bekomme, demnächst dahin in Urlaub zu fahren.*
- *Wie sind die Menschen in London?*

Eine weitere Standardfrage bei einem Zweierset (also zwei Mädchen) ist: *«Woher kennt ihr euch? Wie habt ihr euch kennen gelernt?»*

Mädchen geben darüber immer gerne, bereitwillig Auskunft, und das Gespräch bekommt eine persönliche, flirtige Note.

Standardsituationen sind wie Steine in einem Bachbett, mit deren Hilfe man sicher und trockenen Fußes auf die andere Seite des Baches kommt. Man muss sie nicht zwingend benutzen, man kann auch frei improvisieren, aber auf diesen Steinen findet man immer wieder Halt, auch wenn das Wasser etwas wilder wird und man «ins Schwimmen kommt».

Was bei zwei Mädchen auch immer gut passt, ist der so genannte «beste Freundinnen Test».

*Kennt ihr schon den «Beste Freundinnen-Test? Ich kann feststellen, ob ihr zwei beste Freundinnen seid oder nicht. Soll ich mal machen?* Mädchen: *Oh ja!* Frauenflüsterer: *O.K., Melanie, welches Shampoo benutzt Laura?* (die Mädchen schauen sich an und die eine überlegt. Es ist egal, ob sie es weiß, oder nicht, denn die Aufklärung ist anders als erwartet) *Ja, ihr seid beste Freundinnen! Aber nicht, weil du es gewusst hast, Melanie, sondern: Beste Freundinnen schauen sich vorher an, bevor sie antworten. Und ihr beide habt das getan.*

Bei einem Dreier-Set kann man immer eine lustige Prognose über die drei machen: *«Ich schätze euch so ein: Also, Melanie, du bist die, die immer mit Jungs flirtest – Stefanie, du bist immer betrunken – und Laura, du bist diejenige, die beide nach Hause bringt, wenn sie betrunken sind. Ha Ha»*

## Absurde Fantasiegeschichten

Bei einem Zweier-Set kann man auch immer folgende Fantasiegeschichte einflechten:

> Ich kann mich immer so schwer entscheiden! Aber ihr zwei seht talentiert aus, ihr müsst mir helfen. Du, Nadine, bist der Engel mit einem weißen Kleid und Flügelchen, und Melanie ist der Teufel mit roter Latex-Hose und zwei Hörnern. Ihr

lauft jetzt beide immer hinter mir her, und jedes Mal, wenn ich eine Entscheidung fällen will, müsst ihr miteinander kämpfen, O.K.?

Mädchen mögen solche Fantasiegeschichten. Sie reagieren immer mit Kichern. Es ist gut für den Frauenversteher, wenn er sich mit solchen Standard Fantasiegeschichten ausrüstet. Die Fantasiegeschichten sollten möglichst abenteuerlich sein, und die Mädchen in einer lustigen Weise mit in die Geschichte einbeziehen. Das erschafft in ihrem Unterbewusstsein bereits die Vorstellung, dass sie mit Ihnen Spaß haben und mit Ihnen zusammen etwas unternehmen.

Du musst mal nach Zürich kommen, da gehen wir zusammen in die Alpen und spielen Heidi. Dir zieh ich ein Dirndl an und mach dir lange blonde Zöpfe. Ich mach den Peter mit Lederhose, der die Ziegen hütet. Du musst dann vor mir abhauen und ich reite dir auf der Alm mit der Ziege hinterher. Ich hab ein Lasso und versuch dich einzufangen. Wenn ich dich dann gefangen habe, gehen wir auf die höchste Berghütte und wir lassen uns dort einschneien. Ich bin der einzige, der weiß, wo in der Hütte Proviant und Wodka versteckt ist. Dann machen wir dort ein Holzfeuer und ich mach ein Lager für uns. Du schläfst im Bett und ich schlaf bei der Ziege.

Eine andere Fantasie-Geschichte, die man lustig kontern kann, wenn sie aus irgendeinem Grund eine andere Meinung hat, ist die:

*«Na gut, dann machen wir halt Schluss! Du kannst die Matratze und die Kinder mitnehmen, aber das Schloss behalte ich.»*

Ist Ihnen aufgefallen, wie Sie sich bei dieser Story schon als «Pärchen» bei ihr im Unterbewusstsein eingenistet haben? Das ist ein wichtiges Element beim Verführen, ich komme darauf später noch zu sprechen.

Flirten und verführen ist ein Spiel, bei dem Sie sich selbst inszenieren. Hier ist das Bild des Mannes, der bei Frauen allgemein als interessant und attraktiv wahrgenommen wird und dem Sie im Groben versuchen beim Aufbau Ihres Gesprächs zu entsprechen.

Der erfolgreiche Frauenflüsterer soll kommunizieren, dass er bei Frauen ankommt, dass er viele Frauen kennt, dass er Frauen liebt, dass er sich mit Frauen auskennt. Er soll durchblicken lassen, dass er ein Party-Mensch ist, um den herum man Spaß haben kann und mit dem man feiern kann. Er kommuniziert, dass er viele Freunde hat, Menschen, die ihn schätzen und auf ihn vertrauen. Er zeigt, dass er spaßig und humorvoll ist und dass er Prinzipien und spannende Interessen hat.

## Das Wechselspiel von Aussagen und Fragen.

Schauen Sie sich folgenden Dialog an.

Er: *Du hast so einen Akzent, wo bist du her?*
Sie: *Ich bin aus Paris.*
Er: *Wie lange bleibst du hier?*

FALSCH!

Bei dieser kleinen Gesprächssequenz hat der Mann einen gravierenden Fehler begangen. Er hat auf Ihre Aussage «Ich bin aus Paris» überhaupt nicht reagiert, sondern hat gleich danach die nächste Interviewfrage gestellt. So unterhalten sich keine Menschen, die sich gut verstehen. Sie müssen sich angewöhnen, bei Flirt-Gesprächen eine Aussage von ihr wieder mit einem Kommentar, einer Aussage oder einer Geschichte zu erwidern.

Er: *Du hast so einen Akzent, wo bist du her?*
Sie: *Ich bin aus Paris.*

Er: *Oh Paris. Da war ich vor einem Jahr. Wir waren da in einem Restaurant im Quartier Latin. Ich hab noch nie in meinem Leben so 'ne gute Pizza gegessen wie dort. Nicht mal in Rom. Können alle Pariser so gut Pizza backen?*

Erst am Ende Ihrer kleinen Geschichte fügen Sie eine Frage an, die den Ball wieder an die Frau zurückspielt. – Sie könnten aber natürlich auch wieder mit dem Standard kommen: «*Wow, Paris! Was ist interessant in Paris, damit ich Lust bekomme, das nächste Mal dorthin in Urlaub zu fahren?*»

Es gibt übliche Standard-Fragen, die man im Laufe eines Flirt-Gesprächs der Frau stellt. Für den Herzensbrecher sind solche Fragen nicht verboten, es ist aber empfehlenswert, nur wenige davon zu benutzen, und es muss vermieden werden, dass man sie als Fragekette hintereinander abspult. Schauen wir uns diese typischen Fragen einmal an:

*Wie heißt du?*
*Was arbeitest du?*
*Was hast du für Hobbys?*
*Welche Musik hörst du gerne?*
*Was machst du gerne im Leben?*
*Wo kommst du her?*
*Was machst du hier in Zürich?*

Ich will Ihnen eine weitere Gesprächssequenz geben, um zu zeigen, wie der geübte Verführungskünstler aufgrund einer Antwort von ihr professionell reagiert.
Er: *Was hast du für Hobbies?*
Sie: *Ich gehe gerne tanzen*
Er: *Es gibt zwei Arten von Tänzern: Die einen tanzen aus Gewohnheit, die anderen aus Leidenschaft. Ich tanze aus Leidenschaft. Zu welcher gehörst du?*

Hier wurde ein Element angewandt, auf das ich später noch zu sprechen komme. Die Qualifizierung! Hier soll sie zunächst nur angedeutet werden. Schauen Sie sich mit diesem Blickwinkel die Antwort noch einmal an.

Ich will Ihnen einen Tipp geben, welche Art von Aussagen Sie aufgrund einer Antwort von ihr machen können. Sie haben zwei einfache Möglichkeiten. Erstens: Sie geben ein Statement dazu ab, ob Sie das, was sie gesagt hat, mögen oder nicht mögen. Zweitens: Sie erzählen eine kurze, kleine, abenteuerliche Geschichte.

Er: *Was hörst du gerne für Musik?*
Sie: *Hardrock!*
Er: *Wow, Hardrock! Da gibt's nicht so viele Frauen, die das hören. Kürzlich habe ich eine davon kennen gelernt. Sie war bildhübsch und sie war süchtig nach Tätowierungen. Die einzigen Körperteile, wo sie keine hatte, waren Hals, Gesicht und die Hände. Hast du auch Tätowierungen?*

Die Geschichte, die ich dazu erzähle, ist nur zwei, drei Sätze lang, mehr braucht es nicht. Zumindest am Anfang des Kennenlernens. Wenn man mit der Frau eine halbe Stunde oder eine Stunde zusammen ist, dann können die Geschichten auch länger werden.

Er: *Was hörst du gerne für Musik?*
Sie: *Hardrock!*
Er: *Kürzlich war ich in der «Red Factory» mit zwei Freundinnen. Da war eine Hardrock-Band hinter einem Zaun zu hören. Die hatten 'ne Geige! So was hab ich noch nie gehört. Hardrock hab ich früher mal gehört, aber jetzt mag ich's nicht mehr! ....*

Eine gute, flüssige, routinierte Gesprächsführung ist das A und O der Verführung.

Bei der Gesprächsführung gibt es noch einige andere Dinge zu beachten, die ich Ihnen im weiteren Verlauf des Buches noch zeigen werde.

## Sie sind der Preis!

Wenn der durchschnittliche AFC Mann eine schöne Frau sieht, dann denkt er: «Wow! Wenn ich *die* haben könnte, wäre das das größte aller Gefühle. Aber an die komm ich sowieso niemals ran.» Falls dieser Mann durch irgendeinen Zufall dann doch mit *ihr* ins Gespräch kommt, dann zerfließt er meist vor Ehrfurcht und geht in eine Haltung, ihr so weit gefallen zu wollen, dass sie ihn vielleicht doch «erwählt». «Sag mir, was ich tun muss, dass du mich erhörst!» Das katapultiert eine schöne Frau in die Rolle, die sie gewohnt ist: «Ich als Frau bin der Preis». Damit repräsentieren Sie für sie das 08 15 Standardmaterial, mit dem sie tagein, tagaus konfrontiert ist und landen in der «Nicht-sexy Schublade».

Der Casanova verhält sich anders. Er verhält sich so, als ob ER der Preis ist. Die Frauen haben einen Instinkt, einen weiblichen Riecher dafür, wer der Platzhirsch ist. Frauen wollen immer den Mann, den sie nicht haben können. *Den* Mann, der für sie unerreichbar erscheint. Das sind Männer, die eine große Auswahl an Frauen haben, und nur eine Qualitätsfrau in die engere Auswahl zulassen. Und wenn wir ein Spiel inszenieren, wo sie sich als diese Qualitäts-Frau qualifizieren muss, dann spielt sie gemäß ihrer sozialen Programmierung mit. Wir, als Herzensbrecher, spielen ihr diesen Mann mit großen Qualitätsansprüchen vor. Wir imitieren das Verhalten eines Mannes, der sich selbst als Preis sieht. Und das funktioniert!

Es gibt viele Elemente, die das einer Frau auf der unterbewussten Ebene signalisieren. Mit all diesen Elementen spielen wir. Das wichtigste Element ist:

## Qualifikation!

Das intuitive Verhalten eines Mannes, der sich die Frauen wirklich aussuchen kann, ist, dass er hohe Standards setzt. Er nimmt sicher nicht jede! Die Frau muss sich für *ihn* qualifizieren und nicht umgekehrt!

Der Pick-up-Artist überrascht sie beispielsweise mit folgender Frage.

Er: *Kannst du kochen?*
Sie: *Ja, nicht viel, aber doch, ich kann kochen.*
Er: *Das ist schon mal gut. Nehmen wir mal an, du würdest für mich abends etwas kochen. Wie würdest du mich überraschen?*
Sie: *Na ja, vielleicht als Entree eine Spargelcremesuppe. Dann als Hauptgang ein Rinderhufsteak mit gerösteten Kartoffeln, und als Dessert Tiramisu.*
Er: *Gut, das gefällt mir*!

Der Frauenkünstler gibt ihr die Aufgabe, sich für ihn möglichst appetitlich darzustellen. In diesem Fall über ihre Kochkunst. Achten Sie auch auf die Feinheit der Formulierung: «wie würdest du *mich* überraschen?» Die Aufgabe der Frau besteht darin, Sie «als Preis» zu überraschen. Erkennen Sie das Prinzip?

Im Abschluss «belohnt» er sie über den Kommentar. «Das ist schon mal gut», oder «Gut, das gefällt mir!».

Das ist wie ein Hund, den Sie dazu bringen durch einen Reifen zu springen. Wenn der Hund durch den Reifen gesprungen ist, dann bekommt er eine Belohnung. «Brav gemacht!» Derjenige, der noch mehr gewohnt ist Frauen auswählen zu können, der setzt noch höhere Standards, noch höhere Spezifikationen. Der sagt zum Beispiel:

*Nehmen wir mal an, du würdest für mich kochen. Wie würdest du mich überraschen? Aber Achtung, ich bin Vegetarier! Und italienischen Rotwein mag ich nicht!*

Der Frauenflüsterer lässt sich nicht von der Frau qualifizieren, er springt niemals durch den Reifen, den ihm die Frau hinhält, sondern *er* bringt die Frau dazu, durch seinen Reifen zu springen, *er* erschafft die Spielregeln.

Sie: *Kannst du mir einen Drink spendieren?*
Er: *Warum sollte ich das tun? Überzeug mich.*

Qualifikation ist einerseits die Aufforderung, dass sie sich für Sie möglichst attraktiv darstellen soll und andererseits das *Benoten* ihrer Aussage, ihrer Handlungen, ihres Stils durch Sie, als den aussuchenden Frauenheld.

> Du kennst sicher die Situation, dass zwischen zwei Menschen, die sich gut verstehen, plötzlich eine Gesprächspause entsteht. Wenn ich mit dir in einem romantischen Restaurant sitzen würde und es gäbe eine Gesprächspause, mit welchem interessanten Thema würdest du das Gespräch wieder in Gang bringen?

Spüren Sie, wie die Last plötzlich auf ihren Schultern lastet? Sie haben sie durch diese «Szenario-Frage» in eine Position manövriert, wo sie etwas sagen muss, von dem sie irgendwie hoffen muss, dass es das Richtige ist und dass es dem «Lehrer» dann hoffentlich gefällt.

Deswegen ist es wichtig, danach eine «Belohnung» in Form einer Benotung zu geben. «Ja, das ist originell. Das gefällt mir!». Oder aber: «Das ist die zweitbeste Variante, ich sage dir, welche die beste ist …»

Außerdem ist hier noch eine weitere Finesse in die Aussage verwoben. Der Frauenkünstler hat eine Annahme mit in dieses Szenario hineingenommen. Es sind zwei Menschen, die «sich gut verstehen» und die in einem «romantischen Restaurant» sitzen. Er projiziert Bilder von «ihm zusammen mit ihr» in ihr Unterbewusstsein. Indem sie die Frage beantwortet, akzeptiert sie unterbewusst seine Annahmen als gegebene Tatsache.

Qualifikation hat immer zwei Aspekte: Erstens, sie muss sich für *mich* qualifizieren (sie muss etwas sagen, das mir gefällt) oder zweitens, ich qualifiziere *sie* (ich vergebe Noten).

Verführungs-Künstler: *Weißt du, ich bin sehr wählerisch! Ich habe einen Test entwickelt, um ziemlich schnell herauszufinden, ob eine Frau als potentielle Freundin in Frage kommt ...*

Wenn Sie eine Frage so einleiten, dann ist in ihr der Wettbewerbstrieb entfacht. Sie möchte natürlich in diese Auswahl passen, sie *will* durch Ihren Reifen springen.

Jetzt können Sie jeden beliebigen Unfug abfragen, sie wird interessiert und aufmerksam jede Ihrer Fragen beantworten. Und Sie sind in der dem Alpha-Mann geziemenden Position, der Auswählende zu sein.

So können Sie beispielsweise mit diesem Test weiterfahren: *Pass auf. Ich schreib die Antworten der idealen Frau hier auf einen Zettel* (Sie schreiben drei Punkte auf einen Zettel). *Ich will jetzt wissen, ob du einen Teil dieser Antworten triffst. Du musst deine Hand hier auf meine Hand legen* (Körperkontakt schafft Nähe und mystische Atmosphäre). *Bitte beantworte folgende Fragen: Heißes Bad oder warme Dusche?* (Sie gibt eine Antwort) *Geschälte Orange oder Erdbeeren mit Schlagsahne?* (Sie gibt eine Antwort) *In den*

*Nacken beißen oder am Ohr knabbern?* (Sie gibt eine Antwort.)

Dann zeigen Sie ihr den Zettel, auf dem steht: «Heißes Bad – Erdbeeren mit Schlagsahne – Ohr knabbern» und jetzt schauen Sie sie interessiert und anerkennend an und sagen: «Wow! Ich bin der Matthias, wie heißt du?»

Sie ahnen es bereits: Von 100 Frauen, mit denen Sie dieses Spiel machen, geben Ihnen 95 dieselben Antworten.

Wann entsteht aus einem unverbindlichen Smalltalk ein Flirt? Es sind mehrere Elemente, zwei davon sind bei diesem Spiel aufgetaucht.

Ab dem Moment, in dem Sie Ihre offene Hand hinreichen und sich selber vorstellen «ich bin übrigens der Matthias ...», haben Sie das Gespräch auf eine verbindlichere Flirt-Ebene gebracht. Denn wenn Sie sich selbst mit Namen vorstellen, wird sie im Gegenzug auch *ihren* Namen sagen und Nähe wird geschaffen. Etwas «persönliches» wurde ausgetauscht, Emotionalität entsteht. Das zweite Element, das den Unterschied zwischen unverbindlichem Smalltalk und Flirten ausmacht ist: Qualifikation!

Sobald Sie qualifizieren, haben Sie bei ihr unterbewusst ein romantisches Interesse ins Spiel gebracht.

> Wusstest Du, dass man über den Charakter eines Menschen etwas aussagen kann, wenn man seine Reiseziele kennt? Nehmen wir mal an, du könntest morgen Früh an irgendeinem Ort der Erde aufwachen, es gibt keine Beschränkungen. Wo wäre das?

Sie wird brav eine Destination nennen, aber immer mit dem angstvollen Hintergedanken «hoffentlich ist das nichts Falsches!»

Egal, was sie sagt, Sie können dann irgendeine Interpretation dazu erfinden: «Ja, das heißt, du bist abenteuerlustig, das findet man nicht so oft bei Frauen, das gefällt mir!»

Qualifikation soll Sie für den Rest der Verführungs-Reise begleiten. Es ist ein elementares wirksames Element, das Sie von 95% aller Männer da draußen wohltuend unterscheidet.

Hier noch zwei Qualifikationen, die man in jedes Gespräch einfügen kann.

Frauenflüsterer: *«Wie unterscheidest du dich von anderen Mädchen?»*

Frauenflüsterer: *«Nenn mir mal drei Eigenschaften von dir, die interessant sind.»*

Eine der am häufigsten genannten Eigenschaften, wenn Frauen gefragt werden, wie ihr idealer Mann sein soll, ist Humor. Deswegen ist es gut für Sie, auch bei der Qualifikation immer wieder kleine humorige Übertreibungen und Spielereien einzubauen. Das signalisiert eine gewisse Leichtigkeit, und die ist beim Verführen immens wichtig.

Er: *Kannst Du kochen?*
Sie: *Ja*
Er: *Das ist schon mal gut. Bist du reich und berühmt?*
Sie: *Nein*
Er: *Oh, Nein, ich suche nach einem Mädchen, das reich und berühmt ist... Schade! Aber wir können Freunde sein.*

Hier hat der Verführungskünstler nicht nur lustig reagiert, sondern er hat danach noch etwas angefügt, was man «virtuelle Disqualifikation» nennt. «... *Schade! Aber wir können Freunde sein.*» Das ist eine Unterart der Qualifikation, die aber viel raffinierter ist. Wir kommen noch speziell darauf zu sprechen.

Humor und Qualifikation sind eine gewinnende Kombination. Wenn die Frau beispielsweise etwas macht, das dem Casanova gefällt, oder das sie gut beherrscht, dann kommentieren er:
*Oh, das gefällt mir. Du könntest eine meiner Sklaven sein. Aber meine Sklaven brauchen besondere Eigenschaften. Welche besonderen Eigenschaften hast du?*

Der Sinn der Qualifikation besteht darin, die Frau in die Position zu bringen, dass sie sich bei uns Männern «bewirbt». Da gibt es eine Aussage-Frage-Kombination, die sie immer in diese Position hineinmanövriert. Dazu machen Sie eine Aussage, was Sie als Mann mögen (oder nicht mögen) und anschließend fragen Sie sie, inwieweit sie der von Ihnen vorgegebenen Geschmacksrichtung entspricht.

Casanova: *Ich mag keine Frauen, die eifersüchtig sind. Wie eifersüchtig bist du auf einer Skala von 1 bis 10?*

Casanova: *Ich mag Frauen, die weit gereist sind – was war die weiteste Destination in deinem Leben?*

Casanova: *Ich mag keine Frauen, die unromantisch sind. Wie romantisch schätzt du dich ein?*

Sobald sie die Frage beantwortet, hat sie sich in die Position gebracht, dem Casanova gefallen zu wollen.

## Qualifikation von schönen Frauen

Die Pickup Community hat für die Frauen ein Bewertungssystem der Schönheit eingeführt. Die interne Abkürzung für ein Mädchen ist HB (englisch ausgesprochen), zu Englisch Hot Babe. Danach vergibt man eine Zahl. Die Skala geht von 1 bis 10. Die schönsten, können Sie sich denken, sind achter, neuner und zehner «Hot Babes». Der Dialog zwischen zwei Frauenflüsterern könnte dann etwa so gehen: «Schau da vorne, da läuft eine HB 9» und der Kumpel weiß, von was der andere spricht.

Wenn Sie eine Frau sehen, von der Sie meinen, sie ist eine HB 8 bis HB 10, dann ist es wichtig, dass Sie sich als Frauenflüsterer davon nicht beeindruckt zeigen. Komplimente sind hier erst einmal vollkommen verboten! Denn davon hat sie in ihrem Leben zu viel gehört. Sie müssen im Gegenteil die in jeder Frau schlummernde Unsicherheit verstärken. Denn jedes Mal, wenn eine Frau sich nicht sicher in ihrer Rolle fühlt, wird der, der sie in diese Unsicherheit gebracht hat, interessant für sie. Komisch, aber so ist es (lesen Sie die letzten beiden Sätze ruhig noch einmal).

Hier ist der Qualifikationsbaustein, der Gold wert ist und die die 9-er und 10-er dazu bringt, sich nicht mehr auf ihren Sicherheit gebenden gewohnten Sockeln zu fühlen.

> Du siehst gut aus, so what. Die Welt ist voll von schönen Frauen. Du hast Glück gehabt mit deinen Genen, das ist noch kein Verdienst. Wenn ich dich nach drei Dingen fragen würde, die mich dazu bringen könnten, dich besser kennen zu lernen zu wollen, was wäre das? Aussehen zählt nicht.

Wichtig bei dieser Vorgehensweise ist der letzte Satz: « Aussehen zählt nicht». Damit hat man sie ihres größten Trumpfs beraubt, auf den sie sich bisher immer verlassen konnte. «Wer bin ich ohne mein Aussehen??»

Ein weiterer raffinierter Schachzug ist die zugrunde liegende versteckte Annahme. Der Don Juan fragt nicht «nenne mir drei Dinge, die dich auszeichnen», sondern er bringt eine Unterstellung mit hinein «drei Dinge, die mich

dazu bringen könnten, *dich näher kennen lernen zu wollen*». Sobald sie darauf antwortet, hat sie anerkannt dass *sie* den Don Juan kennen lernen will. Genau so muss es sein, die erzielte Wahrnehmung ist: «ER ist der Preis!» Mit der «wenn» Formulierung hat er sich zusätzlich auch gegen eine mögliche negative Antwort abgesichert. Wenn sie sagt: «Nein, ich will dich gar nicht kennen lernen!» Dann kann er trocken kontern: «Ich habe nicht gesagt, dass es möglich wäre.»
Was auch immer sie erzählt, der Don Juan quittiert natürlich mit einer weiteren Qualifikation.

«Wow, das gefällt mir – ja vielleicht könnte es passieren …»

Auch der letzte Satz «*ja, vielleicht könnte es passieren ...*» lässt sie in der Position der Bittstellerin. «ER ist der Preis».

Mit schönen Frauen umzugehen ist eine Sache, die der beginnende Don Juan durch viel Praxis lernen muss. Nichts ersetzt viel Routine, aber trotzdem ist es gut, wenn man Textbausteine zur Verfügung hat, die auch bei Unsicherheit sichere Steine im Bachbett repräsentieren. Hier ist ein solcher Textbaustein, wie man eine HB 8 bis HB 10 vom Sockel holen kann:

> Schau, ich weiß, viele halten dich für schön. Aber ich weiß auch, da ist eine Andrea tief in dir drin, die hält sich gar nicht für so schön. Und mit dieser Andrea möchte ich mich jetzt unterhalten …

## Weitere nützliche Gesprächs-Tipps!

### Weg von Fragen – hin zu Vermutungen

Eines der vielen Elemente, die aus einem Smalltalk einen Flirt machen, ist auch *das* Element, das einen eher schleppenden, langweiligen Gesprächsverlauf zu einem interessanten Gesprächsverlauf macht.

Schauen Sie sich bitte die beiden folgenden Gesprächssequenzen in der Gegenüberstellung an:

Er: *Und was machst du beruflich*?
Sie: *Ich bin Studentin.*
Er: W*as studierst du*?
Sie: *Betriebswirtschaft*

Und hier nun die zweite Version.

Er: *Und was machst du beruflich?*
Sie: *Ich bin Studentin.*
Er: *Ah, Studentin, hab ich mir doch gedacht. Ich habe so ein Gefühl, was Du studierst ... nicht sagen ...*(Er nachdenkend) *Du siehst so aus, als ob du Architektur studierst, stimmt's?*
Sie: *Ah, nein, ich studiere Betriebswirtschaft.*

Das Element, das aus einem Smalltalk einen Flirt und aus langweiligen Fragen ein interessanteres Gespräch macht, ist *Vermutungen anzustellen*, statt Fragen zu stellen.

Durch eine Vermutung werden Sie persönlich, Sie signalisieren, dass Sie sich mit der anderen Person bereits genauer beschäftigen. Das ist *Flirten* und das gibt Ihrem Gespräch den interessanten Dreh.

Er: *Hast Du Geschwister?*
Sie: *Ja, zwei Schwestern.*

Oder aber:

Er: *Ich hab' so eine Ahnung von dir. Meistens kann ich mich auf meinen Bauch verlassen. Ich glaube, Du hast zwei Schwestern. Und du bist die älteste, stimmt's?*
Sie erstaunt: *Nein, das glaube ich nicht! Woher weißt du das? Das kann doch nicht sein! Das stimmt!*
Er: I*ch verlass mich einfach auf meine Intuition. Mit welcher deiner Schwestern verstehst du dich denn besser?*

Sie können bei Vermutungen nicht verhindern, dass Sie hin und wieder einmal richtig liegen. Und damit haben Sie bei der Frau zusätzliche Hochachtung ausgelöst. Ich habe da im Laufe meiner Verführungskarriere schon einige unglaubliche Treffer gelandet. (Im Übrigen: Wenn Sie das systematisch machen, können Sie nicht verhindern, dass sich Ihre Intuition so nebenbei auch erheblich schärft.)

Anstatt also zu fragen «woher aus Österreich kommst du?» sagen Sie lieber: «Aha, aus Österreich. Lass mich mal raten … könnte es sein, dass du aus Graz bist?» Und schon ist bei Ihrem Gespräch mehr Salz in der Suppe.

Dieses Element des «Vermutungen anstellen anstatt Fragen stellen» sollen Sie zwar nicht ausschließlich anwenden, aber bei einer ausgewogenen Abwechslung zwischen herkömmlichen Fragen und Vermutungen erreichen Sie einen viel spannenderen Gesprächsverlauf.

## Wie der Frauenflüsterer Zustimmung oder Ablehnung zeigt

Was einen erfolgreichen Frauenflüsterer auszeichnet, ist die Tatsache, dass er eine unabhängige eigenständige Meinung hat und den Frauen nicht gefallen muss. ER ist der Preis! Aus diesem Zusammenhang heraus ist es nicht ratsam, krampfhaft Harmonie mit ihr zu suchen. Das ist einer der Fehler, die viele Männer im Umgang mit Frauen begehen.

Er: *Was magst du gerne für Musik?*
Sie: *Elektro Pop!*
Er: *Oh, das mag ich auch!*

So eine Antwort «Oh, das mag ich auch!» klingt unterwürfig und anbiedernd.

Ich will ihnen ein Standard Element zeigen, wie man auf eine lustige, flirtige Art eine Zustimmung oder seine Abneigung kundtun kann.

Er: *Was magst du gerne für Musik?*
Sie: *Elektro Pop!*
Er: *Wow, da triffst du genau meinen Geschmack!*

Das ist ein weiterer Standard Textbaustein (ein weiterer Stein im Bachbett), wie der Frauenflüsterer ihr signalisieren kann, dass er dasselbe mag wie sie. Er dreht einfach die Rollen um:

«Super, da triffst du genau *meinen* Geschmack!»

*Sein* Geschmack ist entscheidend. Und *sie* trifft ihn und nicht umgekehrt.

Genauso gibt es einen Standard Textbaustein, wie der Frauenflüsterer seine Ablehnung zeigen kann.

Er: *Was magst du gerne für Musik?*
Sie: *Elektro Pop!*
Er, gespielt enttäuscht: *Elektro Pop??? ... Eigentlich warst du mir sympathisch!?*

Mit dem Kommentar «eigentlich warst du mir sympathisch ...» hat er auf eine lustige, indirekte Weise transportiert, dass *er* das nicht mag, und gleichzeitig hat er sie augenzwinkernd disqualifiziert.

## Lehre sie etwas

Der wahre Frauenheld ist auch ein Frauenversteher. Er kennt sich aus mit ihren Sorgen, ihren Launen und ihren Schönheitsproblemen. Frauen haben eine natürliche Tendenz zur Unsicherheit und eine Tendenz, sich Autoritäten zu unterwerfen. Sie lieben es geführt zu werden. Deshalb ist es psychologisch raffiniert, ihr Tipps zu geben. Tipps zu ihrem Aussehen, Tipps zu ihrer Körpersprache, Tipps zu den «wichtigen Dingen» im Leben.

Frauenheld: *Lena, du hast deine Haare hochgesteckt. Du solltest sie offen tragen, da kommt dein Gesicht mehr zur Geltung.*

Es ist eigentlich egal, welchen Tipp man gibt. Er muss nur mit der entsprechenden Sicherheit vorgetragen werden. Falls sie die Haare offen trägt, dann sagen Sie:

*Lena, du hast deine Haare offen. Du solltest sie hochstecken, da kommt dein Gesicht mehr zur Geltung.*

Sie etwas zu lehren, ihr Tipps zu geben ist auch immer eine subtile Art der Qualifikation. Es ist der Frauenheld, der die Beurteilung vergibt, was schön oder was nicht-schön ist, was ihr steht, was ihr nicht steht.

Wenn sie keine Ohrringe trägt, dann könnte er sagen: «Schätzchen, du trägst keine Ohrringe. Es würde dir gut stehen, wenn du Kreolen tragen würdest. Da bekommst Du mehr Ausstrahlung.» Wenn sie Kreolen trägt dann sagte er: «Schätzchen, Kreolen sind gut. Aber was zu deinem Gesicht viel besser passen würde, sind lange, hängende Strass Ohrringe. Das passt eher zu deinen langen glatten Haaren.»

Frauen nehmen solche Tipps wichtig.

Ich bin Member in einem der bekanntesten In-Clubs in Zürich, dem Kaufleuten. An der Eingangskontrolle saß immer Tina, ein schönes, aufgestyltes Mädchen, HB 8. Regelmäßig begrüßten wir sie mit jovialem Hallo, Küsschen rechts und links und einem kurzen, warmen Smalltalk. Tina trug immer eine Brille. Eines Tages sagte ich ihr: «Schätzchen, du bist ein kluges Mädchen und die Brille unterstreicht das. Du solltest aber Kontaktlinsen tragen, da würdest du zwei Jahre jünger aussehen.»

Als ich am übernächsten Wochenende wieder in den Club ging, trug sie Kontaktlinsen.

Es gibt noch einen schönen Fertig-Baustein, der mehrere Elemente miteinander verwebt. Zum einen ist darin das Berühren enthalten, zum anderen die Warm-Kalt-Dusche, und zu guter Letzt eine Qualifikation in der Form, sie etwas zu lehren.

Der Frauenheld nimmt einfach plötzlich ihre Hände: (Warm) *Mensch, hast du schöne Hände* (dabei ihre Hände außen und innen begutachtend streicheln)! *Selten, dass man bei einer Frau so schönen Hände sieht. Wow! Wie pflegst du die? Hast du 'ne spezielle Creme?* (Sie antwortet irgendetwas – dann kalt:) *Aber ich geb' dir mal einen Tipp, wie du selbstbewusster wirken kannst. Setz dich mal ein bisschen grade hin.* (Beurteilen) *Zeig, dass du 'ne hübsche, stolze Frau bist, die es wert ist, erobert zu werden!* (Sie tut es) *Ja, sehr gut!*

Frauen sind im Prinzip wie kleine Kinder. Sie mögen es, wenn sie geführt werden, sie mögen es, wenn man mit ihnen spielt und sie dabei verlieren, sie mögen es, wenn man sie an der Hand nimmt und ihnen die große Welt zeigt, Sie mögen es, wenn man sie mit lieblichen Koseworten anspricht. In den vorhergehenden Beispielen ist Ihnen vielleicht aufgefallen, dass ich die Mädchen mit Kosenamen angeredet habe und nicht mit ihren richtigen Namen.

Süße, Kleine, Zuckerkäfer, Darling, Schätzchen, Prinzessin.

Der wahre Frauenheld macht das so. Sie müssen sie nicht jahrzehntelang kennen, um das zu tun, im Gegenteil, Sie machen das ziemlich bald in der Interaktion. Wir imitieren einfach das Verhalten eines wirklich guten, langjährigen, engen Freundes, und so einer redet sie mit Kosenamen an. Wenn wir umgekehrt sie mit Kosenamen anreden, dann erzeugt das in ihr das Gefühl, es mit einem guten, langjährigen, engen Freund zu tun zu haben. So einfach ist das.

Eines der zu Grunde liegende Prinzipien für den ganzen Verlauf der Verführung lautet:

**Der Frauenheld verhält sich immer so,
als ob er die Frau schon jahrzehntelang kennt.**

## No Go: Negativität.

Wenn Sie in die Rolle des Frauenflüsterers hineinwachsen wollen, dann sollten Sie bei der Frau diesem weltoffenen, beliebten, «easy going», positiven Charakter entsprechen. Aus diesem Grund verbietet es sich, negative, jammernde Äußerungen über irgendetwas zu machen.

Sie stehen in einer Bar und sagen ihr plötzlich als standalone Bemerkung: «Die Musik ist so Scheiße hier!», das ist ein No Go! Versuchen Sie keine Gemeinsamkeit über Negativität zu erzeugen.

Wenn Sie mit ihr in einem Restaurant sitzen, dann sollten Sie nicht sagen «Mein Gott, hier kommt keine Bedienung, was ist das für ein Saftladen!?»

Wenn Sie dasselbe allerdings in einer nicht persönlich betroffenen Art rüber bringen, dann hat das eine andere Qualität. Zum Beispiel: «Der Kellner hat uns hier irgendwie übersehen, ich schau mal, ob ich ihn finde ...» und Sie stehen auf und suchen ihn im Restaurant.

Das, was Sie schon in hunderten von Ratgeberbüchern für die allgemeine Lebensführung gelesen haben, das gilt auch hier beim Flirten. Beklagen Sie sich nicht über andere, jammern Sie nicht über Zustände und Situationen. Seien Sie der positive, easy going Sunny-Boy.

## Sag mir, warum ich dich einladen soll

Nehmen wir mal an, Sie organisieren eine Privatparty. Natürlich hätten Sie gerne, dass dort auch ein paar schöne Frauen anwesend sind. Also beschließen Sie bei Ihrer nächsten Sarging-Tour, ein paar Mädchen dazu einzuladen. Prinzipiell ist das natürlich eine gute Idee, aber man kann dabei schnell wieder etwas falsch machen. Nämlich den Grundsatz vergessen «ICH bin der Preis».

Wie macht das der AFC?

> Wir veranstalten übernächstes Wochenende eine Privatparty. Ich lade dich ein. Ich würde mich freuen, wenn du auch kommen würdest.

Das klingt nach Saure-Gurkenveranstaltung. Der Typ ist froh, denkt sie, wenn überhaupt jemand kommt.

Es gibt einen Grundsatz, der lautet: Keine Einladung ohne virtuelle Bedingung. Derjenige coole Dandy, der ein Übermaß an Menschen hat, die zu seiner Party wollen, der ist selektiv bei der Auswahl seiner Gäste, der lädt nicht Hinz und Kunz ein. Und deswegen geht der Frauenflüsterer anders vor.

> Zweimal im Jahr veranstalten wir unsere Themenparty. Ich mit meinen Freunden. Das ist immer legendär. Wer nicht gemäß unserem Thema verkleidet ist, wird nicht eingelassen. Wir müssen immer sehr selektiv sein bei der Auswahl, denn es wollen immer mehr dabei sein, als wir Platz haben. Ich überlege gerade, ob du eventuell dort reinpassen würdest. Wir

wollen nur Leute, die speziell sind. Sag mir mal etwas Spezielles über dich, das dich auszeichnet.

Jetzt wird die junge Dame alles versuchen, über die virtuelle Hürde zu springen, um den Kriterien des Frauenflüsterers zu entsprechen.

Bei dieser Vorgehensweise hat er ihr die Aufgabe gegeben, vorher eine Leistung zu erbringen, ein paar Argumente zu liefern, die den Frauenflüsterer eventuell überzeugen könnten, sie einzuladen. Erst dann bekommt die Einladung in der Wahrnehmung der Frau einen Wert.

Bei der zweiten Vorgehensweise hat der Frauenflüsterer auch noch etwas anderes gemacht. Er hat seine Party *vorher* als speziell, einzigartig, selektiv dargestellt und erst *dann* spricht er von der Möglichkeit der Einladung. Und so müssen auch Sie es machen. Erzeugen Sie zuerst in ihrem Kopf das scharfe Bild einer bei allen beliebten Veranstaltung, dann lassen Sie sie eine virtuelle Bedingung erfüllen, und erst dann bekommt sie *als Belohnung* die Einladung.

Es gibt einen zweiten Bereich, der beim Thema Verführen angesprochen werden muss. Es ist die Frage: «Lade ich sie ein oder lasse ich sie selber zahlen?». Es gibt dafür keine in Stein gemeißelte Regel. Ich habe bei beiden Varianten erlebt, dass sie von Herzensbrechern mit Erfolg angewendet wurden. Ich selber habe die Tendenz, sie einzuladen. Jetzt gibt es aber dabei etwas zu beachten. Das Einladen darf nicht wie selbstverständlich gemacht werden, sondern auch hier müssen Sie die Regel anwenden: Keine Einladung ohne virtuelle Bedingung.

Es wirkt einfach billig, wenn Sie ohne Kommentar immer alles bezahlen. Das könnte so aussehen, als ob Sie sie kaufen wollen. Deshalb machen Sie es so, dass Sie jedes Mal, wenn Sie sie zu etwas einladen, eine virtuelle Begründung dafür geben.

Das kann bei einem Drink so aussehen:

*Die Antwort, die du da gerade gegeben hast, die hat mir gefallen. Ich lade dich ein.* (Zum Kellner gewandt) *zwei Prosecco bitte!*

Es ist gar nicht so wichtig, was man da als Begründung her nimmt. Nehmen Sie irgendeine kleine Geste, eine kleine Tat oder eine kleine Aussage, die sie gemacht hat.

- *Du hast mich vorher mit einer Geschichte aus deiner Kindheit berührt. Ich lade dich ein ...*
- *Du tanzt außergewöhnlich, das sieht man nicht so oft. Komm, ich lade dich ein ...*

Noch wichtiger wird es, wenn die Ausgaben größer werden. Zum Beispiel bei einer Einladung ins Restaurant.

Er: *Ich muss mal kurz deine Intelligenz testen. 27 geteilt durch 9, wie viel ist das? Schnell!*
Sie: *3!*
Er: *Wow*, r*ichtig! Du hast dir was verdient, ich lade dich ein! Da gibt's ein gutes Restaurant, lass dich überraschen. Komm mit!* (Und er nimmt sie bei der Hand)

Das Prinzip dahinter ist, dass die Frau sich erst das Wohlwollen des Frauenflüsterers verdienen muss. Und indem er ihr eine Belohnung gibt, ist sie in die Rolle derjenigen gerutscht, die sich sein Wohlwollen verdienen *will*.

Dasselbe Spiel der virtuellen Bedingung kann man auch bei der Frage der Telefonnummer anwenden. So könnte das klingen:

*«Sag mir mal drei Eigenschaften von dir, die mich dazu bringen könnten, deine Telefonnummer von dir haben zu wollen.»*

Ich habe diesen Spruch sogar schon als Opener benutzt und es hat geklappt (allerdings in der Launen-Stufe 3 bis 5).

## Virtuelle Disqualifikation

Jeder Mann hat das schon einmal erlebt. Er ist mit einem Mädchen unterwegs, das er schon ein paar Tage kennt, und erhofft sich, dass etwas Weitergehendes läuft. Plötzlich, bei einem Telefonat, sagt sie ihm: «Thomas, du bist ein lieber Kerl, ich will dich als Freund nicht verlieren, aber ich sehe dich als guten Freund. Mehr nicht!» Wumm, der Stich im Herz, wieder mal ein Ballon zerplatzt.

Es ist von alters her die Rolle der Frau, der umworbene Preis zu sein, und sie nimmt es als ihr Gewohnheitsrecht, das Türchen bei dem einen aufzumachen und bei einem anderen zuzuschlagen. Es klopfen ja meistens genügend an.

*Sie* ist diejenige, die plötzlich mitten beim Küssen sagt: «Ich weiß nicht, ob das richtig ist, was wir tun. Ich glaube, ich mache einen Fehler.» Oder beim Nachhause gehen sagt sie plötzlich: «Dass das klar ist, wir haben *keinen* Sex!»

Frauen sind es gewohnt, mitten im Spiel den Riegel zuzuziehen. Weil sie gewohnt sind: «ICH bin der Preis, und die Männer wollen ja immer mehr, als ich bereit bin zu geben.»

Jetzt gibt es für den Verführungskünstler eine Vorgehensweise, die typischen Rollen von Mann und Frau zu vertauschen. Ich nenne es *virtuelle Disqualifikation.*

Der Mann signalisiert ihr, dass *sie(!)* nicht in den vorgefertigten Rahmen seiner Ansprüche passt. Das, was normalerweise die Frauen mit den Männern machen, macht der Verführungskünstler mit den Frauen!

Mittendrin, wenn der Verführungskünstler plötzlich bemerkt, dass sie Gefallen an ihm findet, sagt er plötzlich: «Ich bin nicht sexuell an dir interessiert – wir passen nicht zusammen. Aber wir können Freunde bleiben. Aber KEIN Sex!»

Die Frau kippt bei einem solchen Statement aus ihrer gewohnten Rolle und aus allen Wolken. Unsicherheit ist entstanden. «Ist etwas falsch an mir?». Und sie wird jetzt versuchen, ihre Unsicherheit auszugleichen, indem sie von demjenigen, der sie verunsichert hat (dem Verführungskünstler), ihre gewohnte Attraktivität doch noch bestätigt zu bekommen.

Die virtuelle Disqualifikation ist eine taktische Vorgehensweise, um uns als Mann speziell, anders, außergewöhnlich darzustellen und einen Sog in die umgekehrte Richtung zu erzeugen.

Er: *Sag mal dein Sternzeichen?*
Sie: *Löwe*
Er: *Löwe?? Oh nein, kein Löwe. Nicht schon wieder. Mit Löwen habe ich schlechte Erfahrung gesammelt. Löwen sind bei mir nur als Freunde gut. Kein Sex, keine Beziehung, das geht einfach nicht!*

Achtung! Die virtuelle Disqualifikation klappt nur, wenn der Verführungskünstler merkt, dass er ihr gefällt, wenn es schon knistert, wenn er merkt, dass sie «angebissen hat». Das ist ein sehr wichtiger Grundsatz. Denn wenn Sie das Instrument anwenden, *ohne* dass sie Sie vorher mit interessierten Augen angeschaut hat, dann hat es wenig Wirkung.

Hier einige weitere Beispiele virtueller Disqualifikation.

Er: *Wo wohnst du?*
Sie: *In Köln*

Er: *OH, das ist zu weit. Da könnten wir keine Affäre haben ... das ist zu umständlich!*

Verführungskünstler: *Du hast Qualitäten, aber wir würden nicht zusammenpassen. Ich würde dir deinen Mist nicht abkaufen, du würdest mir meinen Mist nicht abkaufen. Die ganze Beziehung wäre nur Streit und Versöhnungssex. Das würde nicht gut gehen.*

Verführungskünstler: *Pass auf Darling, du bist süß, aber du passt nicht in mein Beuteschema.*

Verführungskünstler: *Du bist sympathisch. Zu schade, dass ich dich in einer Bar kennen gelernt habe. Ich habe einen Grundsatz: Bar-Mädchen kommen für mich nicht in Frage.*

Mit diesem «Zu schade ...»-Schema, kann man unendlich viele virtuelle Disqualifikationen einleiten: «zu Schade, dass du blond bist ...», «zu schade, dass du Krankenschwester bist ...» usw.

Verführungskünstler: *Dein Kleid sieht gut aus. Ich habe einen Freund, der würde sich auf der Stelle in dich verlieben. Ich stehe auf Frauen mit einem anderen Kleidergeschmack.*

Er: *Hast du einen Freund?*
Sie: *Nein.*
Er. *Komm, wir suchen einen für dich* (er schaut sich um). *Der da drüben, finde ich, passt zu dir, komm mit ...*

Verführungskünstler: *Du siehst gut aus – bist aber nicht mein Typ. Aber wir können Freunde sein.*

## Weitere Ansprechmöglichkeiten

Es gibt unendlich viele Möglichkeiten, mit einer Frau ins Gespräch zu kommen. Allen gemeinsam ist der erforderliche Mut, auf die Frau zuzugehen und sie aus dem Nichts anzusprechen. Sie müssen, wenn Sie mit dem Verführen-lernen weiterkommen wollen, unbedingt ins Handeln kommen. Es nützt nichts, dieses Buch hier zu lesen und dann zu Hause weiter vor dem Computer herumzusitzen. Sie müssen sich einen Tritt in den Hintern geben, Ihren Kumpel anrufen und auf die Straße, in die Bars, in die Cafés, in die Clubs gehen und Frauen, Frauen, Frauen ansprechen.

Ich will Ihnen hier einige weitere Ansprech-Möglichkeiten geben, die einigermaßen sicher und auch für einen Anfänger geeignet sind, sich an das Ansprechen und Flirten zu gewöhnen. Eine der einfachsten ist, sie nach dem Weg zu fragen: «Du, Entschuldigung, wo ist der nächste Starbucks?» Wenn Sie das fünfmal hintereinander gemacht haben, dann fragen Sie als Follow-Up: «Ich mag nur Starbucks mit rustikaler Atmosphäre. Wie ist dieser Starbucks eingerichtet?». Und dann, wenn der Mut langsam zunimmt, können Sie überleiten zu: «Du klingst nicht so, als ob du aus München bist. Wo bist du denn her?»

Eine andere, herrlich einfache Methode ist sie zu fragen: «Kannst du mal ein Foto von mir machen?» Das ist eine normale Situation, in der sich jeder Fremde in einer Stadt einmal befindet: Man möchte vor einem speziellen Hintergrund ein Foto von sich haben, kann es aber nicht selber machen.

Eine weitere schöne Möglichkeit, die sich bewährt hat, ist die «Lottofee». Sie besorgen sich an einem beliebigen Kiosk einen Lottoschein und schauen auf die Tafel, wie viele Millionen bei der nächsten Ziehung zu gewinnen sind. Es ist wichtig, dass Sie diesen Lottoschein *nicht* sichtbar in der Hand halten, denn es hat sich in der Anwendung gezeigt, dass ein in der Hand gehaltener Zettel die Frauen dazu bringt zu denken, dass da jemand für einen wohltätigen Zweck sammeln will. Also: Ihr Lottoschein ist in der Hosentasche versteckt, Ihr Stift auch. Jetzt gehen Sie auf ein Mädchen mit offener Körpersprache zu. «Du bist meine Lottofee! Es gibt dieses Wochenende 15 Millionen zu gewinnen. Ich hab noch nie Lotto gespielt. Es ist für mich das erste Mal. Sag mir mal ne Zahl zwischen 1 und 50 …» und erst *jetzt* holen Sie Ihren Lottoschein heraus.

Bei diesem Lottofee Opener kann man viele weitere anknüpfende Gesprächsfelder nachschieben. «Hast *du* schon mal im Lotto gewonnen?» – «Was würdest du mit 15 Millionen Gewinn machen?» usw. Achtung: Viele Frauen sagen irgendwann: «Wenn du gewinnst, dann teilen wir!» Seien Sie darauf vorbereitet und antworten Sie nicht: «Ja, O.K., gib mir deine Nummer!», denn damit haben Sie keine Bedingung, keine Hürde eingebaut. Sagen Sie lieber: «Moment! Das musst du dir erst verdienen!» oder «Ja, wenn ich gewinne, teilen wir: Du kriegst den Lottoschein, ich den Gewinn.»

Sorgen Sie auch dafür, dass Sie eine eigene Geschichte haben, was Sie mit diesem Lottogewinn machen würden. Zum Beispiel: «Ich würde erstmal eine Party steigen lassen, mit 200 Leuten. Aber alle, die kommen dürfen, müssen spezielle Eigenschaften haben. Welche Eigenschaften hast du?» Oder Sie könnten sagen: «Ich würd mir ein Flugzeug kaufen und wenn du brav bist, dürftest du sogar mitfliegen. Sag mir mal eine Destination, die mir gefallen könnte?»

Sie müssen trotzdem, wie immer, darauf achten, dass Sie nicht allzu lange bei diesem Lotto Thema bleiben. Es darf nicht in die Sättigung kommen. Auch hier müssen Sie möglichst schnell ein neues Thema setzen, damit der Flirt interessant bleibt.

## Story Telling

Gute Verführer sind gute Geschichtenerzähler. Von ihrer Fähigkeit, spannende Kurzstorys aus dem Ärmel zu schütteln, hängt viel für ihren Gesamterfolg bei Frauen ab.

Der Casanova ist in der Lage, aufgrund einer Bemerkung, die sein Zielobjekt gemacht hat, selbst irgendetwas zum Gespräch beizusteuern, das das Gespräch aufpeppt. Das kann eine kurze Einschätzung sein, eine Aussage, eine Qualifikation oder eine Geschichte. Das Element «Fragen» sollte nur dosiert eingesetzt werden und ist eigentlich nur ein Begleitmittel.

Je kürzer man die Frau kennt, desto kürzer sind auch die Geschichten bzw. die Aussagen.

Nehmen wir ein Zweierset an. Die Mädchen haben erwähnt, dass sie letzte Woche in Florida gewesen sind. Jetzt geht es darum, irgendeine Aussage zu machen, irgendeine Geschichte zu erzählen, die an das Thema Florida anknüpft.

> Wow! In Florida sind doch immer die Spring-Breaks, wo die College Girls nach ihrem Schulabschluss hinfahren, um sich zu besaufen und permanent Sex zu haben. Wart ihr deswegen dort?

Achten Sie auch wieder darauf, dass Sie dabei gleichzeitig die Attribute des weitläufigen, beliebten, humorvollen Frauenkenners transportieren. Der Casanova hat hier auch eine augenzwinkernde Unterstellung eingewoben, die das Thema Sex ins Spiel bringt.

Das obige Beispiel war nur ein Ein-Satz-Statement, das, wie immer, mit einer Frage abgeschlossen wurde. Wenn das Gespräch schon etwas länger läuft, kann man auch eine etwas längere Geschichte dazu erzählen.

Eine gute Geschichte braucht etwas Außergewöhnliches und ein Spannungs-Element. Dann wirkt die Erzählung interessant und damit ist auch der *Erzähler* interessant.

> Ein Freund von mir war vor einem Jahr auch in Florida. Als er zurückkam, hat er mir erzählt, dass sie da in einem Park mit Alligatoren gewesen sind. Da war so ein Alligator, der sich in der Sonne gesonnt hat. Er wollte mit seiner Freundin ein Foto machen, den Alligator im Hintergrund. Plötzlich sprintet der Alligator aus dem Nichts auf die beiden zu. Der Ranger konnte mit seinem Stock gerade noch dazwischen gehen. Das Foto sieht irre aus! Wart ihr auch mal in einem Alligatoren-Park?

Dies war eine Geschichte mit sechs Sätzen, wieder abgeschlossen mit einer Frage.

Jetzt kommt die interessante Frage: Muss die Geschichte stimmen?

Lassen Sie mich dazu eine Geschichte erzählen.

Als ich in London mit TenMagnet, meinem allerersten Coach, auf Tour ging, konnte ich beobachten, wie er das handhabte. Wir hatten ein Zweierset angesprochen, und irgendwann kam er mit folgender Story:

> Vorgestern habe ich hier in Central London am Gehsteig gestanden und plötzlich kam ein Auto auf mich zu, und ich sehe: Unter der Kühlerhaube kam richtig dicker Rauch heraus! Ich bin auf die Straße gesprungen und habe dem Fahrer mit beiden Händen aufgeregt Zeichen gegeben: Dein Auto brennt! Und jetzt musst Du hinhören: Der Typ geht aufs Gas, beschleunigt und will mich überfahren! Ich bin gerade noch rechtzeitig zurück auf den Gehsteig gesprungen.
> Sag mal, sind alle Autofahrer in London so verrückt?

Als er die Story bei einem anderen Mädchen nochmal erzählt hatte, fragte ich ihn: «Sag mal, stimmt diese Story?». Er sagte: «Im Prinzip schon, das ist mir vor einem halben Jahr in Toronto passiert. Der Rauch könnte auch Wasserdampf gewesen sein, ich weiß es nicht.»

Also die Basis stimmte, einige Details waren verändert und ergänzt.

Nehmen wir einmal an, die Geschichte wäre vollkommen erfunden gewesen, würde es dem Mädchen besser oder schlechter gehen?

Nein!

Nehmen wir einmal an, die Geschichte wäre vollkommen wahr gewesen, würde es dem Mädchen besser oder schlechter gehen?

Nein!

Dieses Buch ist kein Moralbuch. Ich betrachte alles nur von der Seite der Wirkung.

Erfinden Sie etwas, wenn's Spaß macht, ergänzen Sie etwas wenn's Spaß macht, erzählen Sie die volle Wahrheit (auch wenn's langweiliger ist), wenn's Spaß macht.

Ich, als Verführungs-Coach, sage: Mich interessiert nur, ob die Geschichte spannend ist, denn dann geht es allen Beteiligten besser. Wir erschaffen für die Frau eine interessantere, faszinierendere, verheißungsvollere Welt, die sie mit *uns* assoziieren soll. Das ist das Spiel!

# Eine Zwischenbetrachtung zur «Wahrheit»

Lassen Sie mich einmal allgemein etwas zur «Wahrheit» sagen. Wir alle lügen – wir nennen es nur anders. Wir müssen es tun, denn unsere Identität ist auf einer Lüge aufgebaut. Die Basislüge ist: «Ich weiß, wer ich bin».

Wenn man bei jedem Menschen einen Gedanken-Rekorder mitlaufen lassen würde, und man würde jeden Gedanken, wirklich *jeden*, mithören, dann würde man das ganze Drama menschlicher Lüge erkennen. Wir sind reine Fassadenmenschen, die nach aussen etwas vorspielen, das sie nicht sind. Wir glauben, so wie wir nach aussen wirken, das *sind* wir.

Aber die Tatsache ist, dass wir alle nur jemand sein *wollen*. Man kann nur jemand sein wollen, wenn man niemand ist. (Lesen Sie den Satz nochmal, das ist eine tiefe Wahrheit!)

Wir sind hilflose, egogetriebene Hüllen, die versuchen, über die erhoffte Wahrnehmung von außen (über die eingebildeten Gedanken von anderen) «jemand zu sein». Ein extravaganter Mensch, ein hilfsbereiter Freund, ein guter Chef, ein immer gut gelaunter Sonnyboy, einer, der nicht lügt, einer, der erfolgreich ist usw. usw. Dieses imaginäre Bild versuchen wir über die imaginären Gedanken von ANDEREN bestätigt zu bekommen. Und diese eingebildeten Gedanken anderer halten wir für: «Das bin ich».

Ohne Ihre eingebildeten Gedanken von anderen über sich sind Sie niemand.

Unsere ganze Identität ist darauf aufgebaut, was andere denken, dass wir sind. Wir bauen eine komplette Fassade auf, verinnerlichen gewisse Verhaltensweisen, von denen wir wissen, dass andere das als speziell schätzen und denken: „Das bin ich!" Aber das sind wir nicht. Es ist nur das, was wir hoffen, dass andere DENKEN, dass wir es sind! Beobachten Sie Ihre Gedanken: 75% sind damit beschäftigt, wie andere Sie wahrnehmen. Und dieses Konglomerat an eingebildeten Fremdgedanken über uns halten wir für uns selbst. Es ist krank!

Wir haben keine Ahnung, wer wir wirklich sind.

Wir denken beispielsweise: «Ich will, dass die anderen mich als bescheiden einschätzen». Wenn das gelingt, ist «Ich bin bescheiden» Teil Ihrer Identität, ein Teil Ihres «Ichs», aber in Wahrheit ist das nur die erstrebte Vorstellung, wie *andere* Sie wahrnehmen sollen. Sie glauben an diese Hochstapelei und denken «das bin ich». Um dieses Spiel unserer virtuellen Identität aufrechtzuerhalten, müssen wir ständig so tun, als ob, versteckt oder offen Angeberei betreiben und mühsam gesellschaftlich anerkannte Fassaden aufrecht erhalten.

Sie können es jetzt mit einem schönfärbenden Etikett bekleben: «Appetitlicher darstellen», «nicht alles erwähnen», «sich besser verkaufen» usw., aber das will ich nicht. Weil wir nicht wissen, wer wir wirklich sind, ist unsere ganze Gesellschaft, inklusive aller darin enthaltener Individuen, aufgebaut auf «Wunschdenken als Realität verkaufen», Versteckspielen und Fassadenbauen in *allen* Bereichen.

Wir wollen den anderen glauben machen, dass uns «Ziele setzen» und «Erfolg» glücklich machen –sie tun es aber nicht. Wir spielen den anderen die nicht existierende heile Familie vor – dahinter steckt der Karren tief im Morast. In der Beziehung spielen wir Treue, obwohl wir es in Gedanken nicht sind. Wir sagen, wir heiraten aus Liebe, aber in Wahrheit heiraten wir aus Angst. Wir lügen permanent uns selber und andere an. Alle Bereiche des Lebens sind auf breiter Basis davon erfasst. Geschäftswelt, Kirche, Politik, Gesellschaft, Privatleben.

Weil wir es anders *deklarieren*, denken wir, wir wären anders, dabei spielen wir ständig uns und den anderen etwas vor. Schauen Sie sich nur Facebook, diese nur auf äußere Wirkung aufgebaute Gesellschafts-Seifenoper an, wo wir der Welt einen Schein vorspielen, der nur wenig mit unserem echten Leben zu tun hat. Schauen Sie, was die Frauen durch Kleider und Makeup ihrer Umgebung vorspielen. Schauen Sie, was die Autofahrer den staatlichen Kontrollen vorspielen. Schauen Sie, was die Job-Bewerber ihrem künftigen Arbeitgeber vorspielen. Schauen Sie, was die Unternehmen ihren Kunden vorspielen. Schauen Sie, was die erwachsenen Kinder ihren Eltern vorspielen. Schauen Sie, was die Urlauber ihren Daheimgebliebenen von ihrem angeblich so tollen Urlaub vorspielen … Wenn immer dann, wenn wir nur jemand sein *wollen* unsere Gedanken per Lautsprecher für alle hörbar wären, würde unsere ganze sogenannten «Person» bereits nach zehn Minuten zerbröseln. Weil Gedanken nicht hörbar sind, halten wir diese gespielte Fiktion für unser «Ich».

Das ganze Leben ist ein Fassadenspiel, in all seinen Aspekten. Das muss es sein, weil wir nicht wissen, wer wir sind.

Wenn wir so Stück für Stück unseres Lebens durch die Lupe der Wahrheit anschauen, dann erkennen wir, dass unser ganzes Leben eigentlich Fassade ist, denn wir denken: Ich bin das, was andere von mir *denken*, dass ich bin. Da ist eine leere Hülle, die glaubt, sie ist das, was sie sich vorstellt, wie anderen sie wahrnehmen. An dieser eingebildeten «Person» gibt es (außer den erhofften Fremdgedanken) nichts Echtes, Wahres, Werthaltiges.

Unser sogenanntes «Ich» ist der permanente Versuch in den Augen der anderen Höherwertigkeit vorzutäuschen und Minderwertigkeit zu verschleiern. Und diese oszillierende Fata Morgana halten wir für uns selber.

Diejenigen bedauernswerten Menschen, die den Anspruch haben, nicht zu lügen und nur moralisch integre Handlungen auszuführen, sind in Wahrheit arme Geschöpfe. Denn solange sich jemand nicht selbst gefunden hat und weiß, wer er wirklich ist (was eine spirituelle Sache ist und überhaupt nichts mit dem Körper und seinen gespielten Rollen zu tun hat), ist er anhängig von dem, was andere von ihm *denken*. Er will für eine «*Darstellung*» geliebt und anerkannt werden. Weil er diese Darstellung und den Fremdblick für sich selbst hält, muss er, um diese Anerkennung und «Liebe» zu bekommen, zwingend versuchen dem zu entsprechen, was andere von ihm denken könnten. Er unterdrückt, versteckt, verheimlicht, verleugnet, was seine wahren Beweggründe sind (sprich «wie werde ich von den anderen gesehen»). So entsteht diese Riesenkluft zwischen dem mühsam nach außen aufrechterhaltenen Schein und seinen *tatsächlichen* Gedanken und Handeln. Jetzt muss dieser arme Mensch vor sich und anderen immer wortreich erklären, dass diese oder jene Begebenheit aus diesem und jenem Grund eine «Ausnahme» gewesen ist, dass da «andere Umstände» geherrscht hätten , dass man das Verhalten in jenem Fall «anders interpretieren» muss … BlaBlaBla. Das zerreißt den Menschen viel mehr als denjenigen, der zu sich ehrlich sein darf und sagt:[2]

2 Wenn Sie erfahren wollen, wie es ist zu wissen, wer Sie wirklich sind, wenn Sie die Lebensillusionen durchschauen wollen, wenn Sie ein unumstössliches Glück erleben wollen, das frei von Angst ist, dann lesen Sie meine Bücher «Sie wollen keinen Erfolg, Sie wollen glücklich sein» Band 1 und Band 2

## Es ist nicht lügen, es ist flirten!

Viele Menschen können nicht ad hoc Geschichten erzählen. Aber das lässt sich trainieren.

Es ist sehr hilfreich für Sie, wenn Sie in der Lage sind, aufgrund eines Stichwortes eine Geschichte zu erfinden. Dies ist ein reines Training, es ist hilfreich, um ein guter Verführer zu werden. Die Geschichte kann ruhig einen wahren Kern haben, muss sie aber nicht. Was die Geschichte auf jeden Fall braucht, ist etwas Unerwartetes, Spektakuläres oder Romantisches.

Ich gebe ihnen jetzt hier drei Stichworte, bei denen Sie bitte versuchen sollen, eigenständig eine Geschichte zu erfinden. Es geht darum, dass Sie das Gespür entwickeln, wann etwas interessant ist und wann etwas schleppend daherkommt. Sie können eine vollkommen erfundene oder halbwahre Geschichte nehmen. Wichtig ist, dass Sie in der Lage sind zu erspüren, wann genügend Salz in der Suppe ist. Denn erst, wenn Sie das freie Gestalten einer würzigen Geschichte verinnerlicht haben, sind Sie auch in der Lage, eigene Geschichten mit diesen interessanten Elementen aufzuwürzen.

Sie müssen aufpassen, dass Sie *nicht* nur Tatsachen und Ergebnisse berichten. Das ist nicht spannend. Zum Beispiel.

Er: *Was machst du hier in der Stadt?*
Sie: *Ich will ein paar Ohrringe kaufen.*
Er: *Ich hab auch mal meiner Schwester Ohrringe zum Geburtstag gekauft, sie hat sich gefreut.*

Das ist langweilig. Das ist eine nüchterne Ergebnis-Vermittlung. Da ist kein Handlungsverlauf, da passiert nichts, da ist nichts Interessantes für die Frau. Eine Geschichte braucht eine Handlung, einen Clou, etwas Überraschendes.

> Ich hab mal meiner kleinen Schwester zum Geburtstag Ohrringe kaufen wollen. Dann hab ich bei Swarowski endlich welche gefunden, ich fand sie super-cool, und dann hab ich sie ihr überreicht. Sie hatte Freudentränen in den Augen, aber sie konnte sie nicht tragen: Was ich bis dahin nicht wusste: Sie hatte so eine Metall-Allergie. Nur Gold-Stecker gehen. Die kleine Hexe hat mir das nie gesagt. Du siehst so aus, als ob du die Ohrringe für dich selber kaufen willst, stimmt's?

Es ist auch immer gut, wenn in Ihrer Geschichte in irgendeiner Form Frauen vorkommen. Frauen, um die Sie sich kümmern oder die bewundernd zu Ihnen stehen. Denn der erfolgreiche Frauenflüsterer ist jemand, der gewohnheitsmäßig mit Frauen zu tun hat.

Ich gebe Ihnen noch einen Tipp, wie Sie so eine Geschichte aufbauen können. Es muss nicht immer Ihre eigene Geschichte sein. Sie können sie in das Umfeld von einem der drei Elemente platzieren:

1) *Ich* hab's erlebt
2) Ein *Freund* hat's erlebt
3) Ich habe einen *Bericht* im TV/Zeitung gesehen

Ich gebe Ihnen jetzt drei Stichworte, zu denen ich Sie bitte, zur Übung eine kleine Kurzstory zu erfinden. Denken Sie daran, am Ende mit einer Frage (oder Vermutung) an die Frau abzuschließen.

«Schlangenschuhe»

«Flugdrachen»

«Telepathie»

(Nein, nicht weiter lesen, bitte machen Sie die Übung jetzt wirklich!)

So könnte die Geschichte aussehen.

**Schlangenschuhe.**

Kürzlich war ich in London, da habe ich in einem Geschäft Schlangenschuhe gesehen. Ohne Preis im Schaufenster. Ich geh' also rein, … Jetzt musst du hören: 1400 £. Dann hab ich dann doch lieber Sandalen gekauft. Ha Ha! Warst du schon mal in London?

Oder:

Letzten Monat war ich in Berlin, da habe ich in einem Geschäft Schlangenschuhe gesehen. Das wären die ersten Schlangenschuhe in meinem Leben gewesen. Ich bin rein gegangen, wollte sie nur mal probieren, nach 'ner halben Stunde bin ich raus gekommen … mit der Telefonnummer der Verkäuferin. Sie war einfach zu süß! Warst du schon mal in Berlin?

**Flugdrachen**

Ein Freund von mir war mal in Bali in Urlaub. Dort haben sie Drachen-Wettbewerbe. Unsere Drachen sind vielleicht 1,50m breit, die hatten 7-Meter Drachen! Und die lassen die nur hoch, wenn fast Sturm ist. 10 Leute halten so ein Ding. Aus einer Gruppe waren ein paar umgefallen und plötzlich sind die restlichen abgehoben. Der letzte hat erst nach 20 Meter Flug losgelassen. Aber Mädchen spielen nicht mit Drachen, die spielen lieber mit Barbie, richtig?

## Telepathie

Ich hab mal 'ne Dokumentation im Fernsehen gesehen. Da haben sie eine Frau entlang einer Reihe von 80 Menschen geführt. Sie musste sich einen Menschen mental aussuchen. Niemand hat gewusst, welcher es war. Jetzt ging ein Mann, das war so eine Art Medium, nochmal mit ihr entlang derselben Gruppe und er hat nur ihre Hand gehalten. Er lief zweimal auf und ab. Und plötzlich, beim zweiten Mal, bleibt er bei einer Frau in der Reihe stehen und deutet auf sie: Es war die, die die Frau vorher gewählt hatte. Der hat das nur an ihrer Hand gespürt. Hast du schon mal an jemand gedacht und plötzlich klingelt das Telefon, und die Person ist dran?

Ich habe für Sie noch zwei weitere Strategien, wie man zu irgendeinem Stichwort mit einer Geschichte kontern kann.

Sie können zu dem Stichwort mit einer Aussage Stellung nehmen, die mit «Ich mag …» oder «ich mag nicht …» beginnt: «Florida, das mag ich nicht, das ist mir zu heiß im Sommer. Wenn ich dort hinfahren würde, dann nur im Herbst … «

Eine zweite Möglichkeit besteht darin, mit einem Satz zu starten, der entweder mit den Worten „da war ich noch nie …“ – „da war ich schon mal …“ oder aber mit den Worten „das hatte ich noch nie …» – «das hatte ich schon mal …» beginnt.

«Telepathie, das ist mir auch schon mal passiert. Ich hatte mal ein Mädchen auf Ibiza kennen gelernt in Urlaub. Wir hatten 'ne kurze Affäre miteinander. Ein halbes Jahr später denk ich beim Autofahren an sie, plötzlich macht's Beep, Beep und es kam eine SMS von ihr. Unglaublich!»

Auch hier können Sie zur Übung einmal die oberen drei Stichworte hernehmen, und versuchen, mit den zwei Strategien jeweils Statements zu formulieren oder eine Geschichte zu erzählen.

## Sammeln Sie eigene interessante Lebensgeschichten

Jeder Mann hat interessante Dinge im Leben erlebt, die er in sein Repertoire zum Flirten/Verführen aufnehmen sollte. Viele sind sich nicht klar darüber, welche interessanten, spannenden Geschichten sie in ihrem Leben schon erlebt haben. Ich habe eine richtiggehende Sammlung von solchen Stories, die ich dann als fertiges Modul aus der Tasche ziehen kann.

Diese Vorgehensweise haben alle erfolgreichen Frauenhelden. Ich kenne einen Frauenhelden, der ist als Kind in armen Verhältnissen in einer Großfamilie in Rumänien aufgewachsen. Weil die Eltern so arm waren, war nicht immer genug zum Essen da. Er war das jüngste Kind und weil ihn der Bäcker so mochte, ist er manchmal heimlich am Morgen, ohne dass ihn jemand sehen konnte, durch den Dorf-Bach bis zum Bäcker gelaufen, um Brot zu erbetteln und hat dann seine Mutter damit überrascht.

Die Frauen lieben solche Geschichten. Außergewöhnlichkeit, Herz, Gefühl, Familiensinn – da ist alles drin, was eine gute Geschichte braucht.

An dieser Geschichte sehen Sie, dass es nicht immer eine Highlight-Geschichte sein muss. Im Gegenteil, je nachdem, in welcher Phase der Verführung man ist, eignen sich Geschichten besser, mit denen man sich öffnet und Begebenheiten erzählt, in denen man durch Täler gegangen oder Geschichten, die ans Herz rühren. Denn das erzeugt Vertrauen. Und das brauchen die Frauen, um weiter zu gehen (ich komme in einem extra Kapitel noch genauer darauf zu sprechen).

Hier Ihre Aufgabe für die Zukunft: Jedes Mal, wenn so eine Geschichte, so ein Erlebnis in Ihr Gedächtnis kommt, dann schreiben Sie es auf. Stylen Sie die Geschichte dann in Heimarbeit durch. Denn als erfolgreicher Frauenheld müssen Sie in der Lage sein, sich selbst zu inszenieren. Haben Sie mal eine Geburtstags-Überraschungsparty für Ihre Schwester organisiert? Haben Sie mal einen Drachenflug gemacht, bei dem Sie fast abgestürzt sind? Haben Sie mal eine Talsohle/Krankheit durchlebt, die Sie wieder überwunden haben? Haben Sie einen Taschendieb erwischt, wie er Ihnen etwas klauen wollte? Waren Sie bei einem Heiler, der Ihre Rückenschmerzen zauberhaft zum Verschwinden brachte?

... Schreiben Sie sich diese Geschichte auf, erzählen Sie sie Ihrem Kumpel und er soll Ihnen sagen, ob sie spannend genug, interessant genug, zu kurz, zu umfangreich ... ist.

Als ich noch in Genf als Software-Ingenieur gearbeitet habe, hatten mich die Mitarbeiter als Personalvertreter gewählt. Dann kam eines Tages die Mitarbeiterversammlung, die mein Leben verändern sollte. Mitarbeiterversammlung. Wir sitzen gemeinsam mit rund 50 Kollegen in einem Saal. Der Chef referiert vorne. Plötzlich sieht er mich in der Menge. Er sagt unvermittelt: «Ach, der Herr Pöhm ist da. Er könnte mal schnell was zum Thema Personalvertretung sagen.»
Es trifft mich wie ein Pfeil. Mein Herz beginnt zu rasen und mit zittrigen Beinen stehe ich auf. Ich sehe die erwartungsvollen Blicke der Kollegen. Stammelnd beginne ich zu reden. Knallrot im Gesicht. Meine Stimme bebt, zerhackt vom rasenden Pulsschlag. Schweiß läuft von der Stirn. Ich merke: Meine Worte ergeben keinen Sinn. Es stammelt aus mir heraus. Das Gehirn scheint wie leer gefegt. Ich bemerke, wie die ersten betreten zu Boden blicken. Es ist peinlich mich anzuschauen. Ich wünschte, der Boden täte sich auf und ich könnte einfach verschwinden. Irgendwann setze ich mich wieder.

Endlose Sekunden vergehen, bis der Chef wieder das Wort ergreift und versucht, die Situation zu retten. Der gewählte Personalvertreter war vor der ganzen Belegschaft blamiert! Es war so peinlich, ich wollte zwei Tage nicht mehr in die Firma gehen ... Das war der Anfang meiner Karriere!

Diese Geschichte ist meine Geschichte, diese Geschichte ist wahr, aber in ihrer Dramaturgie durchgestylt und feinpoliert. Ich weiß, wie sie ankommt, und natürlich erzähle ich sie ständig. Ich habe hier zusätzlich noch einige Elemente für «Geschichten erzählen» hineinverwoben, die aber hier jetzt zu weit führen würden. Man kann tatsächlich Geschichten so erzählen, dass man eine Stecknadel fallen hören kann. Man nennt diese Methode «Wirksprache», denn sie erzeugt die höchste Wirkung beim Zuhörer. Sie ist in meinem Rhetorik-Buch «Präsentieren Sie noch oder faszinieren Sie schon» im Detail vorgestellt. Dort können Sie sie nachlesen.

## Interessante Geschichten, die mit «Wussten Sie schon ...» anfangen

Es gibt noch eine ganze Kategorie von Geschichten, die auf Frauen (auch auf Männer) interessant wirken, weil sie etwas Überraschendes vermitteln.

Die alten Assyrer hatten ihre Städte immer an leicht abschüssigen Hängen gesiedelt. In den Ruinenstädten hat man festgestellt, dass die Assyrer die Türen ihrer Häuser immer nur bergab gebaut hatten. Niemals auf der Seite und niemals dem Hang zugewandt. Man wusste sehr lange nicht, warum. Bis man eines Tages bei Ausgrabungen auf die Lösung stieß. Die Archäologen entdeckten in der Nähe der Städte Kanalsysteme. Die Assyrer leiteten das Wasser an die Stadt heran und einmal im Monat wurden oberhalb der Stadt die Schleusen geöffnet und das Wasser mitten durch die Stadt geleitet. Das war vor 3000 Jahren deren Müllentsorgung!

Es ist gut, wenn Sie sich mit solchen Geschichten ausrüsten. Es sind diese berühmten «Wussten Sie schon ...»-Geschichten. Es muss nicht immer eine Geschichte sein, sondern kann auch eine unbekannte, überraschende Information sein.

Wusstest du, dass unser Wort «Schnee» sich nicht in die Eskimo-Sprache übersetzen lässt? Die Eskimos haben kein Wort, das unserem Wort «Schnee» entspricht. Die Eskimos haben 200 Worte für Schnee, aber keinen Überbegriff «Schnee», so wie wir.

Mädchen lieben Männer, die ihnen die Welt erklären können und sie in Erstaunen versetzen mit interessantem Wissen. Das entspricht dem alten Klischee des «Helden», an dessen breiten Brustkorb sie ihren Kopf am Strand gelegt haben, der mit ihnen in den nächtlichen Sternenhimmel schaut und ihnen etwas über die Geheimnisse des Kosmos und des Lebens erzählt.

Weißt du, woher der Ausdruck Arschkarte kommt? Das kommt aus der Zeit, als Fußball im Fernsehen noch in Schwarz-Weiß übertragen wurde. Die Zuschauer an den Bildschirmen erkannten von der Farbe her nie, wann der Schiedsrichter die rote Karte zog und wann die gelbe. Also einigte man sich, dass der Schiedsrichter die Karten immer von unterschiedlichen Orten hervorholen sollte. Die gelbe Karte zog er aus der Hemdtasche und die rote Karte aus der hinteren Tasche seiner Sporthose – Die Arschkarte!

Diese Geschichte hat wieder ein zugrunde liegendes Prinzip. Es ist das Prinzip, die Herkunft von Worten zu erklären. Das ist meistens hochinteressant.

Weißt du, woher das Wort Schlitzohr kommt? Wenn im Mittelalter auf den Märkten ein Händler dabei erwischt wurde, dass er mit falschen Gewichten gewogen hatte, so wurde ihm als Strafe mit dem Messer ein Schlitz in das Ohrläppchen gemacht. Auch wenn es wieder zuwuchs, so konnte man an der Narbe später immer noch erkennen: Das ist ein «Schlitzohr».

Weißt du, woher der Ausdruck «Alles in Butter» kommt? Es kommt aus der Zeit, als die besten Spiegel in Europa in Venedig produziert wurden. Die kostbaren Spiegel für die Fürstenhäuser mussten immer beschwerlich über die Alpen transportiert werden. Damit die Spiegel in den Kisten nicht brachen, hat man zwischen die Spiegel immer Butter als Stabilisierung und Abfederung gelegt. Und bei der Ankunft sah man, dass bei den unversehrten Spiegeln immer «alles in Butter» war.

Hier noch eine Geschichte zum Abschluss.

Ist dir mal aufgefallen, dass Kinderkarussells immer rechts herum drehen, und niemals links? Das kommt aus dem Mittelalter, als die Ritter an einem Drehkreuz mit ihrer Lanze die Ritterspiele trainierten. An einem großen Holzdrehkreuz waren Säcke angebracht, mit denen die Ritter auf dem Pferd mit der Lanze trainierten den Sandsack zu treffen. Weil die meisten Ritter Rechtshänder waren, musste der Drehkranz immer in eine Richtung gedreht werden. Und das war rechts herum. Aus diesen mittelalterlichen Übungs-Drehkreuzen sind unsere heutigen Kinderkarussells entstanden.

Auf meiner Webseite www.Rhetorik-Seminar-Online.com finden Sie unter dem Menüpunkt «Faszinierende Geschichten / Wussten Sie schon ...» hunderte solcher Geschichten. Aber Achtung, Sie müssen erstens diese richtiggchend auswendig lernen und zweitens auch in der *Darstellung* trainieren. Es reicht nicht, nur die Geschichte zu kennen. Die Geschichte entfaltet erst durch Pausen, Intonation, Blick, Stimmfärbung und Betonung einzelner Worte ihre wahre Wirkung auf die Frau. Diese Elemente lassen sich durch das Buch nicht transportieren, sie machen aber 70% der Wirkung aus.[3]

3 Am meisten Erfolg hat man, wenn man sich von einer Person vordemonstrieren lässt, wie diese Feinparameter einzustellen sind.

## Geschichten für den nächtlichen Sternenhimmel

Wenn Sie mit einem Mädchen nachts Spazieren gehen, auf einer Parkbank sitzen, oder am Strand sind, dann sehen Sie zu, dass Sie mit ihr in den Sternenhimmel schauen. Dieser Anblick löst bei Mädchen heftige Romantik-Gefühle aus.

Jetzt sollten Sie diese Situation gewinnbringend für sich ausnutzen, indem Sie ihr wie selbstverständlich ein paar Dinge über das All erklären. Das erzeugt bei ihr einen weiteren heftigen Romantik Schub, und sie wird diese Gefühle mit Ihnen in Verbindung bringen. Es lohnt sich, ein paar minimale astronomische Kenntnisse aus Wikipedia zu besorgen, aber Improvisation kommt genauso gut an.

> Schau mal da hoch, da links neben dem Sternbild «Großer Wagen» sind vier nebeneinander liegende Sterne in einer Linie. Oberhalb davon ist ein kleiner Punkt. Siehst du den? Viele Menschen glauben, das ist ein Stern, aber es ist eine ganze Galaxie. Sie enthält ungefähr 900 Milliarden Sterne. Das ist der am weitesten entfernte Leuchtpunkt, den man mit bloßem Auge am Nachthimmel erkennen kann. Wenn diese Galaxie heute aufhört zu existieren, würde es zweieinhalb Millionen Jahre dauern, bis wir das hier sehen würden. Das ist der berühmte Andromeda-Nebel. Man hat Berechnungen angestellt und vermutet, dass da mindestens 56 intelligente Zivilisationen leben müssen. Jetzt schau mal nach oben und stell dir vor, da auf einem solchen Planeten sitzt genau jetzt ein Pärchen, genauso wie wir, und schaut in den Sternenhimmel und sieht uns als Lichtpunkt und überlegt, ob da bei uns nicht auch ein Pärchen gerade am Strand liegt, in den Sternenhimmel schaut und genauso von uns redet … (Spätestens jetzt können Sie sie küssen)

Die Astronomen haben herausgefunden, dass die Andromeda-Galaxie auf unsere Milchstraße zufliegt. Man hat errechnet, in 5 Milliarden Jahren treffen sie sich und vereinigen sich zu einer einzigen großen Galaxie.

Es ist wichtig, dass Sie dabei immer wieder auf diesen Punkt am Sternenhimmel deuten. Für die erzeugten Gefühle es ist egal, ob das wirklich die Andromeda-Galaxie ist, oder nicht.

Schau mal nach oben, siehst du dort den großen Wagen? jetzt verlängere mal die hintere Rückwand des Wagens ungefähr um das Fünffache senkrecht nach oben. Siehst du diesen hellen Stern in der Verlängerung? Das ist der hellste Stern des Abendhimmels. Das ist der Polarstern. Die Sonne ist sieben Lichtminuten von uns entfernt, der Polarstern ist 450 Lichtjahre von uns entfernt. Er erscheint zwar als ein Stern, aber in Wahrheit sind das zwei Sterne, die in 30 Milliarden Kilometer umeinander kreisen. Der eine davon hat eine Lichtstärke, 2000-mal größer als unsere Sonne. Deswegen erscheint er selbst aus dieser riesigen Entfernung noch so hell.
Der Polarstern, die Sonne und der Mond am Sternenhimmel waren für die Seefahrer in früherer Zeit die einzige Möglichkeit, wie sie sich allein auf offener See orientieren konnten. Die haben folgendes gemacht: Sie haben den Winkel vom Polarstern zum Horizont gemessen. Dann hatten sie eine Tabelle und mit dem Wissen der Uhrzeit konnte man so bestimmen, auf welchem Breitengrad auf den Weltmeeren man sich ungefähr befand. Wenn du jetzt mal vom Polarstern direkt in Gedanken eine Linie runter zum Horizont legst, dann weißt du, in welche Richtung du laufen müsstest, um irgendwann am Nordpol anzukommen.

Prägen Sie sich diese Geschichte ein. Sie stimmt sogar soweit.

Hier noch eine weitere:

> Der erste Stern, der am Abend zu sehen ist, ist der Abendstern. Die meisten wissen nicht, welcher Stern das ist. Ich sag's dir: Es ist unsere Venus. Alle anderen Sterne am Firmament bleiben stehen, der Abendstern wandert, so wie der Mond, denn er ist ein Planet unseres Sonnensystems und ist dann, nach ein paar Stunden, nicht mehr sichtbar. Die Venus ist aber nicht das ganze Jahr zu sehen, sondern nur ungefähr nur sieben Monate lang. Es gibt auch den Morgenstern. Das ist der Stern, der am Morgen als letztes noch zu sehen ist, bevor die Sonne aufgeht. Im Altertum hat man lange Zeit geglaubt, dass das zwei unterschiedliche Planeten sind. Aber es ist in Wahrheit auch die Venus.

## Ortswechsel ist Erlebniswechsel

Wenn Sie mit einem Mädchen, das Sie in einem Café oder auf der Straße angesprochen haben, ungefähr fünf Minuten am selben Platz stehen, dann sollten Sie sagen: «Komm mal einen Meter hier vom Gehsteig weg, die Leute können nicht vorbei laufen». Und jetzt gehen Sie mit ihr drei Meter weiter zu einem geschützteren Ort.

Diese Vorgehensweise hat einen psychologischen Hintergrund. Sie bringen das Mädchen dazu, etwas auf Ihr Geheiß hin zu tun und sie «bewegt» sich für Sie.

Dahinter steckt Psychologie. Das Mädchen hat damit ein kleines Bisschen in Sie *investiert.* Frauen sind so, dass sie eine einmal getätigte Investition in einen Menschen nicht gerne verpuffen lassen wollen. Diese Investition kann Zeit, ein Telefonat, eine Geste, eine SMS oder eine Bewegung sein.

Lassen Sie uns das einmal prinzipiell anschauen.

Stellen Sie sich einmal eine Frau vor, die sich zwei Stunden für einen Mann, der sie zu einem Rendezvous abholen soll, zurechtgemacht hat. Es ist fast unmöglich, sich vorzustellen, dass sie am Ende der zwei Stunden mühsamen Make-up-Auflegens und Beine-Rasierens es sich plötzlich anders überlegt. Denn ihre Investition ist zu hoch. Das sind unterbewusste Vorgänge. Das ist das Prinzip, das wir ausnutzen.

Jetzt gilt es für den Casanova, die Frau psychologisch dazu zu bringen, dass sie das unterbewusste Gefühl hat, in ihn «investiert» zu haben. Wenn sie einmal ein Stück mit einem Mann «mitgelaufen» ist, dann ist das ein kleines Steinchen in der Waagschale der Investitionen in diesen Mann.

Wenn genügend Steinchen in dieser Waagschale liegen, dann erwartet diese Investition (die ein Vertrauensvorschuss ist) einen Ausgleich.

Deswegen ist es für den Frauenflüsterer ein Gebot, sein Set möglichst häufig zu bewegen. Wenn er sich jetzt auf der Straße mit ihr weiter unterhalten hat, dann sagt er plötzlich: „Ich muss sowieso in deine Richtung, komm lass uns doch ein Stück weit zusammen gehen". Wenn er mit ihr ein Stück weit gegangen ist, bleibt er an einer Parkbank stehen und setzt sich dort eine Zeit mit ihr hin. Dann sagen er plötzlich: «Ich kenne eine Eisdiele, da gibt es das beste Stracciatella-Eis von ganz Berlin. Ich hab mich bis jetzt mit dir gut unterhalten. Komm mit, ich lade dich ein!» Dann sagte er irgendwann: «Hier ist es irgendwie langweilig, komm wir fahren hoch zum Fernsehturm» …

Ein weiterer Effekt dieser Art des Vorgehens ist, dass die Frau Stück für Stück immer mehr Vertrauen in ihn gewinnt. Sie tut, was er sagt, es passiert «nichts Schlimmes», im Gegenteil – es ist angenehm! Mit jedem Ortswechsel wächst das Vertrauen in diejenige Person, die sie zum Ortswechsel gebracht hat. Und Vertrauen zu erschaffen ist ein elementar wichtiger Punkt beim Spiel des Verführens.

Zusätzlich vermittelt er ihr das Gefühl, etwas *erlebt* zu haben. Schauen wir uns folgende zwei hypothetische Szenarien in der Gegenüberstellung an.

Version eins: Er hat sie im Park angesprochen, und zwei Stunden mit ihr am selben Platz verbracht. Oder aber Version zwei: Er hat sie in diesen zwei Stunden an vier unterschiedliche Orte gebracht. Jeder Ortswechsel ist ein extra Erlebnis mit dieser neuen Person gewesen. In ihrer Erinnerung ist viel mehr «mit ihm» passiert, als nur mit einem Typen an der Wiesenecke zusammen geredet zu haben. Damit rangiert sie diese neu kennen gelernte Person in ihrem Wertesystem am Ende viel höher ein.

Was werden Sie mehr als Erlebnis in Erinnerung behalten: Vier Stunden im Wartezimmer mit jemand gewesen zu sein oder aber vier Stunden mit jemand eine Bergwanderung gemacht zu haben?

Dasselbe gilt für einen Club, bewegen Sie sie möglichst häufig.

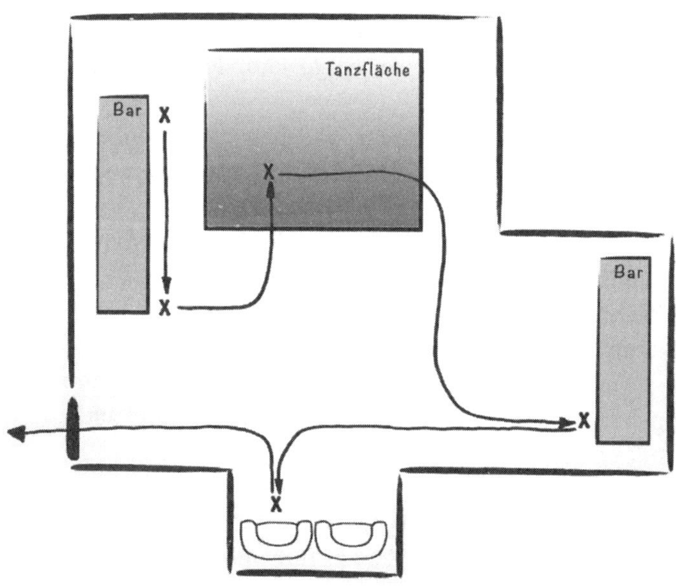


Nehmen wir an, Sie haben sie an der Bar kennen gelernt. Jetzt bewegen Sie sie zunächst ans andere Ende der Bar, (mit kleinen Bewegungen anfangen) dann bewegen Sie sie auf die Tanzfläche, tanzen fünf Minuten mit ihr. Dann bewegen Sie sie an die zweite Bar im ersten Obergeschoss.

Dann bewegen Sie sie in die Lounge auf ein geschützt in der Ecke stehendes Sofa.

Und dann bewegen Sie sie nach draußen: «Weißt du, ich bin furchtbar hungrig geworden. Ich kenne so eine kleine süße Pizzeria. Die hat jetzt noch auf, Komm mit!»

Nur, weil sie sich vorher genügend an das «bewegen mit Ihnen» gewöhnt hat, ist die Chance gegeben, dass sie auch hier mitgeht.

## Der Mann führt

Frauen wollen Männer, die wissen, was sie wollen. Als erfolgreicher Casanova müssen Sie diese Rolle verinnerlichen. Sie dürfen nicht derjenige sein, der unsicher wartet, was jetzt zu tun ist.

Wenn Sie z.B. mit einem Mädchen etwas trinken gehen, fragen Sie sie nicht «Was möchtest du trinken?», sondern Sie sagen zum Barkeeper, ohne sie zu fragen: «Zwei Prosecco!»

Wenn Sie mit ihr eine Zeit in der Ecke der Bar gestanden haben, sagen Sie: «Ich hab Hunger, ich kenn 'ne Super Pizzeria in der Nähe – komm wir gehen etwas essen», und dann nehmen Sie sie einfach an der Hand.

Wenn Sie mit ihr spazieren gehen, dann ist es Ihre Aufgabe, ohne Unsicherheit den Weg nach rechts, nach links oder geradeaus einzuschlagen.

Das gilt auch in überfüllten Bars oder Klubs. Der Mann, der gewohnt ist, dass Frauen ihm folgen, der geht vorne weg und schaut sich nicht unsicher um, ob sie denn hoffentlich noch hinter ihm ist. So ein Verhalten muss geübt und trainiert werden. Da gibt es eine gewisse Körperhaltung, die man einnehmen muss.

Das ist wie bei Pferden. Ich habe das einmal mit einer Freundin, die ein Pferd besaß, in einem Reitstall ausprobiert. Man kann ein Pferd dazu bringen, einem völlig fremden Menschen sofort in jeder Kurvenbewegung hinterherzulaufen, wenn derjenige nur genügend Autorität in seiner Körpersprache ausstrahlt.

Wenn der Club wirklich vollgepackt ist, dann gibt es eine Art, sie elegant durch die Menschenmenge zu führen, die die Dominanz des Mannes zeigt und gleichzeitig bei ihr Geborgenheit auslöst. Das ist wie beim Tanzen: Frauen lassen sich gerne von jemand führen, der zu führen weiß. Dazu nehmen Sie mit der rechten Hand ihre linke Hand in einer bestimmten Art und Weise und drücken sie fest an ihren Rücken, während Sie schützend vorneweg mit ihr durch die Menge laufen. (Das lässt sich allerdings schlecht im Buch vermitteln, das muss man demonstrieren und üben)

## Berührung gewünscht

Frauen sind emotionale Wesen und Männer wissen meistens nicht, wie sie damit umgehen sollen. Vom Umgang unter Männern sind Männer es gewohnt, eine Zeit mit jemand zu verbringen, aber körperliche Distanz zu halten und Berührungen zu vermeiden (das höchste ist ein Handschlag oder vielleicht auf die Schulter klopfen). Das ist bei Männern O.K., aber bei Frauen kann über so ein Verhalten keine Nähe, keine Wärme entstehen.

Wir Männer sind darauf getrimmt, dass man fremde Frauen nicht berühren darf. Jeder Mann hat irgendwo schon mal die Geschichte von einer Frau gehört, die sich darüber beschwert hat, dass ein Mann sie «angetatscht» hätte und dass sie das nicht ausstehen könne. Wenn man dann auf der anderen Seite im Umfeld derselben Frau heimlich mit einer Kamera filmen würde, würde man erkennen, dass viele Männer aus ihrem engen vertrauten Umfeld, langjährige Freunde aus Schülertagen, Brüder, Verwandte, schwule Freunde usw. sie ohne Probleme ständig berühren. Es ist prinzipiell nicht die Berührung selber, sondern die Berührung war zu unnatürlich, zu plump sexuell, zu unbeholfen.

Wenn zwei Mädchen sich kennen lernen und es klickt zwischen ihnen, dann beobachten Sie einmal, wie schnell bei denen Berührungen ausgetauscht werden. Und langjährige gute Freundinnen berühren sich ständig.

Das Prinzip des Frauenflüsterers ist, dass er einfach das Verhalten eines Menschen imitiert, der die Frau schon jahrelang gut kennt. Und so ein Mensch berührt sie immer wieder, weil ja Nähe und Vertrautheit da sind. Umgekehrt, wenn jemand wie gewohnheitsmäßig Berührungen macht, ergänzt die Zielperson auf der unterbewussten Ebene, dass mit diesem Menschen bereits Nähe und Vertrautheit bestehen muss.

Deshalb gilt für den Flirtprofi die Regel: Gewöhnen Sie die Frau möglichst schnell an Ihre Berührungen.

Dies hat einen zweiten wichtigen Grund. Jeder Mensch hat eine körperliche Distanzzone, in die einzudringen sozial nicht anerkannt ist. Als grober Mittelwert ist das die Länge des Arms. Das ist die Distanzzone, die man unbewusst einhält, wenn man in der Fußgängerzone fremden Menschen entgegenläuft. Wenn Sie jetzt allerdings mit einer Frau zusammen sind und Sie sind kein einziges Mal in ihre Distanzzone eingedrungen und haben keine Berührung gemacht, dann ist sie von Ihnen *Distanz* gewöhnt. Wenn Sie sie dann nach zwei Stunden mit dem Auto nachhause bringen und sie plötzlich küssen wollen, ist es völlig klar, dass die Frau bei so einem aus dem Nichts kommenden Kussversuch ihren Kopf zur Seite abdreht.

Körperliche Nähe muss erschaffen werden.

Als Richtlinie gilt: Alles das, was ihr langjähriger schwuler Freund bei ihr machen darf, das dürfen Sie auch. Der umarmt sie, der nimmt sie in den Arm, der streicht ihr über die Haare, der streichelt ihre Hand, der hakt sich bei ihr ein.

Der Verführungskünstler steigert die Berührungen in der Phase des ersten Kennenlernens immer mehr. Er überspringt quasi die Jahre des intensiveren Kennenlernens.

## High Five

Stellen Sie sich vor, Sie sind mit einer fremden Person aus Ihrer Firma eingeteilt worden, zusammen zu einem neuen Kunden zu gehen, um einen Auftrag von ihm zu ergattern.

Es geht um 80.000,- Euro. Jeder in der Firma sagt Ihnen, dass es aussichtslos ist. Dieser Kunde hat schon mit einem anderen Lieferanten einen Vertrag, der billiger und sogar noch schneller liefern kann als Sie. Trotzdem gehen Sie hin. Nach einer Stunde Verhandlung eröffnet Ihnen plötzlich der Kunde: «Wir sind im Geschäft! Sie bekommen einen Vertrag über 500.000,- Euro». Draußen vor der Tür schauen Sie ihren Arbeitskollegen mit aufgerissenen Augen euphorisch an und heben Ihre Hand zur «High Five» Geste. Ihre beiden Hände klatschen begeistert gegeneinander. Wumm!

Sie haben bei einem bis vor einem Tag noch wildfremden Menschen eine verbrüdernde «High-Five» Geste provoziert. Ihre innere Freude hat einen äußeren Ausdruck gefunden.

Genauso dasselbe können Sie bei Frauen provozieren. Wenn Sie bei einer passenden Gelegenheit ihre eigene rechte Hand mit großer Körperspannung und offenem Gesichtsausdruck zum High-Five nach oben reißen und auch noch das Wort «High-Five» sagen, dann wird sie Ihre Geste erwidern. Das erzeugt dann in ihr dieselbe freudig verbrüdernde Energie, wie in der Geschichte mit dem fremden Arbeitskollegen.

Damit haben Sie nicht nur Emotionen in ihr entfacht, sondern auch für alle Umstehenden demonstriert, dass Sie hier anscheinend jemanden schon gut kennen und mit ihr Spaß haben (das ist vor allem in Bars und Clubs wichtig, wo Sie von anderen Frauen beobachtet werden).

Aber, das Wichtigste, Sie sind in ihre Distanzzone eingedrungen und haben Körperkontakt mit ihr hergestellt!

Eine Grundhaltung, die für die gesamte Verführung wichtig ist und auch Auswirkung auf den Körperkontakt hat, ist folgende: Sie dürfen das Flirten und Verführen nicht richtig ernst nehmen. Viele sind zu verkrampft, zu unlocker, zu seriös. Uns Männern wurde durch die Gesellschaft, die Mutter und Frauenverbände eingeredet, dass Kennenlernen, Beziehung und Sex etwas Heiliges wären, das man mit Ehrfurcht betrachten sollte. Das Gegenteil ist richtig, wenn Sie Erfolg bei Frauen haben wollen.

Sie dürfen das Spiel der Verführung nicht ernst nehmen. Sie sollen auch die Frau nicht ernst nehmen. Sie müssen sie behandeln wie eine kleine Schwester. Die benimmt sich mal daneben, dann muss man sie zurechtweisen. Die kleine Schwester ärgert man hin und wieder, der spielt man einen Streich, die nimmt man nicht für voll. Wenn Sie diese Grundhaltung haben, dann mögen die Frauen Sie!

Und mit dieser Grundhaltung lassen sich auch locker und leicht Körperkontakt und Berührungen einbauen.

Lassen Sie mich noch einige Methoden vorstellen, wie der Casanova Körperkontakt mit ihr erzeugen kann.

Er kann sagen: «Du hast deinen Haaren eine schöne rötliche Tönung gegeben (er greift ihr an die Haare) das gefällt mir, du hast Geschmack!»

Er kann zum Beispiel über ihre Ohrringe reden. Er sagt: «Du bist gestochen!» (Er greift ihr ans Ohrläppchen) «Aber du trägst keine Ohrringe. Warum?» Das Ohrläppchen ist eine sensitive Zone für Berührungen.

Wenn er es clever macht, kann er ihr sogar ins Gesicht langen. Wenn das Gespräch schon eine Zeit lang gelaufen ist, kann er sagen:

«Ich will mal ein Experiment mit dir machen, welche Aufmerksamkeitsspanne du hast. (Er nimmt seine Hand und hält ihr damit die Augen zu) Welche Augenfarbe habe ich?»

Sie wird es in neun von 10 Fällen sagen können. Er kann danach mit dieser Follow-up Geschichte weiterfahren. Casanova: «Glückwunsch! Man hat eine Untersuchung gemacht, wie lange Frauen brauchen, bis sie sich die Augenfarbe des Gegenüber einprägen: Es sind durchschnittlich zweieinhalb Minuten. … bei Männern sind es … zweieinhalb Jahre. Ha, Ha.»

Sie können eine Frau auch ziemlich schnell umarmen, ohne dass sie das als unangenehm empfindet. Sie brauchen, wie beim High Five, wieder eine Euphorie-Gelegenheit. Ein Witz, über den beide herzhaft lachen, eine überraschende Gemeinsamkeit usw. Der Trick, dass sie das mit sich machen lässt, besteht darin, dass Sie es erstens im emotionalen Überschwang machen und zweitens, noch wichtiger, dabei in eine *andere Richtung* schauen. Testen Sie dieses Phänomen mit einem Freund aus. Wenn Sie jemanden anlangen und schauen ihn dabei an, dann wirkt das unbehaglich. Wenn Sie aber dabei wie selbstverständlich weiterreden und in eine andere Richtung schauen, dann ist das unverfänglich. Stehen Sie also seitwärts von ihr, dann geben Sie einen euphorischen Kommentar ab wie etwa «Ha Ha, du bist 'ne *Lustige*!», schauen dabei von ihr weg, greifen zeitgleich mit dem rechten Arm um ihre Schulter und drücken sie kurz herzhaft an sich.

Berührungen sind umso unverfänglicher, je kürzer die Berührung ist und je weniger Sie auf das Körperteil schauen, das Sie berühren. Wenn Sie beispielsweise beim Zurückziehen Ihrer Hand von ihren Haaren «wie zufällig» ihr für zwei Sekunden über ihren Hals streichen, dann ist die Zeit zu kurz, um das als «Antatschen» empfinden zu können (dasselbe kann man auch bei ihren Unterarm machen).

Außerdem ist es tendenziell weniger verfänglich, sie mit der Hand*außenfläche* zu berühren, als mit der Handinnenfläche. Deswegen langen Sie sie am Anfang des Gesprächs eher mit dem Handrücken an.

Es gibt ein kleines Spiel, das nur die Funktion hat, mit ihr in Körperkontakt zu kommen.

Casanova: «Gib mal deine Hand.» (Er nimmt ihre Hand und schaut die Handinnenfläche an. Dann streicht er mit dem Zeigefinger durch die tiefste Mulde der Handinnenfläche). Stell dir vor, hier fließt ein Fluss. Hier ist ein kleiner Hügel (er berührt den Daumenballen). Darauf steht Donald Duck. Und er möchte über den Fluss auf die andere Seite (er berührt den gegenüberliegenden Handballen). Wie kann er es machen?»

Sie: «Er schwimmt rüber!»

Casanova: «Nein das geht nicht, dieser Donald Duck kann nicht schwimmen, aber es geht, denk nach (dabei fährt er auf ihrer Hand wieder den Flusslauf entlang und tatscht auf den Hügel, auf dem Donald Duck steht).»

Sie: «Er läuft außen herum».

Casanova: «Nein, das geht nicht, das ist zu weit.»...

Jetzt geht es darum, bei all ihren Vorschlägen immer zu verneinen. «... Nein, er hat kein Boot» oder «... nein, es gibt keine Brücke» ... usw., um dann zum Schluss zu sagen: «Egal, ich wollte nur deine Hand halten.»

## Die vier Arten von Berührungen

Es gibt unterschiedliche Arten von Berührungen. Alle diese Berührungen nutzen wir für unser Spiel aus.

Die soziale Berührung.
Das sind Berührungen, die sozial abgesegnet sind. Sie geben jemand die Hand, Sie tippen jemand auf die Schulter,

damit er sich umdreht, Sie geben einer Frau ein Begrüßungsküsschen linke Wange, rechte Wange – Sie helfen jemandem in den Mantel, Sie zeigen einem Fremden etwas auf der Landkarte, Sie klopfen jemand auf die Schulter, weil er etwas gut gemacht hat. All das macht der Casanova auch. Nur häufiger und bewusst gesteuert.

(Er bleibt natürlich dabei auch immer spielerisch und im Streiche-Modus. Er tippt ihr zum Beispiel links auf die Schulter, läuft aber rechts an ihr vorbei. Er hebt die Hand zum High-Five, aber wenn sie einschlagen will, macht er ihr stattdessen die lange Nase.)

Die Anlass-Berührung.
Das sind Berührungen, wo eine Aufgabe oder ein höheres Ziel erfüllt werden müssen. Der Arzt fühlt Ihnen den Puls, der Friseur wäscht Ihnen den Kopf, die Handleserin liest die Hand, der Schneider vermisst Ihre Körpermaße. Diese Art der Berührung nutzt der erfahrene Casanova, denn er *erschafft* einfach solche virtuelle Aufgaben … Donald Duck ist ein Beispiel dafür. Oder Sie können sagen: «Lass mich mal deinen Puls fühlen», nachdem Sie's getan haben, sagen Sie: «Ich wusste, du fühlst dich von mir angezogen!»

Die romantische Berührung.
Das sind Berührungen, wenn man sich näher gekommen ist. Sie halten einander die Händchen, Sie haken sich beim Spazierengehen ein, Sie legen die Hand auf ihr Bein, Sie streicheln übers Gesicht, Sie umarmen sie, Sie küssen sie auf die Stirn. Genau hier liegt der Unterschied zwischen Normal-Mann und Frauenflüsterer. Der Frauenflüsterer macht sehr früh diese Art der Berührungen, er *verhält* sich, als ob er schon romantisch mit ihr verbandelt wäre.

Die sexuelle Berührung
Das sind Berührungen, die das Ziel haben, sexuelle Lust hervorzurufen. Der Zungenkuss zählt hier dazu, aber das alleine reicht nicht: Sie streicheln sie am Hals, Sie lecken ihre Handinnenfläche, Sie küssen sie am Hals, Sie beißen ihr sanft ins Ohr, Sie streicheln über ihren Rücken, Sie flüstern ihr ins Ohr, Sie streicheln von der Innenseite ihres Knies den Oberschenkel nach oben. Wenn der Frauenflüsterer merkt, dass die Frau am Haken ist, dann erzeugt er «wie zufällig» solche Berührungen.

Hier zwei Tipps für uns Männer. Frauen sind *sensitive* Wesen. Die sind feinfühliger als unsereiner. Jemand, der dokumentiert, dass er das weiß, bekommt viele Attraktivitäts-Punkte. Hier die goldene Regel: Je weniger Druck bei der Berührung, umso sensitiver wirkt es. Das müssen Sie üben. Fahren Sie der Frau ultrasanft, fast schwebend über die Hautoberfläche – und Sie lösen einen Wonneschauer bei ihr aus. Der obere Rücken ist einer der sensitivsten Stellen, wo Sie das praktizieren können. Seien Sie sicher, dass Sie einer der ganz wenigen Männer sind, die in der Lage sind, bei Frauen mit diesen «Fast-Nicht»-Berührungen diesen Schauer zu erzeugen.

Der zweite Tipp: Wenn Sie eine Frau streicheln, dann machen Sie das immer in der Richtung der Nervenbahnen. Das gilt für alle Körperteile, ob Arme, Beine, Rücken, Hals oder Po. Machen Sie einmal den Selbsttest und streicheln Sie über die Innenseite Ihres eigenen Unterarms (oder ihren Hals). Einmal längs der Nervenbahnen und einmal quer … Erkennen Sie, was für ein dramatischer Gefühlsunterschied das ist?

Jetzt geht es darum, diese Berührungen innerhalb des Zusammenseins einzuflechten.

Wenn Sie z.B. unter dem Vorwand der Ohrringe ans Ohrläppchen greifen, dann «verlängern» Sie diese Bewegung einfach mal und streichen ihr beim Zurücknehmen der Hand noch schnell, aber sehr sanft, über den Hals.

Wenn Sie ein Verabschiedungsküsschen rechts, links geben, dann geben Sie zunächst eines rechts auf die Backe, und dann links auf den Hals, statt auf die Backe. (Schweizer küssen immer 3 dreimal, die küssen erst beim *dritten* Mal auf den Hals).

Die Berührungen des Frauenflüsterers sind immer eine Stufe weiter, als die Phase, in der er sich «offiziell» befindet. Er ist erst beim Kennenlernen, aber lässt schon Romantik-Berührungen einfließen, er ist bei der Romantik, aber lässt schon sexuelle Berührungen einfließen.
Es ist sehr schwer, dieses Thema der Körperberührung nur über Beschreibung vermitteln zu wollen. Das ist wie der Parallelschwung beim Skifahren. Den nur über Textbeschreibung, ohne Demonstration und Training zu vermitteln, ist fast unmöglich.

Es gibt etliche weitere wirksame Berührungstricks, die aber zu komplex sind, um sie in Textform zu beschreiben. [4]

- Daumen Wrestling
- Begrüßungsritual von Los Angeles
- Sensitivitäts-Test am Rücken.
- Unbemerkte Busen Berührung
- Vom High-Five direkt zum Küssen überleiten

4 Im Seminar «Verführung» mache ich es den Teilnehmern vor und zeige Schritt für Schritt die Vorgehensweise.

## So können Sie sie auch noch ansprechen

Ich hatte Ihnen bereits Opener vorgestellt. Möglichkeiten, wie Sie mit ihr initial ins Gespräch kommen können. Sie können nach einer weiblichen Meinung fragen. «Du, sorry, ich brauch mal 'ne weibliche Meinung …» Sie können Standards benutzen: «Wo ist der nächste Starbucks? Ich suche aber einen, der romantisch ist … « Oder: «Sorry, kannst du mal ein Foto von mir machen?» Oder: «Du bist meine Lottofee ...»

Ich will Ihnen hier ein paar weitere Möglichkeiten vorstellen, wie man ein Mädchen ansprechen kann.

Es besteht die Möglichkeit, mit einer beliebigen Aussage zu starten. Hier eine gedankliche Hilfe. Sie nehmen irgendetwas aus der Umgebung, in der Sie beide sich gerade befinden zum Anlass, dazu ein Statement abzugeben. Das kann etwas an ihr sein oder etwas, das gerade in der Umgebung sichtbar ist. Nehmen wir an, Sie stehen am Starbucks hinter ihr in der Schlange. Jetzt schauen Sie sich einfach um, dann sagen Sie zum Beispiel: « Das Sandwich da kann ich empfehlen, das habe ich letzte Woche zum ersten Mal probiert – Super.» Und schon ist das Gespräch im Gang.

Sie sehen sie in der Fußgängerzone entgegen kommen, sie hat eine Handtasche umhängen. Sie kommentieren: «Genau so eine Tasche hab ich mal in London im Schaufenster gesehen und wollte sie für eine liebe Freundin kaufen. Am nächsten Tag kam ich hin, da war sie schon verkauft. Wo hast du die her?»

Bei diesem Beispiel haben Sie nach der Aussage eine Frage gestellt «Wo hast du die her?». Das ist eine Option, das kann man machen, muss man aber nicht.

Nehmen wir an, Sie stehen mit ihr in der Straßenbahn nebeneinander. Draußen regnet es. Sie schauen sie an und sagen: «Bei dem Wetter müsste man eigentlich auswandern.» Je nachdem, wie groß Ihr Mut ist, das heißt, in welcher Launestufe Sie sich befinden, können Sie diese Aussage (ohne anschließende Frage) stehen lassen. Sie müssen sie dabei einfach nur selbstbewusst und leicht lächelnd anschauen. Jetzt liegt nämlich die Last auf ihr. *Sie* muss etwas sagen. Das braucht von der Seite des Frauenflüsterers mehr Mut, aber das ist für die Interaktion prinzipiell besser, denn egal, was sie sagt, sie hat dadurch schon etwas in das Gespräch *aktiv* investiert. Sie reagierte nicht, sie *agiert*.

Sie können aber das Ganze auch mit einer Frage abschließen: «Bei dem Wetter müsste man eigentlich auswandern. Ich würde nach Bali gehen. Wohin würdest du gehen?»

Einfach Aussagen zu machen, ganz ohne eine anschließende Frage, ist eine wunderbare Möglichkeit seinen Mut-Muskel zu trainieren und ein Gespür für das Innenleben der Frauen zu bekommen. Frauen sind nämlich unsichere Wesen und haben noch größere Angst davor, nichts mehr zu sagen zu wissen, als Männer. Deswegen fliehen sie oft aus diesen Situationen. Wir Männer denken oft, das hätte mit uns zu tun, nein, es ist ihre eigene Unsicherheit, der die Frau meistens entfliehen will.

Eine selbstbewusst vorgetragene Aussage lässt uns Männer die Frauen besser kennen lernen. Sie müssen einfach nur einen stabilen Blickkontakt aufrechterhalten, und körpersprachlich signalisieren, dass *sie* jetzt dazu etwas sagen soll. Diese Körpersprachlichkeit kann man über ein leichtes Lächeln, über offen ausgestreckte Handinnenflächen und ein dezentes Nicken erreichen.

In der Züricher Fußgängerzone habe ich das immer wieder mal praktiziert. Eines Tages hatte man in Zürich in der ganzen Bahnhofstraße mannshohe Blumentöpfe aufgestellt, die von Künstlern in hunderten von unterschiedlichen Varianten bemalt und dekoriert waren. Wenn ich eine schöne Frau sah, ging ich auf sie zu, deutete auf den nebenstehenden Blumentopf und sagte: «Der Blumentopf hier gefällt mir am besten!» Dann schaute ich sie einfach mit offener Körpersprache verschmitzt lächelnd an und wartete, bis sie etwas sagt.

Und sie sagten immer etwas.

In Zürich gibt es die Rimini Bar, das ist ein Fluss-Schwimmbad, das im Sommer am Abend immer zu einer Open Air Bar umgewandelt wird. Da saß an einem lauen Sommerabend eines Tages eine süße Maus an einer Holztreppe allein, ihr Blick Richtung Fluss gewandt und hielt ihr Getränk in der Hand. Ich ging zu ihr, setzte mich ungefragt neben sie, schaute sie an und sagte «Michael Jackson ist tot!» Sie hat mich sofort funkelnd angeschaut und hatte ein breites Lächeln im Gesicht. Diese Unverfrorenheit hat ihr absolut imponiert. Später sagte sie mir, so originell sei sie noch nie angesprochen worden.

Dutzendfach habe ich in den Fußgängerzonen und Parks von Europas Städten einfach eröffnet mit: «Mir gefällt das Wetter heute so schön. Wien sieht einfach herrlich aus, wenn die Sonne scheint!»

Eines Tages wollte ich herausfinden, ob es möglich ist, auch in scheinbar aussichtslosen Fällen von Sauertöpfischkeit und schlechter Laune die Frauen trotzdem zu knacken.

Es gibt Frauen, denen Sie ihre miese, mürrische Laune aus 50 Meter Entfernung ansehen, und die strahlen zusätzlich diese stählerne «Lass mich in Ruhe»-Energie aus. Normalerweise macht jeder Mann einen weiten Bogen um so eine Spaßbremse. Ich wollte das Gegenteil ausprobieren. Kann ich so eine Frau nur mit einer Aussage und einer offenen Körpersprache ins Gegenteil verkehren? Ich hatte mir eine Aussage zurechtgelegt, die ein Wunschverhalten als Tatsache beschreibt. Ich wartete, bis ich aus der Entfernung so ein Exemplar erspähte. Wenn man in Zürich wohnt, muss man da nicht sehr lange warten. Da, plötzlich sah ich sie auf mich zulaufen. Gedankenverloren, die Mundwinkel so weit unten, dass man fast drauftreten konnte. Ich ging mit einem Lächeln auf sie zu und sagte: «Du hast so ein inneres Lächeln, das haben nicht viele. Nicht an der Oberfläche, aber in dir strahlt es. Das gefällt mir. Das wollt ich dir nur sagen!» Ich war ein Magier geworden. Ruckartig hatte sie ein breites, entspanntes Lächeln auf den Lippen. «Ja???». Ich: «Ja absolut! Ich bin der Matthias, wie heißt du denn?»

Seither mache ich das immer wieder, wenn mir eine Frau in Misslaune begegnet.

Hier stelle ich Ihnen zwei weitere Möglichkeiten vor, die ich alle auch schon selber mit Erfolg ausprobiert habe. Solche Eröffnungen dienen dazu, seinen Frechheitsmuskel und den «Ist-mir-egal-Muskel» und die Un-Ernsthaftigkeit des ganzen Spiels zu trainieren.

Frauenflüsterer: *Ich bin nach München gekommen um zu heiraten und meine Jungfräulichkeit zu verlieren. Was soll ich zuerst tun?*

Oder den hier:
Frauenflüsterer: *Bist du aus München?*
Sie: *Nein!*

Frauenflüsterer: *Ich liebe dich!*
Falls Sie ja sagt, antworten Sie dasselbe.

## Ansprechen im Club und Bar

Wenn Sie in einer Bar oder in einem Club sind, dann herrschen dort tendenziell andere Gegebenheiten. Die Musik ist lauter, man ist aufs Amüsieren aus, die Menschen sind mehr darauf programmiert, andere Menschen kennen zu lernen, das Energieniveau ist allgemein höher, Gespräche laufen unverbindlicher.

In diesem Umfeld können Sie auch frecher und direkter sein. Die beiden vorher vorgestellten Eröffnungen kann man auch mit Erfolg im Club einsetzen.

Einer der magischen Aussagen- Opener, den ich dort immer wieder einsetze ist: «Ich mag Salat, aber keine Croutons!» Sie werden es nicht glauben, aber das funktioniert! Man muss sie jetzt nur lange und verschmitzt genug anschauen. Irgendwann, wenn ihre Verdatterung vorbei ist und ich aber immer noch die Situation halte, sagt sie etwas wie: «Dann lass doch die Croutons weg?» – Ich, mit großer Energie und freudestrahlend: «Wow genau, das ist *die* Lösung! Du bist clever – High Five!»

Im Club/Bar kann man mit einer Bemerkung zu einer Tatsache ein Gespräch anfangen: «Sag mal, hier sind ja nur Männer! Ist hier ein Gay-Abend? «

Die Tatsache gilt für fast alle Bars und Clubs dieser Welt. Sie finden dort fast immer eine Männermehrheit. Danach kann man dann weiterfahren: «Warum geht ihr Frauen nicht so oft in Clubs wie wir Männer?» Es ist wie immer gut, wenn Sie danach mit Ihrer eigenen Meinung kommen. «Nein, es hat einen anderen Grund. Ich sag dir, warum. Ihr Frauen seid emotionale Wesen – ihr habt immer wieder diese Gefühlsschwankungen und dann wollt ihr einfach niemand sehen, und bevor ihr etwas mit Unlust macht, macht ihr lieber gar nichts, richtig?»

Welche Begründung Sie da nachschieben, ist eigentlich egal, es sollte nur etwas mit dem Frauen-Männer-Thema zu tun haben und mit großer Überzeugung vorgetragen werden.

Hier noch ein weitere Opener für Club und Bar.

Er: *Wenn du einen Freund hättest, würdest du Händchen haltend durch den Club gehen? Ich hab meine Meinung, aber was sagst du?*
Sie: *Nein, würd ich nicht. Ich finde das peinlich.*
Er: *Ja genau, das ist ja schrecklich! Du hast einen guten Geschmack, Hi, ich bin der Matthias ...*
So ganz nebenbei haben Sie herausgefunden, ob sie derzeit solo ist oder nicht.

Es gibt auch Eröffnungen, für die Sie am helllichten Tag mit einer Anzeige wegen sexueller Belästigung rechnen müssten, aber im Club oder in der Bar haben Sie damit Erfolg.

Er: *Findest du, dass Größe wichtig ist?*
Sie: *Welche Größe?*
Er: *Dass du immer gleich an das Eine denken musst?*
Sie: *Ha, Ha.*
Er: *Ja genau. Ich hatte mal einen Kumpel, für den war das ein Problem. Mal ernsthaft, wie seht ihr das?*

Je nach Mut können Sie das Thema auf die Körpergröße oder auf die Größe des «Big Ben» umlenken. «Big Ben» ist natürlich spannender.

## Der Gold-Standard im Club

Hier ist ein Opener, den Sie in jedem Club dieser Welt benutzen können. Er ist ein wunderbar funktionierender Türöffner. Der Goldstandard. Er spielt mit dem Vorurteil, was man Frauen in Clubs so nachsagt. In Wahrheit ist das kein Vorurteil, sondern es ist ein Urteil. Aber egal, wir spielen damit. Der Flirt-Künstler geht auf eine Frau oder auf eine Gruppe von Frauen zu und sagt: «Ich hab gehört, dass die Frauen im Flamingo eingebildet wären, stimmt das oder ist das nur ein Vorurteil?» «Flamingo» ist der Name des Clubs, in dem Sie sich gerade befinden.

Das ist ein cleverer Schachzug. Denn es ist tatsächlich so, dass in Clubs die Frauen plötzlich eine andere Haltung einnehmen. Mädchen, die Sie auf der Straße als zugänglich und offen erlebt haben, werden in Clubs plötzlich zu Zicken und Diven. Deren Schutzschild geht massiv nach oben, man spielt die «Unerreichbare». Mit diesem Opener erleben Sie eine von zwei Antworten: Entweder sagen die Mädchen, ja, das Vorurteil stimmt, aber sie selber seien die Ausnahme. Worauf der Flirtprofi sie natürlich bestärkt: «Ja genau, das sieht man bei euch. Ihr seid zugängliche, freundliche Wesen. Ich bin übrigens der Matthias ...» oder aber die Mädchen sagen: «Nein, das stimmt überhaupt nicht, das ist nur ein Vorurteil» und das quittiert der Frauenflüsterer mit dem haargenau selben Kommentar.

Der psychologische Effekt dieser Art des Vorgehens ist, dass die Frauen in der Gegenwart des Flirtprofis ein Selbstbild von freundlichen, zugänglichen Menschen erschaffen haben, dem sie tendenziell versuchen werden zu entsprechen.

## Direkt Opener

Wir Männer sind so erzogen, dass wir so tun sollen, als wollten wir nur kurz einen Smalltalk machen und die Frau maximal zum Bridge Spiel einladen, aber sonst hätten wir kein weitergehendes Interesse an den Frauen. Das ist ja in Wahrheit ein verlogenes Versteckspiel.

Es gibt einen *der* wirksamsten Opener, den der Frauenflüsterer anwenden kann. Es ist allerdings auch der Opener, der am meisten Mut verlangt. Das ist die Ansprache, die die Augen der Frau am weitesten vor Bewunderung öffnen wird. Es ist der Opener, der am wenigsten Versteckspiel zeigt.

Sie gehen hin und sagen einfach die Wahrheit. Ohne Umschweife, ohne Ausreden, ohne verstecken.
Frauenflüsterer: *Ich hab dich von da hinten schon beobachtet. Du siehst interessant aus. Ich hätte mir nicht verziehen, wenn ich dich nicht angesprochen hätte. Ich will dich kennenlernen. Hi, ich bin der Matthias.* (Breites Lächeln, stabiler Blick in ihre Augen, Hand hinstrecken)

Man nennt diese Art der Eröffnung direkte, oder unverhüllte Eröffnung (in Englisch «direct Opener»). Mich hat es viel Mut gekostet, diese direkte Art zu praktizieren. Viele meiner Coaches haben unterschiedliche Arten davon entwickelt. Ich bin auf eine Art gekommen, die am meisten Erfolg zeigt. Und das ist die vorher erwähnte. Sie ist feinpoliert und erprobt.

*Ich hab dich von da hinten schon beobachtet. Du siehst interessant aus. Ich hätte mir nicht verziehen, wenn ich dich nicht angesprochen hätte. Hi, ich bin der Matthias.*

Dieser Opener bringt zwar die größte Aufmerksamkeit, die größte Überraschung, die größte Initialwirkung, aber birgt auch die größten Gefahren. Denn der Frauenflüsterer startet mit einer Bombe. Von diesem Zeitpunkt an besteht die Gefahr, dass er nichts mehr Adäquates nachfüttern kann, und ab dem Moment Stück für Stück in ihren Augen verliert. Ich liebe diese Art von Opener, weil das Versteckspiel, dieses Verheimlichen plötzlich aus dem Weg geräumt ist.

Der Frauenflüsterer kommuniziert frank und frei: «Du gefällst mir, ich will dich kennen lernen!» (Sie können sie natürlich auch mit genau diesem Text ansprechen!)

Nachdem ich ihr die Hand hingestreckt und sie mir ihren Namen, nehmen wir an Clarissa, gesagt hat, setzte ich einen Follow Up hinterher: *«Clarissa, was machst du gerne im Leben?»* – ab dem Moment beginnt für mich das «freie Spiel».

Natürlich benutze ich diesen Opener nicht als erstes am Tag. Ich habe mich mit etlichen anderen Sets erst auf das Launen-Niveau drei oder vier hochgearbeitet. Aber dann schlägt das voll ein!

Sie können sicher sein, dass die Frau nach so einem Erlebnis am Abend als erstes ihre Freundin anruft und aufgeregt schnatternd erzählt: «Weißt du, was mir heute passiert ist, du wirst es nicht glauben …?»

Sie können diese Art der Ansprache noch verstärken, indem Sie direkt anschließen «Hast du einen Freund?» Damit signalisieren Sie noch mehr Offenheit und Direktheit. Frauen lieben direkte, freche Männer. Wenn sie Nein sagt, dann wissen Sie, dass Sie sehr schnell die nächste Stufe einleiten können. Küssen innerhalb der nächsten dreiviertel Stunde sollte möglich sein.

Wenn Sie Ja sagt, dann gibt es mehrere Möglichkeiten. Meistens ist es einfacher, gleich weiterzugehen: «Zu schade, sag ihm, dass er eine gute Wahl getroffen hat. Er soll gut auf dich aufpassen. Tschüss!» Oder aber: «Zu schade, vielleicht im nächsten Leben. Tschüss!» Natürlich würde ich sie trotzdem noch mit Küsschen rechts, Küsschen links – auf den Hals verabschieden.

Aber, ich will Ihnen nicht vorenthalten, dass ein «Freund», nicht zwingend ein Hinderungsgrund sein muss. Es gibt immer zwei Möglichkeiten: Der Freund kann echt oder erfunden sein. Oft schieben Frauen einen virtuellen Freund vor, weil sie entweder die Situation überfordert oder sie sich aus einem Reflex heraus erst einmal eine Sicherheits-Distanz schaffen wollen.

Ein Freund, sei er echt oder virtuell, ist noch kein zwingender Hinderungsgrund für den echten Casanova. Wenn er dran bleibt und sie in eine emotionale Wolke hüllt, dann kann er sie sehr wohl zum Küssen oder zum Sex bekommen.

Ich habe mir folgendes angewöhnt. Wenn sie sagt: «Ich hab einen Freund», dann höre ich: «Du hast genau eine Stunde, um mich unbemerkt zu küssen». Denn Frauen wollen natürlich Erlebnis und Abenteuer in ihrem Leben haben, egal ob Freund oder nicht. Die Gesellschaft zwingt sie, wenn sie in einer «verbindlichen Beziehung» gelandet sind, diese Fassade von bedürfnislosen Frauen zu spielen. Wenn man das weiß, kann man anders handeln. Es geht für einen Flirtprofi nur darum, dass er es so anstellt, dass eine Frau es am Ende vor sich selbst rechtfertigen kann: «Eigentlich wollte ich es nicht, aber es ist dann einfach passiert». Falls Sie also weiter gehen wollen, dann quittieren Sie ihre Aussage «Ich habe einen Freund» mit «Aha, ich respektiere das» und machen einfach weiter, so als ob sie nichts dergleichen gesagt hätte. [5]

---

5 Klicken Sie in meiner Seite www.Schlagfertigkeit.com auf die «Konter Datenbank», geben dort den Ausdruck «einen Freund» ein und dann werden Ihnen 20 weitere schlagfertige Antworten auf den Einwand «ich habe einen Freund» gegeben.

Aber nehmen wir an, Sie wollen nicht die mühsame Art, sondern die einfache. Und da ist es ökonomisch besser, sich einfach auf eine neue zu konzentrieren. Unterm Strich kommen Sie damit schneller zum Erfolg.

Es gibt noch eine Abwandlung des direkten Openers, den Sie auch in Club und Bar anwenden können. Sie starten direkt mit folgender Frage.

Er: *Hast du einen Freund?*
Sie: *Ja.*
Er: *Schönen Abend noch!*
Falls sie Nein sagt, schließen Sie gleich an: «*Hallo, ich bin der Matthias!*»

Sie können auch vom indirekten Opener unmittelbar zum direkten überleiten. So klingt das dann beispielsweise:

Er: *Sorry*, wo *ist die Bahnhofstraße?*
Sie: *Du stehst mitten drin, die ist hier!*
Er: *Ich weiß, ich wollt nur mit dir ins Gespräch kommen ... du siehst heute gut aus. Hi, ich bin der Matthias.*

## Die Warm-Kalt Dusche

Der Mann, gemäß seiner Programmierung aus Höhlen-Tagen, ist es gewohnt, direkt auf sein Ziel zuzugehen. Der macht einen Plan für die Jagd eines Mammuts, dann setzt er seinen Jägerhut auf, schießt, wurstelt, rennt, schleift und kämpft Tag und Nacht, bis er dieses gottverdammte Mammut erlegt hat. Männer gehen mit Druck und mit Tunnelblick auf ihre Ziele zu. Das machen sie beim Jagen, beim Gartenhaus bauen und beim Geschäfte machen. Als Frauenflüsterer müssen Sie von dieser Strategie Abschied nehmen.

Jede Frau hat eine Bereitschaftsgrenze, wo sie «zu mehr» bereit ist. Dieses «mehr» kann die Telefonnummer sein, es kann Küssen sein, es kann Sex sein.

Schauen Sie sich bitte folgendes Diagramm an. Die gestrichene Linie ist die Schwelle, ab der sie Ja sagt.

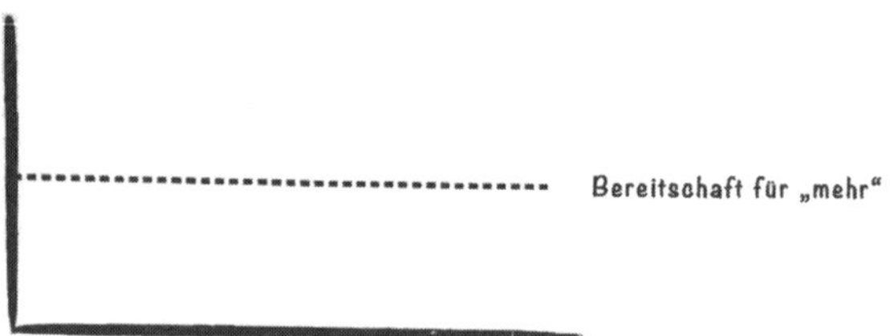


Der Mann, gemäß seiner Programmierung geht direkt, ohne Unterbrechung auf sein Ziele zu.

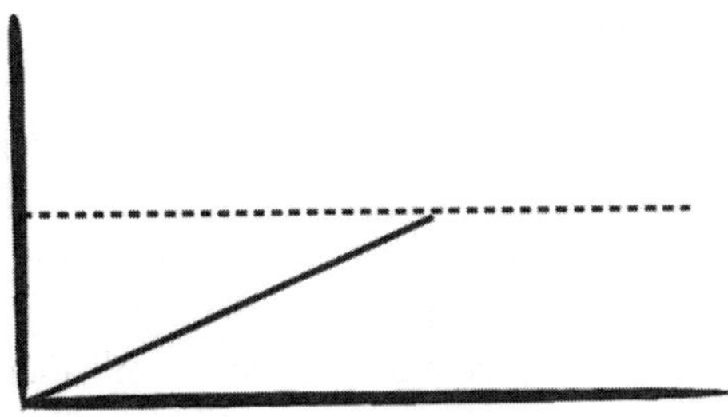

Diese Art des Vorgehens wird ihm aber bei der Verführung nicht zum Ziel verhelfen.

Was der Frauenflüsterer einhält, ist diese Linie.

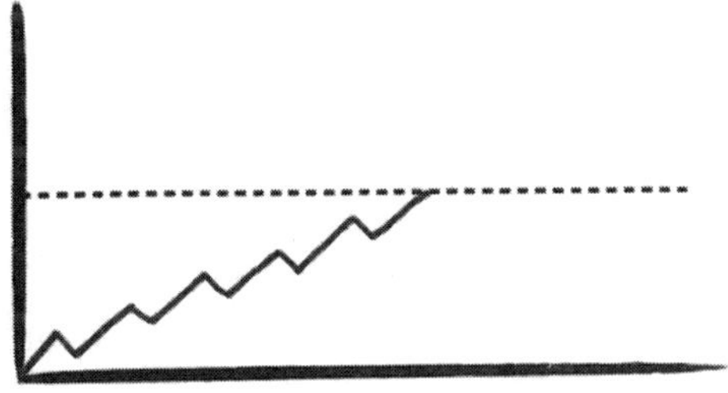

Der Frauenflüsterer gibt der Frau zunächst ein Stück Wärme, und dann, wenn es am schönsten ist, entzieht er wieder die Wärme. Dann gibt er ihr wieder Wärme, und wenn sie es genießt, entzieht er wieder die Wärme. Er bricht seine Verfügbarkeit immer dann ab, wenn sie gerade noch mehr will. Auf diese Art und Weise hält er die Frau immer «auf Zug», (ihr Feuer wird immer wieder von ihm abgekühlt und durch unerwartete erneute Sauerstoffzufuhr umso heftiger wieder entfacht), und so kommt er schließlich zum Ziel.

Der Grund liegt darin, dass Frauen Männer gewohnt sind, die immer mehr wollen, als sie zu geben bereit sind. Sie sind die Rolle der Handbremse («das geht mir jetzt zu schnell») gewöhnt. Die Frau geht im Normalfall unerwartet auf Distanz und der Mann wird dadurch noch heißer. Der Flirtprofi vertauscht diese Rollen.

## Die Katze mit dem Wollfaden

Machen Sie einmal folgendes Experiment mit einer Katze.

Halten Sie einer Katze einen Wollfaden unbewegt vor ihr Gesicht. Jeder weiß, dass Katzen gerne mit Wolle und Wollknäulen spielen. Aber wenn Sie den Faden unbewegt vor ihren Kopf halten, dann spielt sie zwar kurz damit aber verliert sehr schnell die Freude daran. Wenn Sie ihr allerdings den Faden hinhalten und dann, gerade, wenn die Katze den Faden greifen will, ihn ihr immer wieder entziehen, dann wird der Faden plötzlich interessant für die Katze. Sie will immer weiter spielen.

Genauso ist es mit den Frauen. Wenn Sie einer Frau ihre ständige Verfügbarkeit und ihr eindeutiges Interesse klar machen, dann sind Sie der vor ihr hängende Faden, Sie werden für die Frau schnell uninteressant und sie will nicht mehr weiter spielen. Wenn Sie aber im Wechselbad Interesse zeigen und im nächsten Moment sich ihr wieder entziehen, dann wird die Frau verrückt nach dem, was sie scheinbar nicht haben kann. Deshalb lassen Sie die Frau bis zum Schluss immer im Ungewissen, ob sie Sie definitiv hat oder nicht.

Nehmen wir an, Sie haben ein Mädchen in einer Bar kennen gelernt. Der Amateur bleibt solange bei ihr stehen, bis die Luft draußen ist und sie dann irgendwann sagt «ich muss auf die Toilette», aber sie kommt nie wieder zurück.

Der Flirtprofi verhält sich anders. Er flirtet mit ihr und in dem Moment, in dem er merkt, dass sie «On» ist, sagt er plötzlich: «Du bist ein Liebes, aber ich muss jetzt wieder zu meinen Freunden zurück.» Jetzt hinterlässt das bei ihr das Gefühl, mehr gewollt zu haben, als der andere zu geben bereit war. Das war bisher *ihr* Rollenverständnis, das kennt sie nicht, das erzeugt Magnetwirkung zu *ihm*! Der Flirtprofi bleibt jetzt eine Zeit weg, flirtet eventuell sogar noch zwischendurch in ihrem Blickfeld mit einem anderen Mädchen und kommt dann nach 10 Minuten wieder zu ihr zurück. Jetzt redet er wieder mit ihr, als ob nichts gewesen wäre, liest ihr vielleicht die Hand, dann geht er mit ihr auf die Tanzfläche und als sie es so richtig schön genießt, dreht er sie ein letztes Mal und sagt: «Du, ich muss zurück zu meinen Freunden, ich darf die nicht so lang alleine lassen!»

Warm-Kalt! Interesse abgewechselt mit Desinteresse.

Das Warm-Kalt Prinzip wendet der Frauenflüsterer in allen Stufen der Verführung an.

Ich war in London mit einem Freund in einem Club in Camden. Auf der Tanzfläche tanzte ein Mädchen ein paar Meter weit von mir. HB8. Ich bewegte mich auf sie zu und klinkte mich in ihren Tanz mit ein. Ich machte High Five mit ihr, drehte sie in einer Pirouette unter meinem ausgestreckten Arm. Zwischendurch fragte ich nach ihrem Namen und wir redeten ein paar Takte miteinander. In einer Disco ist wegen der Lautstärke auf der Tanzfläche eine Kommunikation nur sehr reduziert möglich. Deshalb machte ich nur ein paar Dance-Moves, bei denen wir Po an Po aneinander tanzten.

Als es am schönsten war, drehte ich sie wieder aus der Paar-Position heraus, so dass sie alleine tanzte, winkte ihr zu und ging wieder zu meinen Kumpel zurück. Nach circa zehn Minuten kam ich zurück, erspähte sie wieder auf der Tanzfläche, bewegte mich auf sie zu und tanzte wieder körperbetont mit ihr. Jetzt war die Zeit für einen Ortswechsel gekommen. Ich nahm ihre Hand und sagte: «Ich hab Durst, komm lass uns an die Bar gehen.»

Wenn ein AFC in einen Club kommt, dann kauft er sich als erstes ein Bier und starrt aus der Entfernung die schönen unerreichbaren Mädchen an. Wenn ein Flirt-Profi in einen neuen Club kommt, dann geht der anders vor. Er geht zuerst die ganze Location ab, schaut, wo sind die Theken, wo sind die Toiletten, wo ist gegebenenfalls ein zweiter Dance-Floor, wo ist eine ruhige Außenanlage, wo ist die Lounge, wo sind ungestörte Ecken mit Sitzplätzen. Er betrachtet den ganzen Club mit seinen Räumlichkeiten als ein strategisches Schachbrett, das er *vorher* inspiziert, damit er mitten im hektischen Spiel weiß, zu welchen Orten er sich mit ihr bewegen kann.

Ich wusste also, welche Optionen in den Clubräumlichkeiten möglich waren. Ich kam mit ihr zur Bar und sagte zum Barkeeper «Zwei Cai Piranha!» Sie erinnern sich: Sie als Mann führen. Mitten in unserem Flirt kamen auch andere Mädchen an die Bar, um ihre Bestellung aufzugeben. Ich drehte mich über die Schulter zu ihnen und tauschte ein paar Nettigkeiten mit ihnen aus. Zeige einer Frau möglichst oft, dass sie nicht die einzige zur Auswahl ist. Nach einer Zeit mit warmem Smalltalk kam die Zeit zum erneuten Ortswechsel. Ich: «Mit welcher Hand schreibst du?» Sie: «Mit Rechts»: Ich: «Zeig mir mal deine rechte Handinnenfläche». Bereitwillig hielt sie mir ihre Hand hin. Ich schaute kurz auf die Handlinien und meinte. «Spannend!» Mit interessierten Augen schaute sie mich an. «Ich kann dir etwas über dich erzählen, was du wahrscheinlich selbst nicht von dir weißt.» Sie: «Oh, ja bitte!» Ich: «Dazu brauch ich aber mehr Ruhe. Nimm dein Glas, komm mit!». Ich wusste auf Grund meines Raum-Checks, wo sich die Lounge mit ein paar abgeschiedenen Sofas befand, die man nicht von überall einsehen konnte. Mit einer sanften dirigierenden Bewegung, platzierte ich sie auf das letzte übrig gebliebene freie Sofa in die von Blicken geschützte Ecke. Ich nahm ihre Hand und las ihr die Handlinien. Jetzt war ich nah genug und in dem Moment, wo ich es erfühlte, beugte ich mich zu ihr rüber und küsste sie. Wir knutschten eine Weile heftig. Plötzlich brach ich ab, setze mich wieder gerade auf und sagte ihr. «Es ist nicht gut, was wir hier machen. Ich kenn dich noch gar nicht richtig.» Ich richtete meinen Körper weg von ihr, schaute Richtung offenen Raum, redete aber weiter mit ihr. Wenn Körpersprache und Worte unterschiedliche Signale geben, entsteht Verwirrung, die massiv die Anziehung fördert.

Sie war völlig verstört. «Ja?» Ihr Gesichtsausdruck verriet mir ihre Gedanken: «Was hab ich falsch gemacht?» Ich machte mit ihr weiter Smalltalk, aber bewusst nicht mehr in der Vertrautheit von vorher. Nach einer Zeit beugte ich mich wieder zu ihr: «Ich kann dir einfach nicht wiederstehen! Was machst du mit mir?» Und begann wieder, noch heftiger als vorher, mit ihr zu knutschen. Dankbar, dass nicht alles «aus» war, stieg sie mit noch größeren Emotionen wieder darauf ein.

Diesen Entzug praktizierte ich noch zwei weitere Male, bis wir dann die Telefonnummern austauschten, damit ich dann wieder zu meinem wartenden Freund gehen konnte.

Wenn Sie diese Geschichte in ihrer Abfolge entschlüsseln, erkennen Sie die Warm-Kalt Dusche an mehreren Stellen. Die meisten Männer denken, dass, wenn es bis zum Knutschen gekommen ist, es ab dann lückenlos weiter bis zum Sex geht.

Eine Frau ist ein launenhaftes Wesen, das jederzeit seine Orientierung wechseln kann. Das gilt von der Anfangsphase bis zur Endphase. Sie müssen deshalb den künstlichen Entzug, die Warm-Kalt Dusche, bis in die Endphase durchziehen.[6]

---

6 Die virtuelle Disqualifikation «Du bist süß, aber leider nicht mein Typ» (siehe Seite 87) gehört ebenfalls zu den Strategie-Elementen der «Warm-Kalt Dusche».

## Die drei Phasen der Verführung

Wenn Männer bei Frauen nicht zum Zug kommen, liegt es oft daran, dass sie nicht wissen, dass die Verführung nicht ein einziger Block ist, sondern ein Vorgang, der aus drei Phasen besteht.

| Anziehung | Vertrauen | Intimität |
|---|---|---|

Männer wollen oft nach dem Kennenlernen direkt weitergehen zur Intimität. Aber das funktioniert im Normalfall nicht, denn ihnen ist nicht bewusst, dass es diese wichtige mittlere Phase «Vertrauen» gibt. Ohne Vertrauen keine Intimität.

Lassen Sie uns die drei Phasen anschauen.

### Phase 1: Anziehung

Am Anfang des Verführungsvorgangs steht die Phase der Anziehung. In der Phase der Anziehung lernen sich zwei fremde Menschen kennen, sie sagen sich wechselseitig ihren Namen, man ist humorig und versucht sich von der besten Seite zu zeigen. Die Energie in dieser Phase ist hoch, sie ist zu vergleichen mit der Vorfreude zu einer tollen Party, auf die man gleich geht. Aufgekratzt, aus sich raus gehend, flapsig.

Anziehung muss allerdings erschaffen werden, die kommt nicht automatisch. Die unwichtigsten Faktoren bei der Anziehung sind diejenigen, die aber die meisten Männer für die wichtigsten halten: Weder Aussehen, noch Muskelpakete, noch ein tolles Auto ziehen die Mädchen soweit an, dass sie *mehr* wollen. Denn im Gegensatz zu Männern hält die rein auf Äußeres basierende Anziehung nur für ein paar Minuten. Wenn danach nichts weiter nachgelegt werden kann, dann verglüht diese Art von Anziehung sehr schnell. Umgekehrt kann eine werthaltige Anziehung durch rein auf Verhalten basierende Elemente sehr schnell erschaffen werden. Und dann brauchen Sie weder gutes Aussehen, noch Muskeln, noch ein tolles Auto (was Ihnen im Grunde sowieso nichts hilft).

Es gibt keine Garantie für Anziehung, auch bei dem erfahrensten Frauenflüsterer gibt es keinen 100% Erfolg. Auch er muss 10 Frauen ansprechen, um bei dreien Anziehung auslösen zu können. Was der Frauenflüsterer allerdings weiß, ist, dass es bei jeder Frau Schalter der Anziehung gibt, und wenn er die nach oben schaltet, dann fühlt sie sich mehr und mehr zu ihm hingezogen. Lassen Sie mich Ihnen diese Schalter vorstellen.

## Anziehungs-Schalter: Vorselektion

Diejenigen Männer haben Erfolg bei Frauen, die Erfolg bei Frauen haben. Wenn Frauen Sie mit anderen Frauen sehen, dann ist das einer der größten Attraktivitäts-Schalter.

Man hat eine Untersuchung gemacht. Man zeigte Frauen Fotos von Männern und sie sollten entscheiden, wie weit sie den Mann auf einer Skala von 1 bis 10 attraktiv fanden.

Danach drapierte man dieselben Männer mit einer attraktiven Frau neben ihm, die ihn bewundernd anschaute. Hier das Ergebnis danach: Die identischen Männer, nur mit einer Frau neben sich, erhielten durchschnittlich 1,8 Punkte mehr auf der Attraktivitätsskala.

Frauen wollen Männer, die bereits von anderen Frauen vorselektiert wurden. Frauen lieben es, in der Umgebung von Männern zu sein, die auch andere Frauen haben wollen. Je schöner die Frauen sind, umso höher der Attraktivitätszugewinn des Mannes bei anderen Frauen.

Jetzt geht es für uns Männer darum, den Frauen verbal oder physisch zu signalisieren, dass wir von anderen bereits vorselektiert wurden.

Verbal können Sie das machen, indem Sie immer wieder in Ihre Rede einfließen lassen, dass (schöne) Frauen in Ihrer Umgebung sind, dass Sie es gewöhnt sind, mit schönen Frauen Kontakt zu haben, dass Sie bei Frauen begehrt sind.

Diese Wahrnehmung können Sie aber auch in der Situation physisch erschaffen. Das heißt beispielsweise für Sie, dass Sie sich nicht nur auf eine Zielperson stürzen, sondern Ihren «Ruf» in der Bar durch Flirten mit vielen Frauen erst aufbauen. Wenn Sie mit einer flirten, dann begrüßen Sie andere weibliche Bekannte mit großem Hallo, Küsschen rechts, Küsschen links und ein paar warmen Komplimenten. Sie zeigen ihr, dass Sie der «Hahn im Korb» sind.

Während Sie bei einem Rendezvous auf sie warten, flirten Sie mit einer anderen Anwesenden. Wenn die andere dann kommt, sehen Sie zu, dass sie das wahrnimmt und erkennt: «Vorselektion».

(Sie können sogar zwei Frauen zum selben Zeitpunkt, am selben Ort zum Rendezvous einladen. Damit haben Sie die RTL Show Bachelor, im Kleinen erschaffen. Zwei Frauen kämpfen um Ihre Gunst.)

Wenn Sie auf einer Party bereits mit einer Frau auftauchen, dann werden die anderen Frauen Sie interessanter finden. Das kann Ihre Schwester oder eine Arbeitskollegin sein, es ist im Prinzip egal. Deshalb halten Sie auch Kontakt zu schönen Frauen, selbst wenn Sie nur ein «guter Freund» sind. Diese Frauen sind ihr «Köder». Mit Ihrer

Köder-Frau sollten Sie nichts haben. Der Angler isst den Köder nicht selber, denn er braucht ihn, um andere schöne Fische in seiner Umgebung anzuziehen. Wenn Sie mit einer Schönheit ausgehen, sehen das andere Frauen, und finden Sie deswegen attraktiver. Denn Sie sind ja bereits von anderen vorselektiert worden.

Sie können, wenn Sie in einem Club Schlange stehen, einen kurzen Chat mit den Frauen vor oder nach Ihnen anfangen. Wenn Sie dann am Türsteher vorbei sind, haken Sie die beiden, wie ein guter alter Freund, links und rechts unter und laufen mit zwei Frauen im Arm in den Club. Andere Frauen registrieren so etwas und Sie bekommen bereits vorab Attraktivitäts-Punkte.

Wenn Sie in einer Bar eine HB10 erobern wollen, dann ist es ratsam, ein Bauernopfer zu suchen. Sie sprechen eine HB6 an, um dann irgendwann mit ihr zur Bar zu gehen, wo ihre eigentliche Zielperson, die HB10 steht. Dann fangen Sie über die Schulter, casual, ein Gespräch mit der HB10 an. Drehen sich dann zu ihr und sagen: «Darf ich dir hier eine liebe Freundin von mir, Jennifer (HB6) vorstellen?» Jetzt ist ihr Schutzschild unten. Sehen Sie zu, dass sich die neu entstandene Gruppe untereinander gut versteht. Irgendwann gehen Sie mit der HB6 wieder zurück auf die Tanzfläche, trennen sich dann aber von ihr und gehen mit Attraktions-Vorschuss allein wieder zur HB10 zurück, denn sie kennt Sie ja jetzt bereits.

Ich hatte in Zürich mitten am Tag eine HB9 angesprochen, ihre E-Mail-Adresse eingesammelt und am nächsten Tag folgende Email geschickt:

> Hallo Eisprinzessin, es war interessant, sich mit dir gestern nach deinem Friseur Besuch zu unterhalten. Deine Frisur stand dir gut, aber du solltest lange Ohrringe dazu tragen. Die umrahmen dein Gesicht besser :) Eine Frau, die ins

Kaufleuten geht und Dostojewski liest, ist ja schon mal interessant.
Ich habe um mich eine Gruppe von Freundinnen, ich nenne sie «meine Prinzessinnen», wir bilden eine lockere Clique. Wir unternehmen viel zusammen. Manchmal gehen wir in schöne Restaurants, manchmal in Clubs zum Abtanzen, manchmal zu Ikea, um mich beim Möbelkauf zu beraten. Dann sind sie natürlich erste Gäste auf meinen legendären Themen-Partys, die ich immer wieder organisiere. Es sind nur hübsche junge Frauen. Wir haben immer Riesen Spaß und lösen oft Aufmerksamkeit aus. Außerdem geben wir uns wechselseitig Rat und Unterstützung. Wir können dir ja mal Bescheid geben, wenn wir am Wochenende wieder unterwegs sind. Nimm 'ne Freundin mit und stoßt einfach dazu. Einverstanden?

Ihre Email Antwort kam eine Woche später, ob das Angebot noch gelte, sie wolle gerne dabei sein. Sie hatte auch einen Link angefügt, ob mir «das» etwas ausmachen würde. Als ich den Link anklickte, kam heraus, dass sie eine der 10 Kandidatinnen der aktuellen Miss Schweiz Wahl war und in etlichen Medienartikeln über sie berichtet wurde.

## Anziehungs-Schalter: Berührung – physisches Bewegen

Wenn Sie eine Frau berühren, dann wird bei ihr ein Schalter der Anziehung angeknipst. Das ganze Kapitel «Berührung gewünscht» ab Seite 118 beschäftigte sich mit dem gesteuerten Körperkontakt. Streichen Sie ihr über die Haare, küssen Sie sie auf die Stirn, halten Sie ihre Hände, führen Sie sie am unteren Rücken durch den Raum … usw.

Dann gibt es aber noch die Steigerung: Das physische Bewegen. Heben Sie sie hoch und tragen Sie ein paar Meter durch den Raum. Machen Sie die High-Five Pirouette mit ihr. Greifen Sie sie an der Schulter und drehen sie im Kreis um die eigene Achse … Sie wird es genießen und mit Anziehung belohnen. Frauen sind da wie Kinder. Wenn Sie ein Kind an beiden Händen packen und als Karussell im Kreis drehen, quiekt es vor Vergnügen und will mehr.

Wenn Sie mit ihr tanzen, dann ist das auch physisches Bewegen. Es geht beim Tanzen nur darum, dass Sie sie ausgiebig bewegen. Sie müssen gar nicht richtig tanzen können. Die *Bewegung* macht die Attraktivität.

Es gibt einen Baustein, der Bewegung und Spiel miteinander vereint: Die lebende Waage. Sie sagen ihr: «Weißt du, dass ich eine lebende Waage bin? Ich kann bis auf ein Kilo genau sagen, wie viel du wiegst.» Sie: «Oh, wirklich?». Ich: «Ja, aber du musst Vertrauen haben, hast du das?» Sie «Ja.» Ich: «Ja dann, O.K., stell dich gerade hin.» Jetzt stelle ich mich neben sie, greife mit dem rechten Arm unter ihre Arme, mit dem linken unter ihre Knie und hebe sie mit einem Ruck hoch. Ich: «Ich muss dich jetzt kurz drehen, dann kann ich's sagen». Jetzt drehe ich mich mit ihr im Arm dreimal um die eigene Achse nach rechts, dreimal um die eigene Achse nach links und setze sie wieder ab. Ich: «52 Kilo!» – Sie: «Wow, sagenhaft, ich bin 53!»

(Sagen Sie bei schlanken Mädchen einfach irgendeine Zahl zwischen 48 und 55 kg. Wenn Sie vermuten, dass sie schwerer ist, lassen Sie sie höflich stehen.)

Machen Sie die «lebende Waage» mal in einem Club mit einem Mädchen, das Sie gerade vor fünf Minuten kennen gelernt haben. Der ganze Club wird bewundernd auf Sie starren. Attraktivität pur!

## Anziehungs-Schalter: Qualifikation

Unter Qualifikation versteht man: *Ich* qualifiziere sie oder *sie* muss sich für mich qualifizieren. «Sag mir mal drei Dinge von dir, die interessant sind. Aussehen scheidet aus.» oder «Wow, du magst Techno, da triffst du meinen

Geschmack. Das gefällt mir.» Qualifikation erschafft Anziehung. Das Thema ist ausführlich im Kapitel «Qualifikation» ab Seite 68 abgehandelt.

### Anziehungs-Schalter: Humor

Wenn Sie die Frau zum Lachen bringen, dann wird damit ein Attraktivitätsschalter nach oben gelegt. Sie müssen jetzt kein Oliver Pocher sein (im Gegenteil: ein «Clown», der Anziehung nur über Witzig-Sein zu erzeugen sucht, geht meistens auch allein nach Hause), aber jedes Mal, wenn Sie sie zum Lachen bringen, ist das ein Steinchen auf die Waagschale der Anziehung zu Gunsten des Casanovas. Die *Abwechslung* ist die gewinnende Kombination: Einmal normale, lockere Konversation und dann wieder Spaß und Humor.

Es gibt verschiedene Spiele und Streiche, die man als Bausteine lernen kann (einige stelle ich Ihnen später noch vor). Zum Humor zählt aber auch die lockere, unkomplizierte Art des Casanovas. Nehmen Sie die Verführung nicht so ernst, nehmen Sie auch die Frau nicht so ernst, spielen mit ihr, bringen Sie sie mit Nonsens zum Lachen, spielen Sie ihr öfter mal einen Streich. … und sie wird Sie attraktiver finden.

Hier ein kleines lustiges Spiel. Der Betrunkenheits-Test:

Sagen Sie ihr: «Ich will mal sehen, wie betrunken du bist. Da gibt es einen Betrunkenheits-Test. Ich mach ihn mal mit dir. Pass auf! Bewege deine Hände jetzt 10-mal hin und her, so wie ich.» Sie machen es ihr jetzt vor. Sie bewegen Ihre beiden Hände (Handinnenflächen im Abstand von 40 cm gegeneinander zugewandt) parallel in Form eines Tunnelbogens schnell hin und her. «So, jetzt mach du das nach, aber zwischen meinen Händen!» Sie halten jetzt ihre Hände starr als Hürden vor sie und sie muss mit ihren Tunnelbewegungen die Lücken treffen. Lassen Sie es unter Ihrer Aufsicht 10-mal tun. Wenn sie fertig ist, sagen Sie: «Das war nur der Vortest, jetzt kommt der eigentliche Test. Mach deine Augen zu und mach es nochmal. Du musst blind die Lücken treffen, da sehe ich, wie betrunken du bist. Konzentrier dich.»

Während sie jetzt mit geschlossenen Augen versucht, Ihre Lücken zu treffen, entfernen Sie sich einfach von der Szene und lehnen sich in einigen Metern Entfernung lässig an die Wand. Jetzt steht sie mutterseelenallein mitten im Raum und macht mit geschlossenen Augen für alle sichtbar fremdartige Bewegungen. Wenn sie die Augen wieder aufmacht, schütteln Sie bemitleidenswert den Kopf. Sie wird auf Sie zu rennen, ihnen auf den Oberarm boxen «Du bist GEMEIN!!!» aber sie wird es mögen.

Anziehungsschalter on! [7]

## Anziehungs-Schalter: Lehre sie etwas

Wenn Sie einer Frau etwas beibringen, sie etwas lehren, dann fühlt sie sich zu Ihnen hingezogen. «Du solltest lange Ohrringe tragen», «halte dich gerade», «dir würden offene Haare besser stehen». Dieser Anziehungsschalter ist näher im Kapitel «Lehre sie etwas» ab Seite 79 beschrieben.

## Anziehungs-Schalter: Selbstbewusstsein

Selbstbewusstsein ist etwas, das zwar immer wieder im Mund geführt wird, aber zur Beruhigung kann ich sagen, dass es in Wahrheit gar kein echtes Selbstbewusstsein gibt,

---

7 Es gibt noch einen extremeren «Betrunkenheitstest», bei dem sie noch obskurer ausschaut. Der lässt sich aber nur persönlich vordemonstrieren.

sondern nur ein gespieltes Selbstbewusstsein. (Das *wahre* Selbst-Bewusstsein ist etwas Spirituelles, das kann man nicht lernen, aber eine selbstbewusste Außenwirkung in Form einer *Rolle* zu erzielen, das geht.) Zunächst einmal gehört dazu die Körpersprache. Sie müssen sich aufrecht halten, aber die Schulter hängen lassen. Sie brauchen einen langsamen Gang, und wenn Sie stehen, sollten Ihre Beine immer durchgestreckt sein. Wenn Sie mit einem Glas in einer Bar stehen, dann halten Sie den Arm leicht nach unten, das wirkt cooler. Dazu gehört auch ein klarer, intensiver Blick und eine gewisse Lautstärke (wenn erforderlich). Zum Selbstbewusstsein gehört Klarheit im Ausdruck. Wenn Sie sagen: «Ich denke, wir sollten eigentlich lieber in ein anderes Restaurant gehen», dann klingt das wie ein schüchterner Höfling. Selbstbewusste Menschen geben präzise Anweisung: «Komm mit, ich zeige dir ein anderes Restaurant!»

### Anziehungs-Schalter: Leader of men

Wer der Führer von Männern ist, ist auch der Führer von Frauen. Frauen achten darauf, wer in der Gruppe der informelle Führer ist. Den finden sie tendenziell attraktiver. Wenn Männer zu Ihnen aufschauen, dann schauen auch Frauen zu Ihnen auf. Das kann man erzeugen, indem man auch mit Männern guten Kontakt hält. Wenn Sie in einer Bar oder in einem Club sind, dann prosten Sie auch Männern zu. Stellen Sie sich in eine Gruppe von Männern und machen Smalltalk mit denen. Sie glauben nicht, wie dankbar auch Männer sind, wenn man sich mit ihnen unterhält. Denn auch sie, selbst wenn sie in Gruppen in einer Bar sind, wollen Ansprache. Wenn Sie aus der Männer-Gruppe wieder rausgehen, machen Sie mit allen demonstrativ High Five. Das wird vom ganzen Club wahrgenommen. Von den

Frauen genauso wie von anderen Männern, und plötzlich sind Sie auch für andere Männer «attraktiv» geworden. «Hey, der kennt hier scheinbar alle.» Es gibt eine Männerdominanz Geste. Die besteht darin, das Sie ihm von oben herab jovial an die Schulter greifen (Barak Obama macht das immer wieder). Machen Sie das auch.

### Anziehungs-Schalter: Warm-Kalt-Dusche.

Der Casanova macht immer dann einen taktischen Entzug, wenn er merkt, dass sie sich wohl fühlt, dass sie «on» ist. Er entzieht ihr wieder den Wollknäuel. Dann, wenn Sie merken, dass die Frau sich zu Ihnen hingezogen fühlt, machen Sie wieder eine Kalt-Phase. Und ein entscheidender Attraktionsschalter wurde bewegt. Die Warm-Kalt-Dusche habe ich im Kapitel ab Seite Seite 138 ausführlich besprochen.

### Anziehungs-Schalter: widersprüchliche Signale

Widersprüchliche Signale gibt es nicht nur zeitlich versetzt (das ist die Warm-Kalt-Dusche), sondern auch zeitgleich. Das heißt im Klartext: Gesprochene Sprache und Körpersprache laufen auseinander. Das ist ein starker Anziehung Schalter.

Nehmen wir an, Sie haben sie auf der Straße kennen gelernt und Sie sagen ihr gleich als einer der ersten Sätze: «Du, ich hab's eilig, ich muss gleich weg», aber Ihre Körpersprache ist auf Zuneigung eingestellt. Umgekehrt ist es noch wirksamer. Ihre Körpersprache zeigt ihr «ich bin am Weggehen», das heißt, Sie sind von ihr abgewandt, tun so, als ob Sie gleich gehen wollten, aber mit lauter Stimme flirten Sie weiter. Sie fragen beispielsweise: «Bist du aus Zürich?»

Oder Sie sagen ihr «Ich glaube, du bist interessant», aber dabei spielen Sie ihr ein diskret unterdrücktes Gähnen vor. Es gibt dann auch noch «unkontrollierbare» Anziehungs-Schalter. Manche Frauen stehen auf gewisse Eigenarten bei Männern, die man aber nicht erzeugen kann.

Sie liebt blonde Typen – und Sie sind zufällig einer. Sie liebt Typen mit bayerischem Akzent -und Sie sind zufällig einer. Sie liebt Typen, die auf Goa-Parties gehen – und Sie sind zufällig einer. Aber das gehört nicht mehr zum Spiel, denn das können Sie nicht bewusst steuern.

Wenn Sie allerdings denken, dass Anziehung gleich Verführung ist, dann haben Sie sich getäuscht.

Es gibt die zweite wichtige Phase, die die meisten Männer neben der Anziehung vergessen. Und das ist die mittlere Phase.

## Phase 2: Vertrauen

Wenn Sie bei einer Frau bis zur Intimität, bis zum Sex kommen wollen, dann vergessen die meisten Männer, dass es eine *mittlere* Phase gibt: Die Phase des Vertrauens. Wenn man diese Phase nicht kennt und direkt zur Intimität übergehen will, scheitert man und weiß nicht, warum.

In dieser Phase ist das Ziel, Vertrauen zu erzeugen, Geborgenheit aufzubauen. Frauen sind emotionale Wesen, die brauchen diese Phase. Hier werden die Geschichten länger, hier erzählt der Frauenflüsterer auch von seiner eigenen Verwundbarkeit, er erzählt Geschichten aus seiner Kindheit, Geschichten, in denen er soziales Verhalten zeigt, Geschichten, in denen er auch schwierige Zeiten erlebt hat …

War in der Phase der Anziehung der Energielevel hoch, so ist in der Phase des Vertrauens der Energielevel tiefer.

Sonore Stimme, mehr Vertraulichkeit. Berührungen sind hier länger und andauernder.

Sie laufen eingehakt, Sie sitzen eng zueinander, Sie halten ihre Hand.

Geschichtenerzählen, Sterneschauen und Romantik in jeder Form gehören hierher in diese Phase.

Wichtig ist, dass Sie auch in dieser Phase nicht die Berührung vergessen. Wenn Sie ihr eine längere Geschichte erzählen und sitzen auf einem Sofa, dann können Sie z.B. die ganze Zeit Ihr Bein über ihr Bein legen oder etwa ihre Hand halten.

Meine Geschichte, in der ich bei einer Präsentation in Genf vollkommen versagt habe, gehört in diese Phase. Jede Geschichte, in der Sie sich aus einer Niederlage/Krankheit wieder hervorgearbeitet haben, eignet sich, um Vertrauen zu erzeugen. Erzählen Sie hier auch Geschichten, wo Sie sich um Ihre engen Freunde, Familienmitglieder gekümmert haben oder sozial gehandelt haben – Kommunizieren Sie, dass Sie ein verlässlicher Typ sind. Hier können Sie auch *interessante* Geschichten wie z.B. von der Arschkarte oder den alten Assyrern erzählen.

Es ist interessant, wie das Wort «Geborgenheit» bei der Frau Geborgenheit erzeugt. Sie können beispielsweise sagen: «Was meine Freundinnen immer an mir geschätzt haben, ist die Geborgenheit, die ich immer gegeben habe.» Dasselbe gilt für das Wort «Vertrauen». Wenn Sie das Wort «Vertrauen» aussprechen, erzeugt es Vertrauen.

Eine der Geschichten, die hervorragend in die Phase Vertrauen passt, ist die Geschichte von Moses Mendelsohn.

> Viele achten nur auf das Aussehen von Menschen, aber das ist nicht das Wichtigste. Wichtiger ist herauszufinden, ob sich da zwei Seelenverwandte getroffen haben. Ich will dir mal eine Geschichte erzählen.

> Der Großvater vom Komponisten Mendelssohn-Bartholdy hieß Moses Mendelsohn. Als junger Mann hatte er sich in die hübsche Tochter Frumtje des Buchhändlers verliebt. Jeden Tag ging er in die Buchhandlung unter einem Vorwand, um sie zu sehen. Er traute sich aber nicht, sie anzusprechen. Denn Moses hatte ein Problem: Er war hässlich und hatte einen Buckel. Eines Tages nahm er seinen ganzen Mut zusammen und fragte ihren Vater, ob er mit seiner Tochter reden dürfe. Der Vater sagte: «Ja, das dürfen Sie». Moses setzte sich mit ihr in die Ecke des Buchladens und versuchte, mit ihr ein Gespräch zum Laufen zu bringen. Aber Frumtje schaute die ganze Zeit nur zu Boden und gab ihm nur wortkarge Antworten. Dann sagte er plötzlich zu ihr: «Glauben Sie, dass Ehen im Himmel geschlossen werden?» Sie blickte immer noch zu Boden und antwortete: «Ja, das glaube ich». Er sagte: «Als ich geboren wurde, zeigte mir der Herr meine zukünftige Braut. Aber als ich sie sah, sagte ich zum Herrn: Nein diese Braut möchte ich nicht. Sie ist hässlich und hat einen Buckel. (Pause)-- Gib mir den Buckel und lass sie schön sein.» Sie blickte zum ersten Mal auf und die beiden wurden ein Paar.

Das öffnet Herz (und Schenkel).

## Phase 3: Intimität

Um mit einer Frau intim zu werden, müssen Sie vorher Erotik in irgendeiner Form ins Spiel gebracht haben. Denn ihr Hirn braucht Bilder- oder Berührungs-Auslösepunkte, um das körperliche Bedürfnis nach sexueller Intimität zu stimulieren. Das macht der Casanova sowohl mit Worten als auch mit Berührungen.

Es geht nicht, dass Sie nur toll miteinander geredet haben, lustig gewesen sind, schöne Geschichten erzählt haben und dann plötzlich Sex wollen. Das ist auch das Problem der meisten Männer, die in die «nur-ein-guter-Freund»-Schublade gesteckt werden: Sie gebärden sich von Anfang an als asexuelle Wesen.

Sie können das Thema Sex durch zwei Elemente in ihr Bewusstsein bringen. Einmal über Worte und das andere Mal über Berührung. Diese Elemente baut man immer weiter aus, intensiviert sie immer mehr, bis ihr innerer Reaktions-Druck so hoch geworden ist, dass ihr Staudamm plötzlich bricht. Natürlich muss auch hier die Kalt-Warm Dusche beachtet werden. Man nennt dieses Steigern «Sexuell eskalieren.»

## Sexuelle Eskalation durch Geschichten

Sexuelle Geschichten können in jeder Phase eingeflochten werden. Sowohl bei der «Anziehung» als auch bei «Vertrauen» als auch bei der «Intimität». Sie müssen aber irgendwo auftauchen, sonst werden Sie, wie viele andere vor Ihnen, als asexueller Typ eingestuft.

> Ich hatte mal eine Freundin, die hat es wahnsinnig gemocht sinnlich zu baden. Sie hat es geliebt, wenn sie das Bein aus dem Wasser gestreckt hat und ich ihr mit der Duschbrause das warme Wasser von den Füßen über die Oberschenkel zu den Unterschenkeln nach unten laufen ließ. Dabei hat sie immer die Augen geschlossen. Sie wurde so heiß dabei. Aber am meisten wurde sie erregt, als ich sie eines Tages mit einem Eiswürfel überrascht habe. Ich habe ihr damit die Innenseite ihrer Schenkel von oben nach unten solange massiert, bis er geschmolzen war. Danach hatten wir losgelösten Sex in der Badewanne. Wir hatten Angst, dass das überspritzende Wasser bei den Nachbarn unten durchtropft.

Das löst erotische Gefühle aus, denn die erzeugten Bilder sind erotisch.

Richtige Frauenflüsterer, richtige Männer, die wissen, was sie wollen, verheimlichen nicht ihr sexuelles Interesse. Sie sind direkt.

Der Frauenflüsterer ist in einer Bar, er bemerkt, dass sie auf ihn steht, irgendwann küsst er sie. Jetzt praktiziert er den taktischen Entzug. Plötzlich beugt sich der Frauenflüsterer zu ihr, macht ihr ein Zeichen, dass sie an sein Ohr kommen soll, greift sie von hinten an den Haaren und er flüstert ihr ins Ohr: «Ich stell mir gerade vor, wie ich mit dir verschwitzt im Bett liege. Du keuchst unter meinen Stößen und ich mach dich so fertig, dass du danach für keinen anderen Mann mehr zu gebrauchen bist.» Jetzt setzt er sich wieder aufrecht, nippt an seinem Drink und schaut unbewegt gerade aus, als ob nichts gewesen wäre. So ein Text triggert bei ihr den Seximpuls, ohne dass sie Sex direkt haben kann. Jetzt fühlt sie sich unwiderstehlich von ihm angezogen.

So einen Text können Sie notfalls sogar sagen, wenn Sie sie noch nicht geküsst haben, die offensichtliche Anziehung aber trotzdem hoch genug ist.

Ein anderer Spruch, der sexuelle Fokussierung und Außergewöhnlichkeit vereinigt, ist dieser: «Es gibt Typen, die sagen, du hast schöne Augen, und die schauen dir dabei auf den Busen. Ich bin anders: Ich schaue dir in die Augen und sage, du hast eine schönen Busen.» Halten Sie ihre Hand dabei.

Das Gespräch irgendwann auf Sex zu lenken, bevor Sex passiert, ist oberste Pflicht des Flirt-Profis. «Was war der verrückteste Ort, an dem du Sex hattest?» Rechnen Sie nicht mit einer Antwort, aber seien Sie vorbereitet, und geben Sie vorher *Ihre* Geschichte zum Besten.

Ich war mal mit einer Freundin in einem edlen Restaurant. Wir waren an einem Tisch mit einer langen Tischdecke. Als wir gerade Prosecco getrunken haben, habe ich ihr unterm Tisch zwischen die Beine gefasst. Dann haben wir wieder weiter geredet. Plötzlich spürte ich ihren Fuß an meiner weichsten Stelle, die dann plötzlich nicht mehr weich war. Sie hatte ihre High-Heels ausgezogen. Sie war richtig heiß geworden, weil das Restaurant voll war, und keiner durfte es bemerken. Ich ging dann unter dem Tisch mit meinen Fingern unter ihr Höschen und habe sie befriedigt. Plötzlich hat sie unterdrückt gestöhnt und kurz die Augen zugemacht. Ich habe mich dann verstohlen umgeschaut, aber niemand hat's bemerkt. ....

Diese Geschichten haben das Ziel, die Fantasie der Frau anzuregen und sie gleichzeitig wissen zu lassen, dass Sie ein sexuelles Wesen sind. Hier eine weitere mögliche Sexgeschichte.

Ich bin mal mit einer Freundin von mir im Wald spazieren gegangen. Da kamen wir plötzlich an einem Hochsitz vorbei. Ich sagte: «Komm, lass uns doch mal hoch klettern». Sie stieg vor mir auf die Leiter. Als sie so vor mir kletterte, konnte ich unter ihren Minirock sehen, ich weiß noch wie heute, sie hatte ein weißes Höschen an. Ich wurde so heiß von dem Anblick. Ich stieg ihr nach und habe ihr beim Klettern unter den Rock gefasst. Als wir oben waren, konnte ich mich nicht mehr halten. Ich habe zwei Bretter vor die zwei Fenster gehängt und hab sie aus dem letzten Fenster rausschauen lassen auf eine Wiese. Auf der Wiese waren zwei Rehe. Während sie den Rehen in die Augen geschaut hat, hab ich sie dann von hinten genommen. Der Hochsitz fing dann so an zu wackeln, dass ich etwas langsamer machen musste.

Um die volle Wirkung solcher Geschichten zu entfalten, ist es wichtig, dass Sie dabei Körperkontakt mit ihr halten. Halten Sie ihre Hand oder ihre Taille oder einen anderen Körperteil, während Sie die sexuellen Phantasien auslösen. Sie können sie auch streicheln, besonders natürlich an den erogenen Zonen. In der Handinnenfläche, am Hals, am Ohrläppchen, über ihre Backe, an den Innenseite ihrer Oberschenkel oder blasen Sie ihr von hinten in den Nacken. Denn dann wird sie die erotisierende Wirkung Ihrer Geschichte in voller Tiefe auf den Erzähler übertragen.

> Ich hatte mal ’ne Freundin, die wollte eines Tages auf ein Volksfest gehen. Sie zog einen Minirock an und High-Heels. Ich sagte ihr, sie soll unter dem Rock kein Höschen anziehen. Sie fand es so erregend, dass das keiner wusste. Dann liefen wir an die Stelle vom Volksfest, wo das größte Getümmel herrschte. Dort, wo fast alle wie die Heringe aufeinander standen, standen auch wir. Wir haben uns auf Augenhöhe angeschaut, Keiner hat meine Hände gesehen – sie hat ihre Augen verdreht und keiner hat es bemerkt. Und sie konnte so schön unschuldig schauen. Danach waren wir so heiß, dass wir zum Auto sind und sie hat mir einen geblasen ...

Es gibt einen Trick: Sie können ihr diese Geschichten ins Ohr *flüstern*. Das steigert noch einmal die sexualisierende Wirkung. Flüstern an sich ist schon erotisierend. Wenn Sie aber dazu noch erotisierende Inhalte erzählen und dann auch noch gleichzeitig Körperkontakt halten, dann wird über drei Kanäle Erotik gefunkt: Erotische Bilder im Kopf, sanfte Berührungen und sinnliches Flüstern – das volle Programm.

Hochgradig sexualisierend sind die «Ich stell mir gerade vor ...» Szenarien, die der Flirt-Profi im richtigen Moment ihr ins Ohr flüstert. Wenn Sie bemerken, dass sie auf Sie steht, (und/oder bereits vorher geküsst haben) dann können Sie beispielsweise sagen: «Ich stell mir gerade vor, wie ich dir deine Jeans mit einem Ruck nach unten ziehe, dir dein Höschen zerreiße, dir auf den Po schlage, dir an deine Muschi greife und dich dann von hinten nehme. Sie froh, dass hier andere Leute sind.»

Was sexualisieren *nicht* meint, ist, dass Sie, als lustig verkleidet, zweideutige Bemerkungen machen. Das ist AFC Verhalten, das ist der Fehler vieler Männer. Sie versuchen in Form von «Witzchen» Sexualität unterzubringen. Eine junge Frau zum Kollegen in der Firma. «Ich bräuchte einen Stempel.» Kollege: «Ich habe verschiedene Größen, welche Stempel-Größe ist dir denn am liebsten?»

Das löst keine Erotik-Gefühle aus, höchstens Humor-Gefühle. Das kann man in der Phase der «Anziehung», einmal, maximal zweimal benutzen, aber dann muss Ende sein.

Sie: «Ich hätte Lust auf eine Banane». Er: «Dass du immer nur an das Eine denkst» Ha, Ha. Sexuelle Witzchen lösen leider keine sexuellen Gefühle aus. Denn das ist das Verhalten eines Weicheis, der sich nicht traut über Sexualität geradeaus zu reden, und es deshalb nur in Form von «Witzen» wagt.

Sexuelle Eskalation durch Berührung

Während die sexuellen Geschichten in jeder Phase der Verführung geeignet sind, ist die sexuelle Eskalation durch Berührung vor allem in der Phase der Intimität angebracht.

Berührungen allgemein sind in jeder Phase richtig, aber die Berührungen, die sexuelle Lust auslösen sollen, passen am besten in diese letzte Phase.

Einer der einfacheren Wege ist es zum Beispiel, brünstig an ihr herumzuschnüffeln. An ihren Haaren, an ihrem Hals, der ja nach Parfüm riecht. Wie ein Tier, das in der Brunft das Weibchen «beschnüffelt». Dadurch kommen Sie in Köperkontakt zu ihr und lösen diese animalische Sexualität aus. Sagen Sie etwas dabei, wie etwa: «Du machst mich so heiß. Ich muss mich grad zurückhalten nicht über dich zu springen».

Sie können von hinten Ihre Hand ihren Hals aufwärts bis zum Haaransatz fahren, bis Sie ein Büschel Haare fassen. Ziehen Sie leicht, aber bestimmt ihre Haare nach hinten, gerade so weit, dass die ihren Kopf noch *nicht* bewegen muss. Das ist ein stark erotisierendes Dominanzverhalten.

Starkes Bewegen ist ebenfalls ein solches sexualisierendes Verhalten. Nehmen Sie sie an der Hand, rennen Sie mit ihr über die Straße, ziehen sie (hinter einem geschützten Mauervorsprung) aus dem Schwung zu sich, und küssen Sie sie.

Ein verrücktes Hochheben oder ein Drehen um ihre eigene Achse, ein Hin und Herwiegen oder eine Kissenschlacht … können Sie auch in ihrem Wohnzimmer auf der Couch veranstalten.

Wie immer gilt auch beim sexuellen Eskalieren die Warm-Kalt-Dusche. Steigern Sie nicht kontinuierlich, ohne abzusetzen, sondern machen Sie immer wieder zwischendurch einen künstlichen Entzug, um dann im nächsten Ansatz noch erotisierender weiterzumachen.
Was ich auch gerne immer wieder mache, ist, dass ich beim Reden in einer Sitzcouch ihre Beine einfach quer über meine Beine lege oder umgekehrt.

Der generelle Trick besteht darin, dass Sie ihr Bein oder ihre Hand (Frau) irgendwo auf Ihren Körper (Mann) legen. Sie können beispielsweise, während Sie etwas erzählen, wie selbstverständlich nebenbei ihre Hand nehmen und sie auf Ihre Hand legen. Das ist die harmloseste Variante. Sie können ihre Hand aber auch auf Ihr Knie legen oder auf Ihren Oberschenkel oder um Ihren Hals oder unter Ihr T-Shirt auf Ihre Brust. Oder, am Ende, direkt auf Ihre Männlichkeit.

Sie können das Mädchen zu sich herziehen und ihren Kopf auf Ihre Brust legen oder sogar ihren Kopf auf Ihren Oberschenkel. Die Bewegung, die sich die Frau im Normalfall nicht traut, machen Sie einfach für sie. Aber vergessen Sie nicht, *ihre* Hand (der Frau) nach einer Zeit wieder von dieser Stelle wegzunehmen. Der Mann soll den Körperkontakt brechen, nicht die Frau. Später machen Sie das Spiel einfach neu und legen ihre Hand (Frau) dann auf dieselbe oder eine andere Stelle auf Ihrem Körper.

Ein anderer Trick. Wenn Sie mit ihr sitzen, dann fangen Sie an, über ihre Schuhe zu reden. Dann berühren Sie ihre Schuhe unter einem Vorwand und streichen langsam ihren Unterschenkel entlang nach oben. Ziehen Sie ihr die

Schuhe unter einem Vorwand aus: «Ich kann von deiner Fußform etwas über dich aussagen». Dann nehmen Sie ihre Füße und streicheln an ihnen entlang und kommen immer wieder wie zufällig hoch entlang der Unterschenkel. Lassen Sie SIE die Schuhe aber wieder anziehen. Damit hat sie wieder etwas investiert.

Der Rücken einer Frau ist ein hochgradig sensitives, erotisierendes Terrain. Je weiter oben am Rücken Sie streicheln, desto sensitiver ist der Effekt. Denken Sie daran, dass Sie in der Richtung der Nervenstränge streicheln und, wie immer: Je sanfter Sie es tun, umso mehr wird sie sich öffnen.

Eine wunderbare erogene Zone ist auch die Innenseite der Unterarme. Da gibt es zum Beispiel den Armbeugen-Zentrumstest. Sie sagen: «Ich will mal rauskriegen, ob du mit geschlossenen Augen fühlen kannst, wo deine Armbeuge ist. Ich streichle jetzt von den Händen kommend Richtung Armbeuge und du musst Stopp sagen, wenn du denkst, dass ich das Zentrum der Armbeuge erreicht habe». Jetzt streicheln Sie so sanft, wie es irgend möglich ist, vom Hand-Ansatz, endlos langsam Richtung Armbeuge. Es ist egal, ob sie am richtigen Punkt Stopp sagt. Hauptsache Sie konnten sie heiß machen. Wenn Sie allerdings wirklich langsam und sanft genug sind, wird sie ungefähr fünf cm vor der tatsächlichen Armbeuge Stopp sagen.

Eine weitere erogene Zone ist der Hals. Auch hier gilt dasselbe wie bei allen anderen Körperteilen. Erstens, streichen Sie immer entlang der Nervenbahnen und zweitens, je weniger Druck, je sanfter Sie das tun, umso erotischer ist die Wirkung. Außer dem Streicheln haben Sie die Möglichkeit, sanft trocken zu küssen oder natürlich auch zu lecken. Nicht umsonst haben Teenager beim Knutschen diesen Knutschfleck am *Hals*.

Sehr sensitive Stellen bei einer Frau sind ihre Handinnenfläche. Sanftes Streicheln der tiefsten Stelle der Handinnenfläche löst direkte sexuelle Reaktionen aus. Lecken an dieser Stelle noch heftiger.

Sagen Sie ihr: «Da gibt es einen Test. Jede Frau hat auf der Handinnenfläche ihren sensitivsten Punkt an einer anderen Stelle. Ich will mal wissen, wo er bei dir ist.» Dann lecken Sie langsam kreisend auf ihrer Handinnenfläche spiralförmig von außen nach innen. Alle Frauen haben diesen Punkt an derselben Stelle, aber das macht nichts. Wenn Sie dort ankommen wird sie ihnen bestätigen: «Hier ist er». Und Sie haben Ihr Ziel, sie anzutörnen, erreicht.

Noch sexueller wird es, wenn Sie sie am Handrücken (also *nicht* in der Handinnenfläche) zwischen zwei Fingern lecken. Am sensitivsten ist es zwischen dem Mittelfinger und dem Ringfinger. Das löst bei ihr unweigerlich die Vorstellung aus, an der Muschi geleckt zu werden. Wie immer gilt, sowohl für das Streicheln als auch das Lecken: Je sanfter Sie es machen, umso heißer wird sie.

Hier noch etwas Allgemeines zu Sex. Sie haben mehr Erfolg, wenn Sie eine sexuelle Vorprogrammierung haben.

Sie brauchen den sexuellen *Willen*. Die Vorstellung, sie zu küssen, sie nackt zu sehen, wie sie Ihnen einen bläst, wie Sie mit ihr und ihrer Freundin zusammen einen Dreier haben. Die Bilder müssen in Ihrem Kopf sein. Sie müssen ein sexuelles Wesen werden. Wenn Sie sich erlauben, in einem sexuellen Zustand zu sein, dann werden Sie auch Sex erleben.

## Spaßige und unterhaltsame Spiel-Bausteine

Beim Spiel des Verführens ist eine gewisse Leichtigkeit, eine Lockerheit, eine Unkompliziertheit von großem Vorteil.

Können Sie sich daran erinnern, als Sie ein Teenager waren, so zwischen 12 und 17 Jahren? Was gab es damals für Momente, wo Sie hemmungslos gelacht haben? Sie spielten dumme Streiche, machten blödsinnige Spielchen, redeten Nonsens … und es war einfach nur herrlich!

Und jetzt die Botschaft für Sie: Die Spielchen, die mit 12 bis 17 lustig waren, sind heute immer noch lustig. Spielen Sie mit ihr wie mit einem kleinen Kind, sie wird es dankbar aufnehmen.

Kommen Sie von hinten, tippen ihr auf die linke Schulter und laufen dann rechts an ihr vorbei. Heben Sie Ihre Hand zum High Five und wenn sie einschlagen will, ziehen Sie Ihre Hand zurück und machen ihr eine lange Nase. Ätsch, Ätsch.

Es gibt einige erprobte Spielbausteine, die Sie mit in Ihr Repertoire aufnehmen sollten. Hier beispielsweise das Drei-Mäuse-Spiel.

Sie nehmen einen Kugelschreiber, sagen ihr, dass sie ihren einen Ärmel hochkrempeln und die Handinnenfläche nach oben halten soll. Jetzt sagen Sie: «Drei Mäuse machen ein Wettrennen. Die eine Maus ist blind, die andere ist stumm und die dritte ist doof. Pass auf! Jetzt läuft die blinde Maus los und du musst irgendwann Stopp sagen». Jetzt setzen Sie den Kugelschreiber auf ihren Unterarm am Beginn der Handfläche und zeichnen seelenruhig einen blauen Strich Richtung ihres Oberarms, solange, bis sie Stopp sagt. Das Mädchen: «Stopp!» Im Normalfall haben Sie jetzt einen Strich von circa 15 cm auf ihren Unterarm hinterlassen. Jetzt sagen Sie weiter: «O.K.! Jetzt läuft die stumme Maus los, du musst wieder Stopp sagen». Wieder zeichnen Sie seelenruhig einen zweiten Strich auf ihren Unterarm. «Stopp, Stopp!» Diesmal wird der Strich ungefähr circa 8 cm lang. Jetzt setzen Sie den Kugelschreiber erneut auf den dritten Startpunkt und sagen: «Ok, jetzt läuft die doofe Maus los. Du musst Stopp sagen!». Das Mädchen: «Stopp, Stopp, Stopp, STOPP, STOPP, STOPP …»

Diesmal wird der Strich etwa 30 cm lang. Die Maus ist eben doof!

(Achtung, es ist nicht lustig, wenn Sie sagen, die dritte Maus ist taub. Denn das wäre logisch, und logische Dinge sind nicht lustig!)

Ein süßes kleines Spiel, das Sie in einer Bar- oder Café-Umgebung machen können, ist das Drei-Gläser-Spiel. Sie stellen drei Gläser so hin, dass zwei nach unten zeigen. Jetzt sagen Sie ihr: «Pass auf! Ziel ist es, dass du die drei Gläser mit drei Bewegungen so hinstellst, dass alle drei Gläser nach oben offen zum Eingießen stehen. Du musst immer zwei Gläser gleichzeitig bewegen. Ich mach's dir vor!»

Sie erkennen an der Zeichnung, dass man nur eine einzige Bewegung mit zwei Gläsern (Glas 1 und 3) machen müsste, damit die Gläser nach oben offen stehen. Aber Sie machen zur Verwirrung *drei* Bewegungen mit jeweils zwei Gläsern, wobei nur die letzte Bewegung diejenige ist, die dann als Resultat drei nach oben offene Gläser hat. Sie nehmen also zunächst zur Verwirrung je zwei Gläser, die entgegengesetzt stehen, zuerst Nr. 1 und Nr. 2, und drehen sie um, dann die äußeren, Nr. 1 und Nr. 3, und drehen sie um, und dann erst zuletzt die beiden rechten Gläser Nr. 2 und Nr. 3 (die ja jetzt beide nach unten gedreht sind). Und Voilà! Alle drei Gläser stehen nach oben offen zum Eingießen. Nachdem Sie es ihr, natürlich möglichst schnell, vorgeführt haben, sagen Sie: «So, jetzt bist Du dran! Mit drei Bewegungen müssen die Gläser aufrecht stehen.» Aber jetzt der Trick: Sie stellen die Gläser auf *diese* Weise hin:

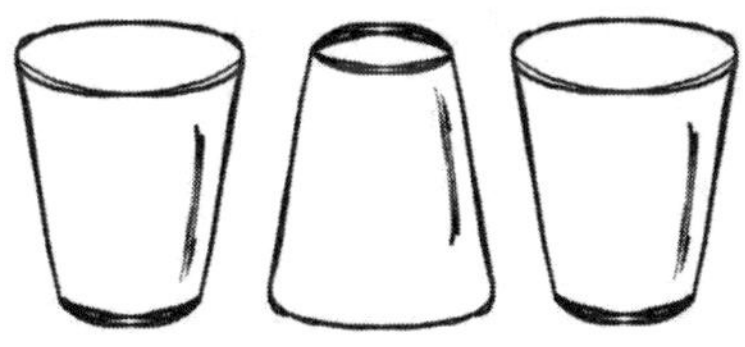

Haben bei Ihrer Demonstration zwei Gläser nach *unten* gezeigt, so zeigen jetzt bei der zweiten Version zwei Gläser nach *oben*. Das bemerkt das Zuschauerauge im Trubel des Gefechts nicht. Sie kann jetzt so lange versuchen wie sie will, sie wird es nicht hinbekommen. Sie können es ihr natürlich auch noch 2- oder 3-mal vormachen, und sie wird richtig in Verzweiflung geraten.

Hier ein weiterer Baustein, mit dem der Frauenflüsterer von der Frau als unterhaltsam, humorvoll und interessant wahrgenommen wird. Dieser Baustein schließt gleichzeitig die in jeder Frau vorhandene Neugier, mehr über sich selbst zu erfahren, mit ein: Die Erdbeerfeld-Routine.

Frauen-Flüsterer: *Ich kann dir etwas über dich sagen, was du wahrscheinlich selbst nicht weißt. Willst du es wissen?*
Sie: *Ja!*
Frauen-Flüsterer: *O.K., dann schließ deine Augen und konzentrier dich. (Pause) Jetzt stell dir vor, du stehst vor ei-*

*nem riesigen Erdbeerfeld. Vor dir sind überall Erdbeeren. Siehst du sie?*
Sie: *Ja, ich sehe die Erdbeeren.*
Frauen-Flüsterer: *Du musst dich darauf konzentrieren, so dass es fast real ist. Jetzt stelle ich dir drei Fragen, die du umgehend, ohne nachzudenken, beantworten musst. Um das Feld ist ein Zaun. Du steigst drüber. Wie hoch ist der Zaun?*
Sie: *Halb so hoch wie ich.*
Frauen-Flüsterer: *Du kannst so viele Erdbeeren essen wie du willst. Wie viele nimmst du dir?*
Sie: *Ich esse zwei volle Hände*
Frauen-Flüsterer: *Plötzlich kommt der Bauer, dem das Feld gehört. Was sagst du ihm?*
Sie: *Das ist mir peinlich, aber ich konnte nicht anders, es ist einfach passiert.*

Jetzt kommt ein wichtiges Merkmal, das einen Frauen-Flüsterer von einem «Small-Talker» unterscheidet. Man kann diese Erdbeerfeld-Routine unterschiedlich auswerten.

Die meisten Männer haben beim Spiel des Verführens nicht den Mut sexuell zu werden. Sie bleiben der «guterzogene Junge», der so tut, als ob er nur ein unverbindliches, nettes Gespräch führen will. Sie verstecken ihr sexuelles Interesse. Der Frauen-Flüsterer hingegen regt schon frühzeitig die sexuelle Fantasie der Frau an, er dokumentiert, dass er ein sexuelles Wesen ist, das er die Frau als mehr als nur ein Small-Talk Objekt wahrnimmt.

Hier die Interpretation der 3 Antworten, die ein «harmloser» Small-Talker machen würde:

Wie hoch ist der Zaun? Du hast gesagt: «Halb so hoch wie ich». Das sind die Hindernisse, die du im Moment in deinem Leben hast.

Wie viel Erdbeeren isst du? Du hast gesagt: «Ich esse zwei volle Hände» Das ist das, was du dir im Leben zutraust.

Was sagst du, als der Bauer kommt? Du hast gesagt: «Das ist mir peinlich, aber ich konnte nicht anders, es ist einfach passiert» Das ist, wie unabhängig du dich gegenüber gesellschaftlichen Regeln fühlst.

Auch diese Interpretation ist schon nicht schlecht, denn Frauen lieben es, etwas über sich selbst zu erfahren. Aber es geht natürlich besser. Der Frauen-Flüsterer macht eine andere Interpretation:

Wie hoch ist der Zaun? Das bedeutet: Wie leicht bist du zu verführen? Du hast gesagt: «Halb so hoch wie ich. Oh la la!»

Wie viel Erdbeeren isst du? Das ist dein sexueller Appetit. Du hast gesagt: «Ich esse zwei volle Hände. Das lässt tief blicken!»

Was denkst du, als der Bauern kommt? Das bedeutet: Wie rechtfertigst du einen One-Night-Stand vor dir selber. Du hast gesagt: «Das ist mir peinlich, aber ich konnte nicht anders, es ist einfach passiert. Wow!»

Der Frauen-Flüsterer qualifiziert sie danach noch: «Du hast ein gesundes Verhältnis zur Sexualität. Das finde ich cool.»

Frauen lieben das Mystische, das Unerklärliche. Deshalb ist es so wirksam, wenn man etwas über sie wahrsagen kann. Sie glauben auch gerne an magische Fähigkeiten. Ein Spiel, das diesen Aspekt mit abdeckt, geht folgendermaßen.

Sie nehmen drei Gegenstände, die Sie auf dem Tisch greifen können. Zum Beispiel ein Feuerzeug, eine Zigarette, einen Kaffeelöffel. Legen Sie die drei Gegenstände vor ihr in einer Linie hin. Jetzt sagen Sie ihr: «Ich kann wahrscheinlich voraussagen, welche der drei Gegenstände du aussuchen wirst.» Jetzt nehmen Sie ein Stück Papier, schreiben verdeckt darauf «Kaffeelöffel», falten das Papier und legen es rechts neben sich. «Hier auf das Papier hab ich drauf geschrieben, welchen Gegenstand du auswählen wirst. Jetzt such' dir mal zwei von diesen Gegenständen aus!» Das Mädchen deutet auf Zigarette und Kaffeelöffel. Sie nehmen das Feuerzeug auf die Seite und sagen: «Also Zigarette und Kaffeelöffel! Das Feuerzeug hier scheidet aus.» Jetzt sagen Sie: «Jetzt deute mal auf eines der beiden, Zigarette oder Kaffeelöffel!» Das Mädchen deutet auf die Zigarette. Sie nehmen die Zigarette weg und kommentieren: «Die Zigarette scheidet also aus – der Kaffeelöffel bleibt übrig. Das wusste ich.» Sie nehmen den Zettel, entfalten ihn und zeigen ihr das vorher geschriebene Wort «Kaffeelöffel». Sie wird Sie verblüfft anschauen: «Wow! Woher wusstest du das?»

Dieses Spiel sieht magisch aus, ist es aber nicht. Denn es spielt mit der *Interpretation* einer Handlung. Wenn das Mädchen auf zwei Gegenstände deutet, dann ist bis dahin noch nicht klar, ob das die *ausgewählten* Gegenstände sind, oder die Gegenstände, die *wegfallen*. *Was* die Handlung bedeutet, sage ich ihr erst *danach*. Und auf diese Weise kann ich nie verlieren.

Nehmen wir an, sie hätte als erstes die beiden Gegenstände Feuerzeug und Zigarette ausgesucht. Dann hätte ich diese Handlung folgendermaßen kommentiert: «Also Zigarette und Feuerzeug *fallen weg*, der Kaffeelöffel bleibt übrig! Siehst du, das wusste ich. Hier auf dem Zettel steht es!» Mit dem ersten Versuch hätte ich bereits gewonnen.

Das heißt, wenn die beiden ausgewählten zwei Gegenständen zufällig *nicht* mein Objekt sind, kommentierte ich: «Die beiden fallen also weg!» und mein Objekt ist sofort «erraten». Wenn aber unter den beiden gewählten Gegenständen der Kaffeelöffel *dabei* ist, kommentiere ich anders: «Die beiden also *suchst du aus*!» Dann lasse ich Kaffeelöffel und Feuerzeug vor ihr liegen und räume die Zigarette aus dem Blickfeld. «Zigarette scheidet also aus!». Als nächstes sage ich ihr: «Wähle jetzt einen Gegenstand zwischen Kaffeelöffel und Feuerzeug.» Deutet sie auf das Feuerzeug sage ich: «Also Feuerzeug scheidet aus. Ich wusste, dass der Kaffeelöffel *übrig bleibt.*» Hätte sie den Kaffeelöffel ausgesucht, hätte ich kommentiert: «Ich wusste, dass du den Kaffeelöffel *aussuchst*».

Hier ein Spiel, das noch faszinierender ankommt, wenn es klappt. Es muss allerdings sowohl sprachlich als auch körpersprachlich sauber koordiniert sein. Kleinste Fehler bringen es zum Scheitern.

Sie kennen vielleicht das Spiel, bei dem sich jemand schnell eine Blume, ein Musikinstrument und ein Werkzeug aussuchen muss. Das, was die meisten Menschen wählen ist: Rose, Klavier und Hammer. Wenn Sie die drei Worte vorher auf einen Zettel geschrieben haben, dann wirken Sie schon mal cool. Allerdings kennen viele dieses Spiel. Und dann können Sie damit keinen Blumentopf mehr gewinnen.

Das nachfolgende Spiel kennt jedoch fast niemand, aber es spielt mit demselben Grundphänomen. Das Grundphänomen ist … Stress. Wenn Sie unter Stress sind, ist Ihre Kreativität stark eingeschränkt und Sie greifen in Ihrem Hirn auf kulturell geprägte Standardelemente als erstes zu. Wenn Sie entspannt sind und Sie können überlegen, dann haben Sie hirntechnisch eine größere Variationsbreite zur Auswahl. Genauso wie beim Rose, Klavier, Hammer-Spiel sind Sie auch bei diesem Spiel umso erfolgreicher, je mehr Sie die andere Person in einem gefühlten Stress versetzen.

Ich sage dem Mädchen folgendes: «Ich bin ein Mensch, der kann sich auf seine Intuition oft verlassen. Manchmal spüre ich die Energie von anderen Menschen ganz gut. Ich will das mal mit dir versuchen, O.K.?» Natürlich sagt sie Ja. «Pass auf! Ich werde dir gleich jetzt einen Zahlenbereich geben und du suchst dir ganz schnell und spontan irgendeine Zahl in diesem Zahlenbereich aus. Du darfst sie mir aber *nicht* sagen, nur denken!»

Nachfolgend geht es jetzt darum, sie möglichst in künstlichen Stress zu versetzen. Deshalb bauen Sie sich vor ihr auf und halten eine bedrohlichere Nähe. «Also, du darfst die Zahl dann auf *keinen Fall* sprechen, nur denken! Verstanden?» Sie: «Ja». Was jetzt kommt, dient weiter dazu, Stress bei ihr zu erzeugen. «Gut aufpassen! Ich sage dir jetzt den Zahlenbereich und du suchst dir ganz schnell eine Zahl aus, die du aber nicht sagen darfst, nur denken. Auf keinen Fall etwas falsch machen! Also hier ist der Zahlenbereich:» Jetzt kommt es gleich darauf an, dass das letzte Wort «Schnell!» unmittelbar, ohne jegliche Pause, laut herausgepresst wird. So fahren Sie weiter: «Denk dir eine Zahl, zwischen … (eine Pause von drei Sekunden einlegen) EinsUndZehnSCHNELL!!» Der letzten Worte sind bewusst als ein Wort geschrieben, denn so sollen sie auch gesprochen werden: Ohne Unterbrechung und in rasend großer Geschwindigkeit. Das Wort SCHNELL sprechen Sie lauter als den Rest. Dabei gehen Sie mit beiden Händen ruckartig auf sie zu. (Alles das ist stresserzeugend)

Jetzt fahren Sie weiter: «Hast du die Zahl? Sag sie mir nicht, nur denken!» Jetzt tun Sie so, als ob Sie die Zahl erfühlen würden. «Jetzt wiederhole die Zahl in Gedanken immer wieder, immer wieder … hast du?». Sie lassen sie es tun und machen ein sensitives Gesicht dabei. «Jetzt denke die Zahl lauter, und noch lauter … schrei die Zahl in Gedanken.» Lassen Sie sie es tun. Dann machen Sie eine Handbewegung und sagen «Stopp», setzen eine geheimnisvolle Mine auf und sagen: «Deine Zahl war die (kleine Pause) Sieben!»

Versuchen Sie es einmal selbst, in der Hälfte der Fälle suchen die Menschen die Sieben aus. Die Chance ist Halbe/Halbe für einen Treffer, aber rein statistisch ist es eins zu zehn. 50% der Frauen verblüffen Sie damit kolossal und werden zum entrückten «Mind-Reader».

Dass das funktioniert, hat mit unserer kulturellen Prägung zu tun. Unter Stress fallen uns nur stereotype, gängige Elemente ein. Und das ist im Fall der Zahlen die Sieben.

Wenn Sie solche Spiele und Zaubertricks vorführen, müssen Sie aber darauf achten, dass Sie das nicht ausschließlich machen. Schieben Sie solche Spielchen mal zwischendurch ein, aber ein Hobbyzauberer, der 15 solcher Dinge hintereinander aufführt oder den ganzen Abend mit solchen Tricks füllt, geht auch ungeküsst nach Hause.

## Den Raum als Schachspiel nutzen

Wenn Sie in einen Club oder in eine Bar kommen, dann müssen Sie wissen, dass Frauen Sie sehr schnell registrieren. Frauen in Bars und Clubs schauen nicht direkt, sie schauen aus dem Augenwinkel. Sie als Mann denken, niemand schaut, aber in Wahrheit nehmen die Frauen Sie trotzdem wahr. Der Blickwinkel eines Mannes ist in einer bestimmten Winkelöffnung begrenzt. Wenn er etwas wahrnehmen will, das direkt rechts oder links neben ihm passiert, muss er entweder seinen Kopf oder zumindest seine Augen verdrehen. Frauen müssen das nicht zwingend. Ihr Blickwinkel ist viel breiter – fast 180 Grad. Ich habe in meinem Seminar «Verführung» mit meiner Assistentin einen Versuch gemacht. Wir stellten einen männlichen Teilnehmer im Raum auf mit der Anweisung, seinen Blick nur geradeaus zu richten. Ich stellte mich rechts daneben, hielt meine Hand senkrecht nach unten und zeigte eine gewisse Anzahl von Fingern. Der Mann sollte erraten, wie viele Finger ich ausgestreckt hatte. Er schaffte es nicht. Dann machte ich dasselbe Experiment mit meiner Assistentin. Sie konnte ohne Probleme, ohne die Augen zu verdrehen, jeweils die korrekte Anzahl der Finger sagen. Frauen sind von der Evolution her dafür gemacht, einen viel größeren Radius unbemerkt wahrnehmen zu können als Männer.

Deshalb ist es gut, gleich, wenn man in einen Club kommt, eine gewisse Art von Verhalten zu zeigen, in der Gewissheit, dass Frauen das registrieren werden. Wie ich schon in meinen vorhergehenden Kapiteln erwähnt habe, ist es prinzipiell gut, gleich mit einer Frau oder sogar zwei Frauen im Arm im Club zu erscheinen. Weil das aber nicht immer möglich ist, gibt es eine klare Strategie, wie man innerhalb kürzester Zeit seinen sozialen Status im Club aufbauen kann.

Wenn Sie mit einem Kumpel (Wing) auftauchen, so ist es ratsam, nicht gleich suchend und schauend im Club umherzulaufen, sondern erst einmal, ohne sich neugierig umzudrehen, sich nur wechselseitig *aufeinander* zu fokussieren und sich zu unterhalten. Sie sollten Ihrem Wing immer mehr Aufmerksamkeit geben als jeder potentiellen externen Beute. Das macht Sie für die Anwesenden im Raum attraktiver.

Achten Sie auf ruhige, besonnene Bewegungen.

Sie sollten mit Ihrem Wing demonstrativ viel Spaß haben. Das heißt, Sie beide sollen sich nicht wie zwei einsame Wölfe an ihren Getränken festhalten und sich schweigend im Club umschauen. Das wirkt unattraktiv. Sie sollten extrovertiert und spaßvoll miteinander umgehen, auf der Tanzfläche wilde Spaß-Pirouetten machen, viel lachen, laut sein, sich immer wieder anschauen und High Five machen. Wenn Sie dokumentieren, dass Sie untereinander schon viel Spaß haben, dann assoziieren auch andere Spaß mit Ihnen.

Wichtig ist es, dass Sie im Raum als sozial verträglicher, umgänglicher Typ wahrgenommen werden, der es mit vielen kann. Das gilt, wenn Sie in einer Gruppe auftreten, aber auch, wenn Sie allein im Club sind.

Der ganze Raum ist ein Schachbrett. Dort sind Frauen, dort sind aber auch Männer. Männer gehören genauso zum Schachspiel dazu. Ideal ist es natürlich, mit möglichst vielen Frauen zu reden, aber weil man erst einmal warm werden will und sein strategisches Spiel erst aufbauen muss, sollten Sie zusehen, dass Sie auch mit Männern umgänglich sind. Die einfachste Art ist, auf eine Gruppe zuzugehen und mit ihnen einfach zu prosten. Dann machen Sie einen kleinen Smalltalk «Wo seid Ihr denn her?» «Habt ihr die schönen Frauen hier schon gesehen?» usw. und dann verabschieden Sie sich von Ihren neuen «Freunden» mit einer gut sichtbaren High Five Geste. Das registrieren andere Männer, das registrieren aber natürlich auch Frauen. Wer der «Führer» von Männern ist, führt auch Frauen (zu sich). Männer wollen genauso gerne etwas erleben und sind froh, wenn sich ein Gespräch mit einem coolen, zugänglichen Typen ergibt. Jetzt gehen Sie zur nächsten Gruppe (oder zu einem Einzelnen) und prosten denen wieder zu, flachsen mit denen ein bisschen herum, oder machen gleich High Five mit ihnen. Dass hebt Ihre eigene Energie, das hebt auch die Energie der einzelnen Gruppen und das macht Sie innerhalb kürzester Zeit zu einem Zentrum der Aufmerksamkeit.

Ich war einmal in London im «Tiger Tiger» Club und hatte mir den Raum durch lockere Gespräche mit Männern langsam aufgebaut. An einer Gruppe machte ich ein kurzes Schwätzchen, Cheers und dann wieder weiter, bei der nächsten Gruppe wieder ein kurzes Schwätzchen, Cheers und weiter. Dann fing ich mit High Fives an. High Five hier, High Five da. Am Ende war es dann so, dass ich durch den Club gelaufen bin und im vorauseilenden Gehorsam praktisch jedermann High Five mit mir machte. So etwas macht Sie innerhalb kürzester Zeit zum stark beäugten Party-Magneten.

Hier ein weiterer Trick, um sozialen Status im Raum aufzubauen. Laufen Sie durch den Club, schauen Sie über die Menge hinweg auf eine Menschengruppe, dort erkennen Sie ein bekanntes Gesicht, lächeln Sie breit und freudig, winken ihm zu, nehmen den Blick wieder weg und laufen mit leichtem Lächeln weiter. Bis die anderen Club-Besucher sich umgedreht haben, um zu schauen, wem Sie da gewinkt haben, hat sich das Szenario schon wieder verändert. Ob da wirklich jemand aus dieser Ecke zurück gewinkt hat, lässt sich nicht mehr feststellen. Aber man registriert: Oh, der kennt hier anscheinend einige Leute.

Zusammenfassend lautet die Grundphilosophie für Sie: Bevor Sie alleine einsam irgendwo rumstehen, «warm-uppen» Sie sich lieber mit Männern und bauen sich dadurch gleichzeitig als ein attraktiver «Party Löwe» auf.

Natürlich sind aber Ihr Hauptziel die Frauen. Deswegen fangen Sie natürlich möglichst früh an, mit Frauengruppen oder einzelnen Frauen zu reden. Ihre Strategie ist die folgende: Wenn Sie in den Club gehen, öffnen Sie, genauso wie Sie es bei Männern gemacht haben, möglichst viele Frauen oder Frauengruppen. Machen Sie einen kurzen Smalltalk, stellen sich vor «Hi ich bin der Matthias», und dann verlassen Sie aber wieder die Gruppe. So bauen Sie Ihren sozialen Status im Club auf. Jetzt können Sie nach einer Zeit wieder zu den Frauen zurückgehen, mit denen Sie vorher schon geredet haben. Der Vorteil ist, dass das erstens von vielen registriert wird und zweitens das Schutzschild bei den Frauen unten ist, denn sie kennen Sie ja bereits. Und plötzlich haben Sie neue «Freunde» im Club.

Dass diese Strategie funktioniert, habe ich ziemlich früh in meiner Pick-Up Karriere in London erfahren. Ich war mit meinem Coach Richard Macilwaine im China White Club. Das war im Januar. Januar ist die Zeit, in der ich üblicherweise immer einen alkoholfreien Monat einhalte. Ich war also stocknüchtern. Aber Richard und ich zelebrierten dieses demonstrative «Spaß-haben», reden mit Hinz und Kunz, exzessives Tanzen auf der Tanzfläche, zuprosten und mit jedermann gut-Freund-sein. Richard flirtete mit mehr Mädchen als ich, aber trotzdem hatten wir einen phänomenalen Status im Club aufgebaut, wie ich erst später erfahren sollte.

Irgendwann sagte er mir: Hör zu, es ist 3:15 Uhr, der Club schließt um 4 Uhr. Jetzt fangen die Leute an nach Haus zu gehen, es werden immer weniger gute Frauen im Club. Jetzt machst du folgendes. Du gehst jetzt zu jeder Frau, der du begegnest, und sagst diesen Spruch: «I am not the kind of guy who is used to wasting time – do you consider having Sex with me?»

Ich wollte in die Hose machen vor Angst. Aber er sagte: «Nein, du gehst jetzt!» Was ich damals wie heute sehr gut kann, ist, so ein offenes Lächeln aufzusetzen. Dann kommt noch eine zweite wichtige Sache hinzu, das ist die Körpersprache. Auch hier gibt es einen Trick, wie man rein über die Handhaltung das Schutzschild der Frau nach unten drücken kann. Also ging ich zur ersten Frau, die mir entgegenkam, und sagte mit meinem Lächeln und den offenen Händen einfach diesen Spruch. Sie schaute mich an, lächelte zurück … ging aber weiter. Bei der nächsten, die des Weges kam, sagte ich genau dasselbe: «I am not the kind of guy who is used to wasting time – do you consider having Sex with me?» Sie schaute mich an und sagte: «What's your name?» Drei Minuten später stand ich wild knutschend in einer Ecke des Clubs und griff ihr unter die Bluse.

Mir war an diesem Abend bewusst geworden, wie wichtig es ist, seinen sozialen Status im Club aufzubauen. Durch unser Verhalten haben wir den Abend über eine so hohe attraktive Energie aufgebaut, dass dieser Spruch am Ende überhaupt erst funktionieren konnte.

Hier die Zusammenfassung, wie Sie schnell einen sozialen Status im Raum aufbauen.

Wenn Sie sich erst noch Ihren Laune hocharbeiten müssen, sprechen Sie zuerst auch Typen an. Flachsen Sie mit denen rum, reden Sie über Frauen, Job und Fußball. Prosten Sie so vielen Menschen wie möglich zu, machen Sie so viel High-Five wie möglich. Sprechen Sie so viele Frauen wie möglich kurz an. Haben Sie demonstrativ so viel Spaß wie möglich. Dann kommen Sie zu den Frauen mit einem höheren sozialen Status zurück.

## Der Fotoapparat

Es gibt eine wunderbar herrliche Möglichkeit, einen Anlass zu erschaffen, mit einer Frau oder Frauengruppe ins Gespräch zu kommen. Diese Methode funktioniert, wenn Sie allein sargen, diese Methode funktioniert auch, wenn Sie mit einem Wing unterwegs sind.

Sie nehmen Ihr Handy heraus, gehen auf das Objekt Ihrer Begierde zu (angenommen zwei Mädchen) und sagen: «Sorry, ihr seht aus als ob ihr Talent habt! Könntet ihr mal ein Foto von uns beiden machen? Aber so, dass man auch schön den Kölner Dom im Hintergrund sieht.» Niemand wird auf so ein Ansinnen erst mal mit Ablehnung reagieren. Jetzt geht es für den Frauenflüsterer nur darum, langsam in ein normales Gespräch überzuleiten. Während die beiden das Handy (oder den Fotoapparat) in der richtigen Richtung halten und den Auslöseknopf suchen, rufen Sie ihnen zu: «Aber achte bitte drauf, dass ich besser aussehe als mein Freund Oskar hier. Ha Ha. Seid ihr auch Touristen oder seid ihr aus Köln?»

Wenn das Mädchen dann abgedrückt hat, lässt der Frauenflüsterer unter den Augen der Mädchen die Fotos Revue passieren und qualifiziert: «Wow! Ich habe dir gleich angesehen, dass du Talent hast. Bist Du Fotografin?» Die beiden: «Bla bla, kicher, kicher» Frauenflüsterer: «Was seid ihr denn für welche? Was macht ihr heute noch hier in Köln?»

Jetzt lassen Sie das Gespräch in einen normalen Smalltalk übergehen, wo natürlich folgende Passage nicht fehlen darf: «Ich bin übrigens der Matthias, hier mein Freund heißt Oskar …»

Und dann, wenn eine gewisse Nähe entstanden ist, können Sie zu folgendem Coup überleiten. «Ihr zwei seid sympathisch. Komm, wir machen mal ein Foto von Oskar mit euch beiden. Stellt euch mal hin!» Die drei gruppieren sich jetzt, aber Sie dirigieren: «Nein, enger zusammen. Kommt enger an sein Gesicht … Ja, genau so!» Klick, klick. Dann sagen Sie: «Jetzt machen wir doch ein Foto von uns allen.» Der Frauenflüsterer läuft auf einen Passanten zu: «Wären Sie mal so nett und würden ein Foto von uns vieren hier machen?» Und schon stellt er sich mitten in die Gruppe mit seinem Kumpel und nimmt die beiden Mädchen um die Schulter.

Wenn das vorüber ist, schaut er mit den Mädchen die Fotos an, die natürlich neugierig sind, sich selber zu sehen. Dann er wieder: «Oh, die sind ja schön geworden. Die stellen wir auf Facebook. Gebt mal eure Facebook Namen, wir sagen euch dann Bescheid, wenn die Fotos online sind.»

Auf diese Art und Weise haben Sie nicht nur zwei Ihr Renommee steigernde Fotos mit Frauen auf Facebook, sondern gleichzeitig deren Adressdaten und auch noch zwei Mädchen mehr in Ihrer Facebook Freundesliste. Dauer der Geschichte: Nicht mehr als fünf Minuten.

Der Fotoapparat ist ein Instrument, das man auch in anderer Umgebung einsetzen kann. Wenn Sie in einem Club sind, dann funktioniert das oben beschriebene Prinzip genauso und sogar noch besser. Hier haben Sie noch den zusätzlichen Vorteil, dass Sie dadurch Ihren sozialen Status im Raum enorm aufbauen. Denn so eine Aktion wird von sehr vielen in der Umgebung registriert. Wenn dann zusätzlich noch das Blitzlicht angeschaltet ist, nimmt praktisch der ganze Club davon Notiz. Wer ist der Typ, der da mit zwei Mädchen im Arm fotografiert wird?

Ich war eines Tages in München, um dort ein Rhetorik-Seminar zu halten. Am Vorabend des Seminars ging ich allein auf Tour, es war ein Freitag. Der Club hieß Null-Acht-Neun. Es war zu einer Uhrzeit, wo die Musik noch nicht auf vollen Touren lief und auch noch niemand auf der Tanzfläche tanzte. Zunächst machte ich meine Warmups im Vorraum. drei bis vier Mädchen oder Mädchengruppen, um meine Laune zu heben. Ich kam in den Hauptraum, wo zu so früher Stunde noch niemand tanzte. Auf der Tanzfläche standen allerdings zwei Gruppen von Mädchen jeweils im Kreis. Ich stand an der Bar und unterhielt mich mit einem Typen (Sie erinnern sich: Lieber mit Männern reden als allein zu stehen). Plötzlich sah ich, wie eines der Mädchen einen Fotoapparat herausnahm, um vom Rest der Mädchengruppe Fotos zu machen. Ich erkannte sofort meine Gelegenheit! Ich ließ den Typen stehen und lief auf die Mädchengruppe zu: «Hallo, ihr Süßen, kommt mal zusammen, damit ihr alle auf *einem* Foto seid!» Ich gruppierte sie alle zusammen, dirigierte sie auch mal in unmögliche Positionen, Ha Ha, flachste mit ihnen herum und sagte dann irgendwann: «So jetzt machen wir mal ein Foto mit uns allen zusammen!» Es waren vier Mädchen. Jetzt ging ich auf die zweite Mädchengruppe zu und sagte zu einer von ihnen: «Komm, mach bitte mal ein Foto von mir und meinen Freundinnen!» Jetzt stand ich im Zentrum von vier Mädchen, die ich, soweit mir möglich war, umarmte, und ein anderes Mädchen machte ein Foto von uns. Und das Ganze mit Blitzlicht und auf einer von überall einsehbaren zentralen Tanzfläche. Dann sagte plötzlich eine andere aus der Gruppe: «Ich will auch ein Foto haben. Mach noch mal ein Bild mit *meiner* Kamera.» Und ICH stand wieder mitten drin. Die Nachbar-Mädchengruppe hatte irgendwie auch Appetit bekommen, und eine von ihnen zog ihren Fotoapparat heraus und sagte mir: «Kannst du auch mal ein Foto von uns machen?» Ich wandte mich von der einen Gruppe ab, machte zunächst ein Foto von den drei Mädchen, um dann haargenau das gleiche Spiel wie bei der anderen

Gruppe zu spielen: Ich, im Zentrum von drei Mädchen, werde mehrfach mit Blitzlicht fotografiert. Ich flachste mit der zweiten Gruppe noch ein bisschen herum, nahm die Facebook Namen von ihnen in mein Handy und ging dann irgendwann wieder zurück zu dem Typen an der Bar. Plötzlich spürte ich ein Tippen auf meiner Schulter. Ich drehte mich um, und da stand ein Bursche vor mir. Er sagte mir: «Darf ich dich zu einem Drink einladen? Ich hab dich die ganze Zeit beobachtet. Wer bist du? Wie machst du das?»

Mit ein bisschen Mut und dem Wissen um die Magie eines Fotoapparats war ich innerhalb einer Viertelstunde zum Hauptpreis des ganzen Clubs geworden.

Ich war bei einem Freund in Kärnten zu einer Privatparty zum Jahresende eingeladen. Die Party fand statt im schlossähnlichen Hotel Leonstain, das in der Wintersaison immer geschlossen hat. Mein Freund hatte dort die Räumlichkeiten angemietet. Es mögen so gegen 80 Leute anwesend gewesen sein. Ich war mit meiner Freundin dort. Ich erzähle Ihnen die Geschichte nicht nur, damit Sie sehen können, was Fotoapparate auslösen können, sondern um zu zeigen, wie man die Energie des ganzen Raumes sexualisieren kann.

Meine Freundin ist hübsch, bisexuell, und auf der Skala der Eifersucht von 0 bis 10, rangiert sie auf Minus 10. (das heißt: Das *Gegenteil* von Eifersucht! Doch, so etwas gibt es.)

Mit ein bisschen Alkohol im Blut und mit heftigem Flirten an jeder Ecke begann meine Freundin, mich mit anderen Frauen zu fotografieren. Ich jeweils im Zentrum mit drei, vier, fünf Frauen links und rechts. Sie brachte andere Mädchen dazu und machte Fotos, Fotos. Das hatte irgendwann den Effekt, dass Frauen von sich aus zu den Gruppen dazu stoßen wollten. Dieses «Foto-machen» war nur *ein* Aspekt, um den sozialen Status im Raum aufzubauen. Der zweite Aspekt war meine Freundin. Hübsch und lieblich wie sie ist, war sie auch Attraktionsobjekt für andere Frauen. Frauen lieben es in der Umgebung von anderen hübschen Frauen zu sein. Zwei Drittel aller Frauen sind bisexuell veranlagt und fallen um, «wenn sich die Gelegenheit ergibt». Jetzt ergab sich, dass meine Freundin ein Mädchen in irgendeiner Ecke knutschte. Natürlich wurde das von fast allen im Raum registriert. Dann, ein paar Minuten später, war es ein anderes Mädchen, das sie auch knutschte. Dieses Phänomen war irgendwie ansteckend. Plötzlich war es im Raum erlaubt, zu knutschen. Auch für die Männer wurde es plötzlich leichter, eine Frau zum Küssen zu bringen. Das ist ein interessantes Phänomen. Sie können eine sexuelle Energie in den Raum pflanzen: Frauen beobachten, dass hier irgendwie geknutscht wird, und das löst bei ihnen auf der unterbewussten Ebene Neidgefühle und dasselbe Bedürfnis aus. «Ich will auch!»

Deswegen ist es für Sie, wenn Sie eine Party veranstalten (oder auf einer Party eingeladen sind), sehr wohl möglich, über zwei bewusst instruierte Strohfrauen beziehungsweise Strohmänner praktisch für alle im Raum «die Erlaubnis» zu erteilen, dass hier geknutscht wird (und wo geknutscht wird, ist auch der Schritt zum Sex nicht mehr weit). So etwas kann man inszenieren. Auch Frauen, die sonst von sich behaupten «anständig» zu sein, lassen sich plötzlich ruckartig anstecken. [8]

Ich und meine Freundin hatten inzwischen einen gigantischen sozialen Status im Raum aufgebaut. So, dass wir kurz nach Mitternacht nur noch zur Tat schreiten mussten. Wir sprachen uns kurz ab, wer das hübscheste Mädchen im Raum war, und hatten, wie zu erwarten, dasselbe Zielobjekt im Kopf. Eine 19 jährige Schönheit mit arabischen Wurzeln. Wir orderten eine Flasche Prosecco und gingen

8 Schauen Sie sich einmal Videos auf YouTube vom «Springbreak in Cancun» an, dann wissen Sie, was ich meine.

zusammen auf sie zu. «Amanda, wir haben ein Zimmer hier im Schloss oben. Das ist so was von romantisch! Das musst du unbedingt sehen. Komm, das zeigen wir dir. Wir trinken kurz oben ein Glas Prosecco und kommen dann gleich wieder zurück».

Natürlich wusste sie, was kommen würde. Es ist wichtig, dass der Frauenflüsterer immer eine scheinbare Erklärung für den Verstand der Frau liefern kann. «Wir wollen dir das romantische Zimmer zeigen» reicht. Auch die Aussage, dass wir «gleich wieder zurück» sind, gehört mit zur Taktik dazu. Oben im Zimmer angekommen machte ich erst mal die Lichter aus und meine Freundin zündete Kerzen an. Wir stießen zusammen mit Prosecco an und Ruckzuck waren wir auf dem Bett in einer wilden Knutscherei verbandelt. Ich schob den Mädchen ihre Shirts über den Kopf. Dann gab ich Ihnen die Anweisung, dass sie sich wechselseitig weiter ausziehen sollten. Wenn man mit zwei Frauen einen Dreier haben will, muss man Anleitung geben. Frauen untereinander sind es von ihrer Rolle her nicht gewohnt, die Initiative zu ergreifen. Alleine trauen sie sich meistens nicht aktiv zu werden, deswegen muss man ihnen sagen, was sie miteinander tun sollen. Ich sagte meiner Freundin, sie solle sich über Amanda beugen und ihr ihre Brüste zum Küssen geben. Brav gehorchten sie. Als die beiden keine Höschen mehr anhatten legte ich mich auf den Rücken, zog die 19-Jährige zu mir und küsste sie. Sie kniete auf dem Bett, Ihren Po streckte sie appetitlich nach hinten in den Raum. Meine Freundin war hinter ihr. Ich sagte meiner Freundin: «Siehst du Amandas Po?». Sie sagte «Ja, er ist schön.» Ich: «leck sie für mich feucht!» Gehorsam erledigte meine Freundin die ihr zugetragene Aufgabe. Dann sagte ich ihr: «Jetzt führe meinen Stab in ihren Köcher ein.» Sie nahm mein bestes Stück und dirigierte es an Amands pulsierende Öffnung.

Wir alle verschlangen uns ineinander in einer wilden Orgie.

## Wie die Telefonnummer bekommen

Die meisten Männer, wenn sie Frauen nach der Telefonnummer fragen, begehen einige Fehler.

Der erste Fehler ist, danach zu *fragen*.

«Dürfte ich deine Telefonnummer haben?»

Das klingt zu unterwürfig, zu unmännlich und zu wenig dominant. Wer nach der Telefonnummer *fragt*, der hat Zweifel, ob er sie bekommen kann. Und das zweite Problem ist: Wenn man eine Frage stellt, kann auch eine negative Antwort kommen. Es ist eine Basisfähigkeit des Pickup Artist, dass er nicht fragt, sondern einfach tut. Er fragt nicht, wenn er sie anspricht «darf ich dich stören?» er fragt nicht: «Macht es dir was aus, wenn ich vor dir gehe?» er fragt nicht: «Wo sollen wir hingehen?»

Der Flirtprofi hat keine Zweifel, der bestimmt einfach, so auch bei der Telefonnummer: «Pass auf, ich rufe dich an, wenn wir mit unserer Clique wieder auf Tour sind. Du kannst dann einfach dazu stoßen.» Jetzt holte er sein Handy heraus, reicht es ihr rüber und sagt: «Hier, tipp mal deine Nummer ein!»

Der zweite Fehler, den die Männer typischerweise begehen, ist, dass sie zu schnell nach der Telefonnummer fragen. Wenn Sie nur ein fünf Minuten dauerndes Gespräch hatten, dann können Sie zwar nach der Telefonnummer fragen, aber die Chance, dass diese Telefonnummer einen Wert hat, ist klein.

Die Telefonnummer ist nur dann wertvoll, wenn auch *sie* Fragen gestellt hat, wenn man zusammen von etwas gesprochen hat, das man zusammen machen könnte, wenn man häufige Location Wechsel gemacht hat, wenn genügend Zeit miteinander verbracht wurde, wenn auch *sie* sich offensichtlich wohl fühlte.

Ein weiterer Fehler ist, dass der Mann selber die Telefonnummer eintippt. Sie diktiert, er tippt. Das ist taktisch unklug. Denn die Frau investiert nichts. Jedes Mal, wenn die Frau etwas in die Interaktion investiert, will sie auf der unterbewussten Ebene, dass diese Investition nicht umsonst gewesen ist. Wenn *sie* die Telefonnummer eintippt, hat sie bereits aktiv eine Handlung im Zusammenhang mit Ihnen vollbracht. Jedes Mal, wenn man die Frau dazu bringt, aktiv eine Handlung zu erbringen, ist die Chance, dass sie etwas Weiteres in die «Beziehung» investiert, größer geworden.

Ein weiterer Fehler, den die Männer machen, ist, die Telefonnummer aus dem Zusammenhang gerissen abzufragen. Es ist taktisch viel besser, die Telefonnummer in ein Gesamtpaket einzuschnüren. Frauen sind emotionale Wesen. Sobald sie in ihren Verstand kommen, sobald sie nachdenken können, kommen sie ins Zögern. Man muss ihnen eine Begründung liefern, damit sie ihr Handeln vor sich selbst rechtfertigen können. Das gilt nicht nur, wenn man sie mit nachhause nehmen will, das gilt auch für die Telefonnummer. Deshalb gibt der Frauenflüsterer immer eine Begründung, warum er die Nummer von ihr nimmt. «Du bist ’ne coole Frau. Ich glaube, mit dir kann man Spaß haben. Lass uns uns mal zum Billard spielen treffen in diesem versteckten Dachschuppen. Hier, tipp mal deine Nummer ein.»

Dieses Vorgehen hat den weiteren Vorteil, dass Sie eine sogenannte «Anlass-Brücke» eingebaut haben (Sie bringen einen Anlass hinein, sich wieder zu treffen und konstruieren eine Brücke zu einem Tag). Wenn Sie eine Begründung und einen Anlass mit der Telefonnummer verquicken, dann ist die Chance, dass sie den Telefonanruf (oder SMS) erwidert, viel größer. Denn Sie haben mit der Telefonnummer einen konkreten Anlass, sich wieder zu treffen, verbunden. In dem vorhergehenden Beispiel hat der Frauenflüsterer offensichtlich vorher mit ihr über Billard geredet. Und jetzt, bei der Abfrage, gibt er eine Qualifikation/Begründung «du bist 'ne coole Frau!» Und die Anlass-Brücke «Lass uns uns mal zum Billard spielen treffen in diesem versteckten Dachschuppen.»

Also bauen Sie, wenn Sie die Telefonnummer holen, vorher eine Begründung und eine Anlassbrücke mit ein. Irgendetwas, was vorher im Gespräch schon Thema war.

In Zürich flirtete ich einmal mit einem baltischen Mädchen, das sich für Kunst interessierte. In Zürich gibt es das berühmte Kunsthaus, in dem ich, obwohl ich schon seit Äonen hier lebe, noch nie gewesen bin. Sie kannte es genauso wenig wie ich, wohnte aber in der weiteren Gegend. Ich ging mit ihr in ein Straßencafé, und danach holte ich ihre Telefonnummer, verquickt mit folgender Anlassbrücke. «Lass uns mal zusammen ins Kunsthaus gehen. Unter der Woche habe ich Zeit. Ich könnte nächste Woche Montag oder Mittwoch. Welcher Tag passt am besten für dich?» Sie: «Hm, am Mittwoch könnte ich auch.» Ich: «Hier, tipp mal deine Nummer ein. Ich ruf dich an.» Hier hatte ich nicht nur eine *unbestimmte* Anlassbrücke eingebaut, sondern eine konkrete, das heißt, ich habe gleich ein Date mit konkretem Datum in den Raum gestellt. Das können Sie auch immer tun: Gleich beim Kennenlernen einen konkreten Anlass mit Datum vereinbaren, das ist sogar am erfolgversprechendsten.

Die Begründung hängt immer von dem Gespräch ab, das der Casanova vorher mit ihr geführt hat. So könnte es dann zum Beispiel klingen:

«Wir sind ’ne Gruppe von Freunden, wir kennen einen Club, den kennt sonst niemand. Du kannst ja mal mit ’ner Freundin dazu stoßen. Wir schicken dir eine SMS, wenn wir gehen. Hier tipp mal deine Nummer ein.»

Es ist immer einfacher, eine Nummer zu nehmen, wenn man signalisiert, dass sie nicht als Einzelobjekt, sondern mit einer Freundin kommen kann. Zum einen fühlt sie sich mit einer Freundin sicherer, zum anderen ist es weniger bedrohlich, wenn der Casanova beschreibt, dass er und seine Clique sowieso zu einem «Anlass» gehen und sie nur «dazu stoßen» kann.

Einer der Standards, der fast immer klappt, ist die «Privatparty» Anlass-Brücke.

«Mit einem Freund veranstalte ich zweimal im Jahr immer Themenparties. Legendär! Ich überlege gerade, ob du da reinpassen würdest? Hast du ’ne Freundin, die cool ist?» Sie: «Ja, Evi, die ist wirklich cool!» (Hier kann man gegebenenfalls noch weitere virtuelle Hürden einbauen oder aber gleich sagen) «Ok, dann könnt ihr kommen. Hier tipp’ mal deine Nummer ein, wir melden uns dann.»

Ein weiterer Fehler ist, nach dem Abkassieren der Telefonnummer gleich zu verschwinden. Das ist taktisch nicht klug, denn die Frau denkt oft: «Ah, der wollte nur meine Telefonnummer!» Durch das Stehenbleiben danach wird der Eindruck für das Mädchen, dass eine emotionale Verbindung entstanden ist, verstärkt. Unterhalten Sie sich, nachdem Sie die Telefonnummer abgespeichert haben, noch weitere fünf bis zehn Minuten mit ihr. Dann bekommt die Telefonnummer eine größere Werthaltigkeit.

Jetzt nehmen wir an, die Frau hatte ihre Telefonnummer eintippt. Der Casanova sagt ihr jetzt:

«Nicht abspeichern, lass das mich machen!» Er nimmt das Handy zurück und *er* schreibt ihrem Namen. «N-i-c-o-l-e, ich schreib noch dazu ‹Die Tänzerin››».

Er gibt ihr in ihrer Gegenwart einen Spitznamen, das verstärkt die persönliche Bindung zwischen ihm und ihr. Er zeigt ihr das Handydisplay und fragt «ist das so richtig geschrieben?» Auch das hat wieder taktische Gründe. Sie erkennt ihren Namen inklusive ihrem neuen Spitznamen daneben, das löst Schmunzeln und Freudehormone aus.

Eine Abwandlung, die Nummer zu nehmen, geht so: Während Sie weiter mit ihr reden, holen Sie Ihr Handy raus und schreiben etwas. Dann halten Sie ihr das Handy hin und sagen: «Nicol, ist das richtig geschrieben?» Sie sagt: «Nein, Nicole schreibt sich mit ‹e› am Ende.» Sie korrigieren es und sagen « O.K. so?» Frau: «Ja!» Mann: «Also, jetzt tipp mal deine Nummer ein, ich rufe dich dann an, damit wir mal zusammen zu dieser Ausstellung gehen.»

Bei dieser Variante haben Sie (ohne dass sie mitbekommen hat, was Sie tun) zuerst unbemerkt ihren Namen eingegeben und absichtlich einen Schreibfehler untergebracht. Jetzt ist ihre Aufmerksamkeit auf den Schreibfehler gelenkt. Indem sie den Schreibfehler korrigiert, hat sie damit akzeptiert, dass ihr Name in Ihrem Handy steht. Die Chance, dass sie dann die Telefonnummer wie selbstverständlich nachschiebt, ist sehr hoch.

Der Flirtprofi sagt dann: „Ich gebe dir jetzt einen Anruf in Abwesenheit, dann hast Du auch meine Nummer!“ Jetzt ruft er sie an, während er noch bei ihr steht. Das ist eine wichtige Vorgehensweise aus zwei Gründen. Erstens ist eine Nummer immer viel mehr wert, wenn *sie* im Gegenzug auch die Nummer des Mannes hat. Dadurch hat man sichergestellt, dass sie nach dem Anruf den Namen des Casanovas auch bei *sich* einspeichert. Es ist immer viel besser, wenn zwei Tage später ein Anruf (eine SMS) kommt und es blinkt der Name „Matthias“ auf, als wenn ein Anruf ankommt und auf ihrem Display steht: „Unbekannter Anrufer». Zweitens verhindert er durch so eine Vorgehensweise, dass er eine falsche Nummer von ihr bekommt. Wenn eine Nummer einmal falsch ist, kann das Zufall oder Absicht sein. Manche Frauen geben bewusst eine falsche Nummer! Durch diese Vorgehensweise kann der Casanova das ausschließen.

Es gibt es noch eine Sondervorgehensweise. Die *kann* man machen, muss man aber nicht.

Der Pick-up-Artist, nachdem er ihre Nummer eingespeichert hat, redet mit ihr weiter, aber ist gleichzeitig dabei mit seinem eigenen Handy beschäftigt. Irgendwann macht es plötzlich auf dem Handy des Mädchens «Beep. Beep». Sie schaut darauf, öffnet eine SMS und liest: «Tänzerin, jetzt hast du dir meine Nummer erkämpft, aber bitte stalke mich jetzt nicht! Und außerdem, du hast was an deiner Nase, aber es sieht lustig aus»

So eine SMS verstärkt die Verknüpfung und das subjektive Gefühl, etwas zusammen erlebt zu haben. Außerdem ist sie jetzt bereits gewohnt, eine SMS vom Casanova zu bekommen, ohne dass das komisch oder unangenehm für sie wirkt. Das ist ein wichtiger Erziehungsschritt, ihr in ihrer SMS Historie zu vermitteln, dass man bereits in SMS Kontakt steht – wichtig für den nächsten Anruf oder die nächste SMS.

So eine Botschaft hat der erfahrene Frauenflüsterer, natürlich, als eine von mehreren in seinen «Entwürfen» vorgeschrieben, damit er vor Ort kreativ und spontan wirkt.

Was viele Männer auch nicht beachten, ist, dass man ihr nicht erst nach drei Tagen die erste SMS schicken soll, (denn dann ist die Energie und die Erinnerung des Treffens meist längst wieder verblasst), sondern ein weiteres Samenkorn setzen soll, wenn die Erinnerung noch möglichst frisch ist. Das heißt: circa zwei bis drei Stunden, nachdem der Casanova die Frau kennen gelernt hat, schickt er ihr eine erste SMS: «Hey, Sweety, es war spaßig, dich heute Nachmittag kennengelernt zu haben. Ich habe danach noch eine Tram entführt, aber der Typ wollte einfach nicht nach Kuba fahren. Matthias»

Diese SMS folgt einem gewissen Grundmuster. Machen Sie nicht den Fehler, dass Sie das Mädchen mit ihrem richtigen Namen ansprechen. Beim normalen AFC klingt das so: «Hi Clarissa …; «Hi Amanda …», «Hi Nicole …» das ist Standard, solche SMS bekommt sie ständig. Sprechen Sie sie lieber mit einem von Ihnen kreierten Spitznamen an. «Hi, Tänzerin ...» «Hi, Düsseldorferin …», «Hi Humpelstilzchen …» das ist ein Spitzname, der sich aus den vorhergehenden Gespräch irgendwie ableitet und der Sie als Mann besonders macht. Sie hat erzählt, dass sie tanzt, sie hat erzählt, dass sie aus Düsseldorf ist, oder, was mir einmal passiert ist, sie hat einen Gipsfuß. Und dann war die Anrede Humpelstilzchen.

Was auch immer geht, sind eingebürgerte Kosenamen: «Hi Sweety», «Hi Darling …», «Hi Süße …» Das ist das Verhalten eines echten Frauenflüsterers, der es gewohnt ist, mit schönen Frauen umzugehen.

Ein weiterer Grundsatz ist, dass man nicht zu aufdringlich, nicht so euphorisch erscheinen darf. Die erste SMS sollte Sie als Mann in einer netten, humorigen Art wieder in Erinnerung rufen. Der Amateur schreibt SMS wie diese:

«Hi, Sonja, ich bin Christian, der mit dem blauen Hemd, von gestern Abend vor der Türe im Flamingo. Ich fand es wunderschön mit dir. Ich hoffe, dir hat es auch gefallen. Vielleicht könnten wir ja bald mal was zusammen unternehmen. Ich würde mich sehr freuen. Auch wenn du nur am Vormittag kannst, ich würde mir für dich jederzeit freinehmen.»

So eine SMS macht den Mann für die Frau unattraktiv. Er geht nicht wie selbstverständlich davon aus, dass sie sich an ihn erinnert; er hebt sie zu sehr auf den Sockel; er offenbart sich ihr sofort; er will gleich etwas Weitergehendes von ihr. So eine SMS wird im Normalfall nicht beantwortet.

## SMS Strategie

Der Frauenflüsterer schreibt andere Initial-SMS: «Hi, Zuckerkäfer, es war nett, dich heute Nacht kennen zu lernen. Wir sind noch privat zu jemand nachhause – Genial. After-Party bis 5! Schlaf gut … und auf keinen Fall an Sex denken. Matthias»

Die erste SMS soll nur wieder gute Laune erschaffen, soll den Frauenflüsterer in ihrer Wahrnehmung heben, aber … will nichts! Es schließt mit einer kleinen lustigen Bemerkung ab. Selbst, wenn so eine SMS nicht beantwortet wird, ist nichts verloren. Denn es wurde ja keine Frage gestellt.

Zusammenfassend: Der Frauenflüsterer schickt noch in derselben Nacht oder am selben Nachmittag des Kennenlernens eine SMS. Sie gehorcht folgendem Muster: «Hi, Spitzname. Es war süß, nett, lustig mit dir zu plaudern, dich kennenzulernen, mit dir Spaß zu haben.» Jetzt folgt irgendeinen Bezug zum gemeinsamen Gespräch, zum gemeinsam Erlebten. Und danach irgendein lustiger Abschluss.

Jetzt haben Sie durch diese erste SMS eine zweite Erinnerung bei ihr erzeugt. Die aber gleichzeitig keinen Druck auf sie ausübt.

Wenn Sie jetzt ein, zwei Tage später eine zweite SMS beziehungsweise einen Anruf starten, dann halten Sie das Prinzip ein, dass Sie nicht zwingend gleich auf eine Verabredung hinaus wollen. Auch das wäre wieder das normale Verhalten, das sie von allen anderen Männern gewohnt ist.

Halten Sie den ersten Anruf einfach «casual». Sie plaudern mit ihr zwanglos über irgendetwas, was Sie als Anknüpfungspunkt mit ihr haben, machen ein paar locker, lustige Bemerkungen und, jetzt kommt's: Sie versuchen NICHT, eine Verabredung in die Wege zu leiten. Es geht bei diesem Gespräch nur darum, eine neue nette Erinnerung zu erschaffen, positive Emotionen auszulösen, ohne dass es bedrohlich für sie wird. Sie lernt: Ja, das ist wie ein enger Freund, mit dem ist es lustig, und mit dem ist es angenehm sich zu unterhalten. Der andere Teil derjenigen, denen sie ihre Telefonnummer gegeben hat, will sie bei so einer Gelegenheit gleich zu einer Verabredung drängen.

Wenn Sie vorher im Gespräch eine Anlass-Brücke gesetzt haben, erwähnen Sie das zwar noch einmal, so etwas wie «Irgendwann wandern wir mal hoch auf diesen Uetliberg – Du trägst das Gepäck, ich trag die Verantwortung. Ha Ha ...», aber versuchen trotzdem nicht konkret etwas zu fixieren.

## Statistik bei Telefonnummern

Wenn Sie eine Telefonnummer von einer Frau bekommen, dann heißt das im Normalfall erst einmal nichts. Ich rate Ihnen, es als eine Ausnahme zu werten, wenn Sie aus dieser Telefonnummer noch etwas Konkretes herausholen.

Dazu müssen Sie wissen, wie Frauen veranlagt sind. Frauen sind hochgradig launenhafte Wesen. Schauen Sie sich bitte folgende Kurve an.

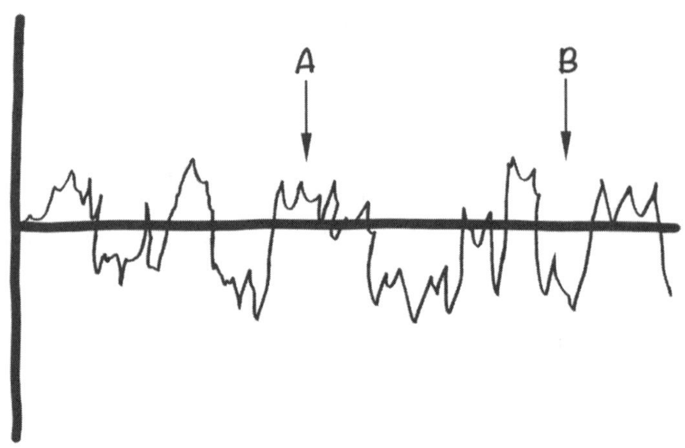


Das ist die Launenkurve einer durchschnittlichen Frau. Das ganze System «Frau» ist instabil. Innerhalb von kürzester Zeit schwankt sie zwischen hoch und tief und umgekehrt.

Der Punkt A bezeichneten den Zeitpunkt, wo sie Ihnen ihre Telefonnummer gegeben hat, der Zeitpunkt B ist der Zeitpunkt, an dem Sie sie das erste Mal anrufen oder eine SMS schicken. Die Chance, dass sie diese erwidert, hängt nur zum kleineren Teil von Ihren vorhergehenden Verführungskünsten ab, sondern vor allem von der Befindlichkeit der Frau zu diesem Zeitpunkt. Und die Chance, dort einen Punkt zu treffen, an dem sie gerade wieder kurz vorher an Sie gedacht hat oder wo sie in einer guten Laune ist, ist kleiner als 50 %.

Sie können die Chancen zwar durch die Zeitpunktwahl strategisch etwas erhöhen. Schlechte Zeiten ihr eine SMS zu schicken (oder Anruf) ist Freitag-/Samstagnachmittag oder -abend, denn da hat sie im Normalfall schon etwas vor oder ist mit Vorbereitungen für das Wochenende beschäftigt. Besser ist der Sonntagabend. Da ist sie im Normalfall zu Hause und hat Zeit. Aber im Allgemeinen gleicht das Telefonspiel einem Roulettekessel mit 30% schwarzen Zahlen und 70% roten … wobei der Casanova immer auf Schwarz zu setzen hat.

Wenn Sie das erste Mal keine Antwort bekommen, können Sie es im Normalfall ein zweites Mal versuchen, aber wenn *das* nicht klappt, ist ein drittes Mal in etwa so aussichtsreich, wie ein bemannter Flug zur Venus.

Ihre Chancen erhöhen sich, wenn die Frau ein erstes Mal die SMS oder den Anruf erwidert hat. Noch besser sind die Chancen, wenn sie *Ihnen* initiativ eine SMS schickt (oder Sie anruft). Denn dann hat SIE etwas investiert, und bei jeder Investition will sie, dass etwas zurückkommt. Jetzt ist der Casanova wieder am längeren Hebel.

Deshalb gehen Sie bei jedem Treffen so weit wie möglich. Nutzen Sie immer die Gunst der Stunde, was immer Sie als Ergebnis holen können, holen Sie es. Küssen oder Sex schon möglichst am Tag des Kennenlernens. Wenn nicht, dann auf jeden Fall beim zweiten Treffen. Denn wenn etwas passiert ist, dann hat die Frau etwas (in ihren Augen) Großes investiert. Sie denkt: «Was hab ich da wieder gemacht? Hoffentlich meldet sich der jetzt wieder.»

Wenn Sie, um Ergebnisse zu haben, auf ein weiteres Treffen bauen, rasen die Chancen rapide in den Keller. Daher schaffen Sie bei jedem Treffen so weit wie möglich vollendete Tatsachen.

Ich sage Ihnen jetzt die ungeschönte Wahrheit, die Sie so bei anderen Verführungskünstlern nicht hören.

Wenn Sie eine Telefonnummer von einer Frau bekommen (und es ist noch nichts gelaufen), dann liegt die Chance, dass Sie am Ende zu einem Ergebnis kommen, bei 10 bis 20 %.

Das heißt, Sie müssen circa sieben Telefonnummern sammeln, um bei *einer* weiterzukommen. Ich sage Ihnen das, damit Sie nicht in die Frustrations-Schleife kommen und sich auf ein realistisches Spiel einstellen können. Sehen Sie das Spiel des Verführens als reine Statistik. Je häufiger Sie versuchen, den Ball in den Korb zu werfen, umso häufiger treffen Sie.

Auch wenn das nicht so aussichtsreich klingt, lässt sich die Trefferquote mit ein paar SMS Regeln heben.[9]

Stellen Sie ihr nur eine Frage per SMS, nicht zwei oder drei.

Ihre SMS sollte immer kürzer sein, als die SMS des Mädchens.

Warten Sie immer länger mit Ihrer Antwort, als sie es tut.

Wenn sie fragt: «Wie geht's?» antworten Sie darauf nicht, sondern setzen ein eigenes Thema.

Retten Sie Ihre erfolgreichen SMS im «Entwürfe» Speicher. Die können Sie bei anderen Girls immer wieder benutzen.

Machen Sie keine Smileys, selbst, wenn sie es tut (Ausnahme: Sie unterstellen ihr augenzwinkernd etwas und ohne das Smiley würde sie es nicht als «Necken» erkennen).

Wenn sie nicht antwortet, warten Sie mindesten vier Tage, bevor Sie es nochmal versuchen.

Wenn sie mehrere Fragen stellt, beantworten Sie nicht alle.

---

9 Einige der Regeln sind vom Pickup Coach Richard La Ruina «The Natural» übernommen

Für alle Verführungskünstler ist immer die bange Frage, schicke ich als erstes eine SMS oder rufe ich sie direkt an? Hier ist folgender Trick hilfreich: Verwickeln Sie sie in einen SMS-Dialog, und wenn die Konversation gut läuft und auf einem Scheitelwert ist, dann rufen Sie plötzlich an. Denn jetzt haben Sie die Garantie, dass ihr Handy angeschaltet ist und sie gerade Zeit hat (Garantie, dass sie *abhebt* ist auch *das* nicht).

Ob SMS oder Anruf bleibt immer eine Unsicherheit bei allen Frauenflüsterern. Die Erfahrung lehrt: Tun Sie im Zweifel immer das, was mehr Mut kostet, das hat meist die größere Wirkung. Das gilt in allen Stufen der Verführung und so auch hier beim Erstkontakt nach dem Kennenlernen.

Es ist immer mutiger, einen Anruf zu wagen, als eine SMS zuschicken. SMS ist zwar gefahrloser, aber falls sie abhebt, ist ein Telefonat aussichtsreicher. Wenn Sie sie am Telefon haben, dann können Sie Ihre Persönlichkeit, Ihre Spontanität, Ihren Humor ins Spiel bringen und einen emotionaleren Eindruck hinterlassen. Der Nachteil: Wenn Sie noch einmal die Launenkurve der Frau anschauen, ist die Chance, dass sie einen Anruf *nicht* abhebt, höher, als dass sie eine SMS nicht beantwortet. Denn auch die Frau hat Angst, nicht gut zu wirken, nichts mehr zu sagen zu wissen und hebt dann im Zweifel lieber nicht ab, bevor sie sich einer für sie unangenehmen Situation aussetzt. Bei einer SMS kann sie «gefahrloser» antworten, auch wenn sie gerade nicht in Superlaune ist.

Simsen oder telefonieren Sie am Abend, zwischen 6 und 8 Uhr, wenn sie zu Hause vor dem TV sitzt und Zeit hat, oder aber am Sonntag. Wenn der Anrufbeantworter dran ist, dann ist es besser, nicht darauf zu sprechen. Schicken Sie lieber eine SMS. Falls Sie doch darauf sprechen, dann nur, wenn Ihre Laune und Energie hoch sind! Es ist nicht gut, auf den Anrufbeantworter zu sprechen, wenn die Enttäuschung in Ihrer Stimme zu erkennen ist. Sprechen Sie nur kurz.

Es gibt einige Tricks, wie man seine Nervosität und seine Ungezwungenheit vor dem Anruf verbessern kann.

Zum einen können Sie eine Melodie pfeifen, solange es am anderen Ende noch klingelt. Wenn sie dann abhebt, hört sie entweder noch das letzte Stück Ihres Pfeifens oder aber auch nicht, auf jeden Fall sind Sie in einer anderen, positiveren Grundstimmung, wenn Sie die ersten Worte sprechen.

Zum anderen ist es gut, den Anruf dann zu tätigen, wenn Sie gerade *eingespannt* sind. Wenn beispielsweise Freunde bei Ihnen zu Hause sind oder Sie bei Freunden sind, dann klingt Ihr Anruf casual, wie von jemand, der viel beschäftigt ist und in anderen «wichtigeren» Aktivitäten eingebunden ist. Sie können sich dann auch immer rarmachen, indem Sie sagen: «Ich muss jetzt leider gleich wieder zu meinen Freunden/Gästen zurück!» Als gut hat sich auch erwiesen, durch die Stadt zu laufen und *beim Gehen* ihre Nummer zu wählen. «Ich bin grad auf dem Weg zu einem Termin, und wollte deine Stimme hören ...»

Noch besser ist es, vorher fünf oder zehn Sets zu öffnen, um sowohl Ihre Laune als auch Ihr Selbstbild nach oben zu schieben. Besonders gut ist es, wenn Sie direkt nach einem Set anrufen, das gut geklappt hat. Das schraubt Ihre Energie nach oben und erzeugt dieses Unschlagbarkeits-Gefühl, das sich ihr auf der unterbewussten Ebene im Gespräch übermittelt: Ich kann sie alle haben – Ich bin der Preis!

Noch ein Tipp zu Telefonaten und SMS: Der *Casanova* bricht ab, nicht die Frau. Meistens sind es die Frauen, die dann nach einem langen SMS Dialog plötzlich schreiben: «Ich muss jetzt aufhören. Muss morgen früh aufstehen». Diese Rolle des Türschließers sollen Sie als Mann einnehmen. Sie brechen ab, wenn es noch schön ist, am besten sogar genau dann, nachdem das Girl ein emotionales Statement gemacht hat. Er schreibt: «Sorry, würde gerne noch weiter mit dir plaudern, aber muss noch dringend ein Telefonat führen. Tschüss, bis demnächst.» Jetzt lernt die Frau wieder den Rollentausch. Der Mann ist der Preis, sie will mehr, als sie haben kann. Das macht sie heiß. Je schöner die Frau, umso eher müssen Sie diese Strategie einhalten.

Noch eine Bemerkung zu Facebook: Die Facebook Koordinaten des Mädchens zu haben ist gut, aber es ist wertvoller, Ihre Handynummer zu haben. Aus Facebook, als einer von ihren 250 Kontakten, eine Verabredung zu organisieren ist unweit schwerer, als aus ihrer Handy Telefonliste.

Wenn Sie an der Frau weitergehendes Interesse haben, und sie spricht Facebook an, dann sagen Sie: «Facebook benutze ich fast nicht mehr; meine sozialen Kontakte gehen alle über Handy. Nur wer in meinem Handy steht, gehört zu meinem wirklichen Freundeskreis.»

Wenn Sie *kein* richtiges Interesse haben und nur einen neuen Kontakt sammeln wollen, dann nehmen Sie Ihre Facebook Daten.

## Die direkte Art bei der Telefonnummer

So wie es beim Opening (beim ersten Ansprechen) eine indirekte und eine direkte Art gibt, so gibt es auch beim Telefonnummer-Holen eine indirekte und eine direkte Art. Eine Anlass-Brücke zu bauen, ist indirekt. Lassen Sie mich

Ihnen drei Möglichkeiten vorstellen, wie die direkte Art aussehen könnte:

> «Ich muss zurück zu meinen Freunden, die warten. Können wir uns wiedersehen oder hast du einen Freund? --> Nein, ich hab keinen! --> Bist du morgen Abend beschäftigt? Dann können wir zusammen ausgehen. Trinken, Tanzen, Küssen …»

> «Weißt du, ich mag dich! Ich will dich nochmal sehen. Und wenn wir uns gut verstehen, auch Sex haben. (Handy rausholen) Gib mal hier deine Telefonnummer rein.»

> «Du bist heiß, wir müssen uns mal treffen und uns genießen. Denkst du, wir beide würden uns im Schlafzimmer verstehen? Gib hier mal deine Nummer ein. (Nachdem sie es getan hat) Lass uns am Freitag um 19 Uhr im Bahnhof treffen.»

Der Frauenflüsterer kommt hier ohne Umschweife direkt auf sein eigentliches Ziel zu sprechen. Es braucht viel Mut und auch viel Übung, aber mit dieser Methode bekommt man in derselben Zeit unterm Strich mehr Ergebnisse. Aber es muss einem liegen.

## Zu Mädchen dazu setzen

Ein guter Verführungskünstler zu werden, heißt, immer eine Stufe mehr zu wagen, als man sich gerade zutraut. Eine immer wiederkehrende Situation, wenn der Mann ein Mädchen oder eine Mädchengruppe anspricht, ist, dass die Mädchen sitzen. Sei es in einem Straßencafé, auf Barhockern in einer Bar, auf Treppenstufen oder auf einer Parkbank.

Es ist nur eine Zeit lang gut, wenn der Verführungskünstler vor den Frauen stehend verbringt, während sie sitzen. Von außen sieht es so aus, als ob der Mann etwas von den Frauen will. Wenn einmal eine Gesprächspause eintritt oder die Mädchen nicht mehr wollen, dann ist der Mann in der unangenehmen Situation.

Die Strategie sieht jetzt folgendermaßen aus: Der Verführungskünstler setzt sich ungefragt zu den Mädchen dazu. Das braucht Mut, aber das ist das Verhalten eines Casanovas, der keine Angst vor Frauen hat und der weiß, wie man mit Frauen umgeht. Dieses Dazusetzen führt er aber nur dann aus, wenn das Gespräch etwas länger gedauert hat und ein gewisses Interesse auf der Seite der Mädchen zu spüren ist. Ein echter Verführungskünstler fragt nicht, sondern der tut es einfach.

Damit dieses Dazusetzen natürlich und cool wirkt, muss er nur eine einzige Regel beachten.

Während er sich wie selbstverständlich dazu setzt, muss der Frauenflüsterer immer *sprechen*!

Es ist nicht möglich, sich schweigend dazuzusetzen. Das würde unbehaglich wirken. Deswegen muss der Frauenflüsterer einen Gesprächsstoff haben (z.B. eine Geschichte), der quasi aus ihm heraus platzen will. «Oh, da muss ich euch was erzählen …» und jetzt nimmt er, ohne zu fragen, ohne sich zu entschuldigen und ohne großartig auf den Stuhl zu schauen, einfach Platz.

Noch einmal in Einzelschrittanweisung: Kurz bevor Sie sich setzen, muss in Ihnen ein längeres Statement/Geschichte aufblitzen, das Sie drängt, es zu erzählen. Jetzt haben Sie einen sogenannten «Gesprächsüberschuss». Das heißt, Sie können circa 60 Sekunden, ohne nachzudenken, flüssig etwas erzählen. Dann können Sie das Dazusetzen so praktizieren, dass es natürlich und cool wirkt. Die ersten paar Worte erzählen Sie stehend. Und während Sie weiter erzählen, rücken Sie den Stuhl zurecht (und schauen weiter das Mädchen an). Sie drücken den Stuhl in Ihre Kniekchlen (und erzählen immer weiter und schauen weiter das Mädchen an) und schließlich sitzen Sie komplett neben den Girls und erzählen den Hauptteil der Geschichte.

Wichtig ist, wenn Sie sich neben ein Mädchen setzen, dass Sie von der Körpersprache möglichst gemischte Signale geben. Der AFC (der Amateur) ist mit der Körpersprache zu den Frauen hin gebeugt.

Er lehnt sich in ihre Richtung, sein Buckel ist rund, die Augen sind weit aufgerissen. Jeder Außenstehende sieht sofort: Der *will* was von ihr, das Mädchen ist der Preis. Der Frauenflüsterer macht das anders.

Er setzt sich neben sie, er hält seinen Oberkörper im 90° Winkel weg von der Frau, er lehnt sich lassig zurück und nur sein *Kopf* dreht sich über seine Schulter zu ihr. Für den Außenstehenden sieht das so aus, dass sie mehr von *ihm* will als umgekehrt.

Um das zu provozieren, können Sie beim Gespräch den Hörfehler-Trick anwenden. Sie behalten Ihre aufrechte Körpersprache, aber wenn sie etwas sagt, dann erwidern Sie: «Pardon? Das habe ich akustisch nicht verstanden, sag das nochmal, aber lauter!» Da ER sich nicht bewegt, ist die natürliche Reaktion der Frau, dass sie sich automatisch weiter zu ihm beugt. Jetzt haben Sie von der Körpersprache genau die Situation erzeugt, wie es sein soll: Die Frau lehnt sich zum Frauenflüsterer und nicht umgekehrt.

Dann noch ein wichtiges Detail: Der Amateur hat, wenn er seine Beine übereinander schlägt, vom Unterbewusstsein gesteuert, das obere Bein so überkreuz, das es zu ihr zeigt. Der Profi weiß darum und macht genau das Gegenteil. Er schlägt die Beine so übereinander, dass das obere Bein von der Frau *weg* zeigt (schauen Sie sich noch einmal mit diesem Blickwinkel das Bild auf der vorigen Seite an). Wenn er in dieser Position mit der Frau spricht, dann signalisieren die Worte Zuneigung/Interesse, aber seine Körpersprache das Gegenteil. Und das ist die gewinnende Kombination. Erst wenn das Mädchen sich ihm öffnet, dann belohnt er sie auch mit einer ihr zugewandten Körpersprache (die dann natürlich auch wieder abwechseln muss).

Eine weitere typische Situation ist, dass ein Mädchen oder eine Gruppe von Mädchen an der Bar stehen. Wenn der Mann jetzt die Mädchen anspricht und sie sich zu ihm hin drehen, dann steht er mit dem Rücken zum Raum und die Mädchen schauen in Richtung des offenen Raumes.

Wenn jetzt plötzlich eine Gesprächslosigkeit auftritt oder die Mädchen anfangen sich wieder untereinander zu unterhalten oder, noch schlimmer, sie sich einfach wieder zur Bar zurückdrehen, dann steht der Mann wie ein begossener Pudel da.

Deshalb ist es für den Frauenflüsterer das Gebot der Stunde, möglichst schnell die zentrale Position zwischen den beiden Mädchen einzunehmen. Und zwar in der Art, dass *er* mit dem Rücken zur Bar gelehnt ist, und die beiden Mädchen außerhalb vor ihm stehen und *ihn* anschauen.

All die befürchteten Szenarien die vorher für ihn galten, gelten jetzt für die Mädchen. Zusätzlich wirkt *er* jetzt wie der Preis! Die Methode, um das zu tun, ist dieselbe, die ich vorher beim Hinsetzen beschrieben habe. Sie brauchen einen Gesprächsüberschuss und ein klares Ziel. Das Ziel ist: Ich stelle mich in die Mitte und drehe sie mit dem Rücken zu mir. Erst warten Sie wieder, bis der Gesprächsüberschuss in Ihnen ist, dann fangen Sie an zu erzählen: «Lasst mich euch das mal kurz erzählen ...», und währenddessen gehen Sie einfach mit einer dominanten Bewegung zwischen die beiden Mädchen, drehen sie nach außen, lehnen sich an die Bar und reden wie selbstverständlich weiter. Plötzlich sind die beiden zu *Ihnen* gewandt. Das klappt wunderbar, wenn Sie mit dominanter Sicherheit führen und währenddessen einfach nie das Sprechen aufhören.

Ich kann mich erinnern, dass ich das in London in einer Bar mit vier Mädchen zelebriert habe. Ich weiß sogar noch meinen Opener: «Hey, guys, I need a quick female opinion on something. I have three chat-up lines. Which one do you consider the best? I have my opinion but I wanna hear yours ... „, und dann habe ich ihnen drei wahllose Opener genannt. Die Mädchen standen zunächst an der Bar, ich vor ihnen. Während des darauffolgenden heißen Geschnatters stellte ich mich mitten in die vier, platzierte sie um mich herum und führte die Diskussion (meinen Rücken zur Bar) von dort aus weiter. Stellen Sie sich vor, wie es aussieht, wenn ein Typ an der Bar gelehnt ist, und vier Mädchen stehen um ihn herum. Von der heißesten hatte ich danach die Telefonnummer einkassiert.

Die Strategie, möglichst immer Richtung Wand gelehnt zu sein, gilt nicht nur für den Bartresen, sondern für jede beliebige Situation. Wenn Sie in einem Club ein Girl ansprechen und es steht an der Wand, dann gilt es für Sie, möglichst schnell die Positionen zu wechseln. Dasselbe gilt auch, wenn Sie sie in der Menge ansprechen und sie isolieren. Sie erinnern sich: häufiger Ortswechsel ist das Gebot der Stunde. Bewegen Sie sie also in einen geschützteren Bereich, aber dann sehen Sie zu, dass Sie als Mann an der Wand gelehnt sind und sie vor Ihnen steht. Besonders cool sieht es aus, wenn Sie dabei einen Fuß gegen die Wand stellen.

Dasselbe gilt für Sie, wenn Sie ein Mädchen auf der Straße ansprechen und sie zum ersten kleinen Ortswechsel bewegen. Sagen Sie beispielsweise einfach: «Hier ist so viel Betrieb, komm lass uns ein bisschen zur Seite gehen». Und dann lehnen Sie sich genauso gegen die Wand, so dass ihr Unterbewusstsein wahrnimmt: Er ist der Preis!

Man kann sogar, wenn das Mädchen auf einem Barhocker sitzt, ihr mit zwei kurzen Sätzen und einer eleganten Bewegung den Barhocker stehlen. Weil es eine schwierigere Bewegung ist, lässt sich das allerdings schlecht in Worten beschreiben.[10]

10 Das ist Teil der Tricks, die ich nur live im Seminar vorführen kann.

## Küssen – Keine große Sache

Die meisten Männer haben Angst vor dem Küssen. Es ist natürlich nicht das Küssen selber, sondern die Angst vor der Zurückweisung. Aber wenn man einige Vorgehensweisen kennt und ein bisschen Routine darin hat, ist es gar nicht so schwer.

Zunächst eine ganz einfache Regel: Wenn Sie in sich spüren, dass Sie sie jetzt am liebsten küssen würden, dann *tun* Sie's! Denn es ist nicht möglich, dass in Ihnen dieses Gefühl aufkommt, ohne dass auf der Gegenseite eine Bereitschaft dazu da wäre.

Aber es gibt einige strategische Möglichkeiten, wie Sie dieses bekannte Abdrehen ihres Gesichts unwahrscheinlicher machen können.

Natürlich hat der Frauenflüsterer längst verinnerlicht, dass ein Küssen nur dann möglich ist, wenn die Frau erlebt hat, dass der Mann wie selbstverständlich in ihre Distanz-Zone eintritt und sie vorher schon öfter wie selbstverständlich berührt worden ist. Er ist untergehakt mit ihr gelaufen, hat ihre Hand gehalten oder hat ihr an die Haare gefasst (das Ganze, wie im Kapitel «Berührung» bereits besprochen, mit einem vorgeschobenen Anlass wie «hast du deine Haare schon mal kurz gehabt?»).

Es ist wichtig, dass Sie kurz vor dem Küssen eine romantisch vibrierende Energie entstehen lassen. Sie schauen ihr länger und intensiver in die Augen. Die Tonalität Ihrer Stimmen wird ruhiger, Sie sprechen langsamer, Sie gehen in einen tieferen Stimmbereich, Sie schauen sie mit einem wissenden, verführerischen Blick an, ohne ein Wort zu sagen, oder Sie halten die Berührung bewusst länger und schauen sie dabei an.

Sie können, um diese Kuss-Energie bei ihr unterbewusst auszulösen, auch Fantasie-Geschichten erzählen. Wichtig dabei ist, dass Sie nahe zu ihr sind und dabei möglichst Körperkontakt haben. Halten Sie dabei eine ruhige, sonore Stimme. «Stell dir vor, wir würden am Strand in der Südsee liegen, die Sonne geht gerade am Horizont unter. Du spürst noch die Wärme des Sandes, der vom Tag gespeichert ist. Du hörst das endlose Auf und Ab des Wellenrauschens. Ein warmer Meereswind bläst durch dein Haar» (dabei blasen Sie ihr in ihr Haar), «dein Kopf liegt auf meiner Schulter …»

Wenn sie dieser Geschichte bis dahin zugehört hat, können Sie sie küssen.

Es gibt einen anderen Trick, sich langsam in das Küssen zu steigern. Warten Sie zunächst, bis bei Ihnen diese innere Kuss-Lust entsteht: «Mein Gott, ist die *süß*, ich könnte sie fressen». Dann machen Sie kurz eine Pause und schauen ihr schweigend in die Augen. Wenn sie das erwidert, ist das schon mal gut. Reden Sie weiter und irgendwann im Überschwang geben Sie ihr einen Kuss auf die Backe. Wenn sie das zulässt, dann noch einen. Und nun die raffinierte Wendung. Von der Backe wechseln Sie das Küssen auf den Hals. Der Hals ist bei Frauen eine hochsensitive Zone und das erzeugt plötzlich in *ihr* die Lust weiterzugehen. Und jetzt ist es einfach weiterzugehen zum richtigen Kuss.

## Sag mal Mittwoch

Eine andere Möglichkeit, das Küssen zu initiieren, ist bei mir durch Zufall spontan entstanden. Ich habe es zum ersten Mal erfolgreich in München in einer Party Location angewandt. Ich stand mit ihr eng mitten im Raum. Wir flachsten herum und ich erkannte, dass ich ihr gefiel. Ich hatte sie vorher immer wieder berührt und hielt ihre Hand. Plötzlich stoppte ich das Reden und schaute sie nur mit tiefem Blick an. Sie hielt meinem Blick stand. Dann sagte ich zu ihr: «Sag mal Mittwoch!» Sie, mit Blick in meine Augen: «Mittwoch!», und dann küsste ich sie einfach.

Und genau so können Sie es auch machen.

Hinter dieser Vorgehensweise steht eine psychologische Komponente. Der erste Schritt ist der stabile, verführerische Blickkontakt. Wenn sie dem nicht ausweicht, ist das schon das erste Bereitschaftssignal. Dann kann der zweite Schritt folgen: Sie geben ihr eine Anweisung, die offensichtlich keinen Zusammenhang hat und deren tieferen Sinn sie nicht erkennt: «Sag mal Mittwoch!» Indem sie die Anweisung ausführt, hat sie unterbewusst Vertrauen in alles, was danach kommt, signalisiert.

## Der «Trick»

Ein ziemlich einfacher Trick, aber hochwirksam. Sie stehen oder sitzen nebeneinander.

Er: *Ich will dir mal einen Trick zeigen. Gib mal deine Hände so her.*

Er macht es vor. Sie muss beide Hände, Handinnenflächen nach oben, offen zu ihm hinhalten. Er legt seine Handinnenflächen auf ihre Handinnenflächen und hält sie fest.

Er: *Jetzt schließ mal deine Augen.* (Kleine Pause) *Dieser Trick ist sehr alt …*

Er beugt sich zu ihr und küsst sie.

## Der Hollywood-Kuss

Hier eine weitere Möglichkeit, die eher in die Club- oder Bar-Umgebung passt, wo die Energie höher ist. Sie sagen ihr folgendes:

*Hast du dir schon einmal überlegt, wie das die Schauspieler in Hollywood machen, wenn die eine Kuss-Szene drehen? Viele von denen sind ja in einer festen Beziehung oder verheiratet, und man kann ja nicht irgendjemand Wildfremden vor der Kamera küssen. Jetzt sag ich dir, wie die das machen. Die küssen gar nicht richtig, sondern die tun nur so. Das sieht aber von außen perfekt aus. Das könnten sogar Kinder miteinander machen.*

*Und zwar pressen die die Lippen nach innen, so knapp über die obere und untere Zahnreihe, so als ob sie die Zähne verstecken wollten.*

(Der Frauenflüsterer macht es kurz vor, und gibt ihr die Anweisung es nachzumachen.)

*Und jetzt reiben sie einfach ihre Münder wild bewegend aneinander,* (er macht die entsprechende Kopfbewegung) *und so kann man einen Wildfremden knutschen, ohne dass irgendetwas gelaufen ist.*

*Die Schauspieler sind ja in Partnerschaften, da passiert gar nichts. So, stell dir vor, wir sind jetzt in Hollywood. Also pass auf, du bist Marilyn Monroe und ich bin James Dean. Jetzt kommt der Regisseur:* (Mit lauterer Stimme) *Romantischer Kuss, die Erste! Klappe!*

(Der Frauenflüsterer presst die Lippen nach innen, und gibt ihr die Anweisung es nachzumachen) *So, mach mal wie ich!* (Es greift an ihren Hinterkopf).

*Wir müssen aber voll leidenschaftlich tun.*

Jetzt zieht er sie mit großer Geste zu sich, bewegt seinen Kopf zwei-, dreimal mit gepressten Lippen hin und her und plötzlich bringt er die Zunge dazu und knutscht sie.

Falls sie protestiert sagt er:
*«Genau das passiert in Hollywood ständig!»*

## Das Haare-Streichen

Diese Vorgehensweise ist edel, funktioniert prächtig und sieht auch für Außenstehende edel aus. Frauen lieben diese Art des Dominanzverhaltens. So verhält sich ein richtiger Don Juan.

Sie stehen oder sitzen. Das Mädchen ist nahe vor Ihnen und sie reden miteinander. Sie halten einen weichen, verführerischen Blick. Mit der linken Hand halten Sie ihre Hand. Sobald Sie das Gefühl bekommen, dass es soweit ist, streichen Sie mit der rechten Hand, während Sie mit weicher, sonorer Stimme weiterreden, ihre Haare hinters Ohr. Wenn sie das akzeptiert, könnten Sie eigentlich schon küssen, aber es geht noch weiter. Jetzt streichen Sie mit dem Daumen über ihre Stirn. Dann streichen Sie mit dem Daumen über ihre Backe bis zum Kinn, fahren mit Ihrem Daumen verspielt über ihre Lippen und halten schließlich mit der Hand ihr Kinn. Wenn sie das bis dahin akzeptiert hat, ist das wie ein Elfmeter … aber ohne Tormann. Ziehen Sie ihr Kinn zu sich und küssen sie. [11]

## Soul-Gazing

Soulgazing ist eine Methode, wie man sie ebenfalls zum Küssen bringen kann. Bedingung ist wieder, dass sie vorher Interessenssignale gesendet hat. Halten Sie wie immer Berührkontakt, Z.B. ihre Hand.
Frauenflüsterer: *Kennst Du Soulgazing?*

---

11 Die genauen Details dieser Vorgehensweise werden allerdings nur dann richtig nachahmbar, wenn man es live vorführt.

Sie: *Nein, was ist das?*
Frauenflüsterer: *Das ist eine Methode, wie man zwei Seelen zum Gleichklingen bringen kann, und die starke, positive Gefühle auslöst. Soll ich's dir zeigen?*
Sie: *Ja.*
Frauenflüsterer (in sehr ruhigem Ton): *Wir schauen uns jetzt gleich in die Augen. Du darfst nicht zucken dabei, sondern musst ganz ruhig bleiben. Du musst durch den Mund atmen. Dann werden die Seelen im ersten Schritt synchronisiert. Wir machen das solange, bis ich dir ein Zeichen mit meinem kleinen Finger gebe. O.K.?*
Sie: *Ja, O.K.!*
Frauenflüsterer: *Wiederhole bis hierher, wie es geht.*
Sie: *Also, wir schauen uns in die Augen und atmen durch den offenen Mund, bis du den kleinen Finger hebst.*
Frauenflüsterer: *Perfekt! Wenn ich den kleinen Finger hebe, dann kommt der zweite Schritt. Ich beuge mich zu deinem linken Ohr und ich flüstere dir etwas ins Ohr. Dann kommst du mit deinem Mund an mein rechtes Ohr und flüsterst mir die Antwort.*
(Er zeigt ihr mit dem Finger, an welches Ohr sie sich zu lehnen hat)
Sie: *Ja O.K.*
Jetzt schauen Sie sich schweigend und mit offenem Mund einfach in die Augen. Das erzeugt schon ein starkes Knistern. Irgendwann heben Sie den kleinen Finger und beugen sich an ihr linkes Ohr.
Frauenflüsterer (flüsternd an ihr Ohr): *Kannst du ein Geheimnis bewahren?*
Sie (flüsternd): *Ja!*
(Ab jetzt ist alles im Flüsterton, die Gesichter bewegen sich jeweils kreuzend hin und her um sich wechselseitig ins Ohr zu flüstern)
Frauenflüsterer: *Flüstere mir deinen Namen!*
Sie: *Clarissa.*

Frauenflüsterer: *Flüstere mir meinen Namen*
Sie: *Matthias.*
Frauenflüsterer*: Clarissa* (3 Sek Pause) *wiederhole meinen Namen*
Sie: *Matthias!*
(Man kann das jetzt noch optional ein/zwei Mal wiederholen und dann:)
Frauenflüsterer: *Welche Farbe haben meine Augen?*

Jetzt kommt der entscheidende Move! Egal, ob sie es sagt oder nicht, Sie bewegen jetzt Ihr Gesicht VOR ihr Gesicht, so dass sie Ihre Augen sieht … und gehen sofort zum Kuss über. Die Vorstellung der Augen und das unerwartete plötzliche *Auftauchen* der Augen erzeugen einen Flash, eine Gefühlsexplosion, die ihren Verstand kurz lahmlegt, und das nutzen Sie zur Aktion.

Das liest sich so einfach, aber lassen Sie mich Ihnen einige wichtige Hinweise zum Feintuning geben.

Es ist wichtig, dass Sie dem Mädchen die Anweisung geben, ruhig zu bleiben und keine zuckenden Bewegungen zu machen. Wenn sie zwischendurch nervöse Verlegenheitsgesten macht, dann sagen Sie ihr mit tiefer, ruhiger Trance-Stimme: «Schön ruhig bleiben – schön gleichmäßig atmen!» bis sowohl ihre Atmung als auch sie sich beruhigt hat.

Die Anweisung, durch den *Mund* zu atmen, ist ebenfalls wichtig, denn das ist bereits ein hochgradig erotisches Signal, dass Sie sich wechselseitig senden. Machen Sie einmal selbst den Vergleich. Schauen Sie jemandem in die Augen und atmen mit geschlossenem Mund durch die Nase, und dann machen Sie dasselbe und atmen durch den leicht offenstehenden Mund. Es ist ein riesen Unterschied! Der leicht geöffnete Mund ist ein offen gesendetes Kuss-Signal.

Achten Sie ferner darauf, dass Sie bei ihr immer ins rechte Ohr flüstern und das Mädchen bei Ihnen immer ins linke (oder umgekehrt). Denn nur dadurch wandert das Gesicht ständig vor dem anderen Gesicht hin und her. Nähe oder gar Berührungen mit der Nase und Gesicht sind fast unvermeidlich. Und nur dadurch kann man dann plötzlich am Ende vor ihrem Gesicht den «Augen-Flash» erzeugen.

Außerdem wenden Sie einen zusätzlichen erotisierenden Trick an. Wenn Sie sich zu ihrem Ohr hin beugen, dann kommen Sie *so nah,* dass Ihre sanfte Sprech-Atemluft an das Mädchen-Ohr bläst. Der flüsternde Atem-Luftstrom an ihrem Ohr löst starke Erotik-Gefühle aus.

Soulgazing baut die Kuss-Spannung in drei Schritten systematisch auf. Zunächst das Augen-Schauen, mit halb offenem Mund. Dann das erotisierende, konspirative Flüstern. Wenn man den eigenen Namen geflüstert hört, öffnet sich eine Pandoradose der positiven Gefühle (falls sie nicht flüstert, sondern normal spricht, dann insistieren Sie im Flüsterton: «Pschhhht, flüstern!»). Und dann zum Schluss der unerwartete «Augen-Blick!» Flash – Kuss!

## Mystery's Methode

Hier noch zwei Methoden von Altmeister Mystery.

Sie schauen sinnlich, ruhig in ihr Gesicht. Vom linken Auge – zum rechten Auge – zum Mund, immer im Dreieck. Jeweils eine Sekunde. Vom linken Auge – zum rechten Auge – zum Mund … Mehrmals hintereinander. Das erzeugt sexuelle Spannung. Wenn sie plötzlich ebenfalls auf Ihren Mund schaut, dann können Sie küssen.

Mystery hat noch eine weitere Methode vorgestellt, die ich zwar selbst nie ausprobiert habe, aber die rhetorisch clever aufgebaut ist und kein körpersprachliches, sondern ein sprachliches Abtesten enthält.

Er: *Du siehst aus, als ob du dir vorstellst, mich zu küssen.* (Achten Sie auf die Formulierung, die kann man nicht variieren. Er unterstellt ihr, dass *sie* küssen will!)
Wenn Sie jetzt «Ja» sagt oder «vielleicht» oder «ich weiß nicht», dann können Sie küssen.
Nur wenn sie «Nein» sagt, dann geht's nicht, aber dann antworten Sie: «Ich hab nicht gesagt, dass du gedurft hättest!» Auf jeden Fall ist jetzt der *Gedanke* ans Küssen bei ihr eingepflanzt.

Prinzipiell sollten Sie nur dann versuchen zu küssen, wenn Sie in einer geschützten Umgebung sind. Das ist die Regel, zu der es natürlich auch Ausnahmen gibt. [12]

Wenn im Raum keine «Kussenergie» herrscht (so wie bei der Leonstain-Party, beim Spring-Break oder vielleicht am Oktoberfest), dann sollten Sie für das Küssen möglichst immer eine abgeschiedenere Ecke aufsuchen. Lotsen Sie sie unter einem Vorwand, wie bei jedem normalen Ortswechsel, in eine abgeschiedene, ruhigere Ecke. Frauen küssen einfacher, wenn sie sich unbeobachtet fühlen.

## Was machen beim Kopf-Wegdrehen

Viele Männer haben ein Selbstwert-Problem, wenn die Frau sich beim Küssen wegdreht. Sie denken, dass sie nicht attraktiv genug sind, dass sie komplett abgelehnt werden und sie geben jeden weiteren Versuch auf. Aber diesen Ablehnungs-Gedanken sollten Sie aus Ihrem Kopf verbannen. Wenn sie sich abdreht, heißt das im Klartext zunächst ein-

12 Es gibt nämlich eine Möglichkeit, (die man aber persönlich vordemonstrieren muss) wie man aus dem High-Five direkt zum Küssen kommen kann.

mal nichts anderes, als dass es jetzt noch nicht der *richtige Moment* ist. Es ist kein prinzipielles Nein, sondern ein «Nein, jetzt noch nicht!» oder ein «Nein, aber versuch's später nochmal, in einer anderen Art und Weise!»

Hier eine Vorgehensweise, wie Sie das Wegdrehen ihres Kopfes locker auffangen können. Sie nehmen es positiv, lassen sich auf keinen Fall etwas anmerken und sagen lässig: «Gib mir einen Kuss auf die Backe, damit ich sehe, dass du nicht sauer bist.» Sie deuten dabei wie selbstverständlich mit ihrem Finger auf ihre Backe.

(Je nachdem, wie Sie die Situation einschätzen, können Sie sogar direkt danach wieder zur Attacke schreiten. Sie geben ihr einen Kuss auf die Backe zurück, dann leiten Sie über zu einem Kuss auf den Hals, steigern es und versuchen es einfach nochmal. Aber das ist eher die Ausnahme.)

Im Normalfall tun Sie so, als ob nichts gewesen wäre und versuchen es einfach später noch einmal.

Nur wenn sie zurückschreckt und sich noch zusätzlich verbal verweigert: «Nein, ich küsse dich auf keinen Fall!», dann erst ist das ein prinzipielles Nein.

## Das erste Treffen nach dem Kennenlernen

Nehmen wir an, Sie haben ein Girl in einer Bar kennen gelernt, von ihr die Telefonnummer bekommen und sich vier Tage später nun zum ersten Rendezvous verabredet.

Es ist natürlich, dass man denkt, dass nach vier Tagen die Vertrautheit des Kennenlernens erst wieder aufgebaut werden muss. Aber es gibt es einen Grundsatz für das erste Treffen:

Verhalten Sie sich so, als ob sie schon längst Ihre Freundin wäre.

Sie tun so, als ob Sie sich schon Jahrzehnte kennen und engste Freunde wären. Schon beim Begrüßen umarmen Sie sie, heben sie hoch, oder schleudern sie um die eigene Achse. Boxen Sie ihr auf den Oberarm, küssen Sie sie auf die Stirn, haken sich beim Nebeneinander laufen ein, fahren ihr durchs Haar … und weitere Vertraulichkeiten. Oder ärgern und necken Sie sie, so wie man es nach einer langjährigen Freundschaft auch machen würde.

Denn die Psychologie dahinter ist, dass ein gezeigtes Verhalten Gefühle erzeugt. Wenn Sie sich wie der beste Freund *verhalten*, nimmt sie Sie nach kurzer Zeit wie den besten Freund wahr.

Sie dürfen auf keinen Fall wieder formell werden und das Kennenlernen von damals nochmal durcharbeiten.

Dann ein weiterer Tipp: Versuchen Sie nicht, sie gleich mit nachhause zu nehmen. Sie müssen mindestens 30 bis 50 Minuten mit ihr verbracht haben, bevor Sie mit diesem Vorschlag kommen können.

Versuchen Sie auch die Treff-Location nicht 08 15 zu gestalten. Seien Sie einfallsreicher als der Rest der Männer da draußen. «Wir treffen uns in einem Café» oder « lass uns ins Kino gehen» ist nicht so spannend.

Sie können beispielsweise ein Überraschungs-Date veranstalten. Sie sagen: «Wir treffen uns um 17 Uhr am Bürkliplatz. Bring Turnschuhe mit! Es wird 'ne Überraschung.»

Gehen Sie mit ihr einen (kleinen) Berg besteigen. Machen Sie mit ihr eine romantische Eisenbahnfahrt mit einem Historienzug. Treffen sie sich zum Billard spielen. Treffen Sie sich mit ihr im Park um Bumerang zu lernen. Gehen sie in eine außergewöhnliche Bar oder Kneipe. (In Zürich beispielsweise gibt es ein Restaurant «Blinde Kuh», da geht man *blind* zum Essen. In Hamburg gibt es eine Bar «Alpha Nobel», bei der herrschen minus 20° Eistemperatur. Alles ist aus Eis, selbst die Barhocker.) Treffen Sie sich am Seeufer und fahren mit einem Tretboot auf den See. Machen Sie mit ihr einen Waldspaziergang. Gehen Sie mit ihr in den Zoo. Treffen Sie sich mit ihr bei Ikea, sie soll Ihnen beim Möbel aussuchen helfen.

Richten Sie ihr Date auch immer so ein, dass die nächsten Schritte bereits voraus geplant sind. Der richtige Casanova weiß, wohin er als nächstes geht, wo die beste Location ist, um sie zu küssen, und wie er sie in die Nähe seines Hauses bringt. So, dass er zum Schluss nur sagen kann: «Meine Wohnung ist da 'grad um die Ecke, komm, wir kaufen ein paar Zutaten, ich koche dir mein Spezialgericht.»

Ich hatte eine Zeit lang in Zürich meine Spezialstrecke, die ich mit den Mädchen beim ersten Treffen immer abgelaufenen bin. Ein wichtiger Punkt auf der Strecke war ein altes Stadthaus, in dem ein riesiges Modell der Stadt Zürich aus den 17. Jahrhundert aufgestellt war. Die wenigsten Zürcher wissen davon, und das Schöne daran ist, dass der Ausstellungsraum fast immer leer ist. Das war meine strategische Kuss-Location. Wenn es dort nicht geklappt hat (weil z. B. zufällig doch ein paar Besucher anwesend waren), war die nächste Station ein abgeschiedener Park.

Wenn Sie mit ihr in ein Lokal gehen, dann achten Sie darauf, dass Sie in einer möglichst uneinsehbaren Ecke einen Platz finden. Es ist nicht gut, wenn Sie beispielsweise direkt neben dem Eingang sitzen, mit viel Laufpublikum, und das ganze Lokal kann sie beobachten. Setzen Sie sich am Tisch auch nicht ihr vis à vis, denn das ist eine Konfrontationsposition und so kann man sich schlecht näher kommen. Sitzen Sie immer um die Ecken des Tisches, so dass das Girl rechts von Ihnen sitzt. Auf die Art und Weise können Sie sie viel leichter berühren, und so können Sie auch entspannt geradeaus schauen, falls mal eine Gesprächspause auftritt.

Wenn man eine Verabredung hat, ist es immer kritisch, wer zuerst erscheint und deshalb warten muss. Es erzeugt eine ziemliche Verwirrung, wenn das Mädchen zu spät kommt. Falls das vorkommt, dann flirten Sie bereits mit einem anderen Girl, das in der Umgebung ist. Wenn sie dann später eintrudelt, können Sie Ihre neue Bekanntschaft vorstellen: «Hallo, Nicole, das ist Melissa, die habe ich gerade kennen gelernt!» Das erzeugt Eifersucht und eine Kampfsituation, wo zwei Frauen plötzlich um Sie kämpfen. Das macht Sie sehr attraktiv! (Ich kenne Verführungskünstler, die machen das prinzipiell, auch ohne, dass das Mädchen zu spät kommt!)

Es ist taktisch klug, selbst zu spät zur Verabredung zu kommen. Lassen Sie sie ruhig fünf bis zehn Minuten schmoren. Umso größer ist dann ihre Freude, wenn Sie dann *doch* erscheinen. Was ich auch schon mit Erfolg gemacht habe, ist die Unmöglichkeit von Nicht-Anweisungen auszunutzen und gleichzeitig den Rollentausch zu praktizieren. Ich kam bewusst zu spät und habe ihr folgende SMS geschickt. «Komme 5 Minuten später. Bitte nicht verlieben!»

Nichtanweisung und Rollentausch können Sie auch mit folgendem Einstiegs-Kommentar beim ersten Rendezvous erreichen. Sie eröffnen ihr: «Das ist kein Date!»

Oder Sie können auch gleich nach der Begrüßung sagen: „Und, bist du nervös?», diese Unterstellung legt die Last auf *ihre* Schultern. Wenn sie kontert: «Nein, und du?», dann antworten Sie zweideutig: «Mach dir keine Hoffnungen!»

## Sie nach Hause bringen

Wenn die Dinge gut laufen und Sie wollen sie mit nach Hause nehmen, dann kann man manchmal nur sagen: «Komm, wir gehen noch zu mir!» aber das klappt meist nur bei Party-Girls. Die Mehrzahl der Frauen brauchen einen Vorwand, um sich vor sich selber und ihrer Freundin am nächsten Tag rechtfertigen zu können. Diesen Vorwand müssen *Sie* liefern.

Deshalb sollten Sie vorbereitet sein. Setzen Sie schon während des Treffens ein Themen-Samenkorn, auf das Sie dann wieder zurückkommen können. Erwähnen Sie beispielsweise im Laufe des Treffens, dass Sie noch ein verrücktes Foto aus Kindertagen haben. Und dann können Sie am Abend «ernten», indem Sie noch einmal darauf zurückzukommen: «Komm noch schnell zu mir, dann zeig ich dir mal dieses süße Foto!» Erwähnen Sie, dass Sie Klavier (oder Gitarre) spielen können und mal einen Song gespielt haben, bei dem Ihre Schwester geweint hat, und dann können Sie sagen: «Komm schnell kurz mit zu mir, dann spiel ich dir mal den Song, bei dem meine Schwester geweint hat, vor.»

Erwähnen Sie beispielsweise eine absolut interessante oder lustige DVD (oder auch ein YouTube Video). Beschreiben Sie es ihr so, dass sie wirklich neugierig darauf wird. Sandkorn gesetzt. Dann, am Ende des Abends, können Sie wieder sagen: «Komm schnell mit hoch, ich will dir schnell noch diese DVD zeigen.»

Es gibt auch den alten Verkäufer-Trick, die Frage auf ein Detail zu lenken, um so das Hauptanliegen mitzuverkaufen. Ein geübter Autoverkäufer fragt nicht, ob der Kunde das Auto will, sondern er überspringt die Kaufentscheidung und fragt: «Welche Innenausstattung möchten Sie haben?» Das können Sie auch bei Frauen anwenden.

Frauen trinken gerne süße Getränke, zum Beispiel Baileys. So etwas sollten Sie deshalb aus strategischen Gründen zuhause haben. Dann können Sie z.B. sagen:

«Irgendwie gefällt's mir hier nicht mehr. Ich hab diese Flasche Baileys bei mir. Ich kann sie nicht alleine trinken. Du kannst dich gerne anschließen. Aber magst du überhaupt Baileys?»

Sie müssen wissen, dass die Frauen natürlich auf irgendeiner Ebene wissen, was da noch kommt, wenn sie mit einem Mann in seine Wohnung gehen, aber Frauen brauchen für sich selber eine Rechtfertigung. Sie dürfen sich selbst nicht aktiv dafür entschieden haben, das wäre ein Problem, denn dann könnte irgendjemand eventuell von ihr als «Schlampe» denken. Sie wollen, dass sie «ausgetrickst» werden, damit sie zum Schluss vor sich und ihren Freundinnen sagen können «Ich wollte eigentlich nicht, aber ich wurde ausgetrickst!»

Es ist gut für Sie, wenn Sie aus diesem Grund irgendein «Objekt» zu Hause haben, das einen Vorwand liefert, ihr das «schnell noch» zu zeigen.

Ich habe daher einen singenden und tanzenden Stoffesel zuhause. Das Tierchen habe ich Benedikt XVII getauft. Da gibt's die Geschichte dazu, dass ich mit Benedikt einmal eine Politesse dazu gebracht habe, mitten auf der Strasse loszulachen, mit dem Effekt, dass sie mir keinen Strafzettel ausstellte.

Dieses Stofftier hat mir in Zurich in einer Kneipe ein afrikanischer Straßenhändler vorgeführt und ich musste es auf der Stelle kaufen. Sobald man den Auslöseknopf drückt, tanzt und singt das Tierchen derartig unbeholfen, dass selbst ein manisch Depressiver einen Lachkrampf bekommt. Sehen Sie zu, dass Sie aus diesem Grunde irgendetwas zuhause haben, das Sie als Anlass nehmen, ihr das «schnell» vorführen zu wollen.

Es sollte spektakulär sein, außergewöhnlich und möglichst mit einer Geschichte verbunden sein.

Dann gibt es noch den Zusatztrick, dass Sie ihr einen «falschen Zeitrahmen» setzen. Sie sagen: «Komm schnell mit hoch, das musst du unbedingt sehen! Ich hab aber nicht viel Zeit, du musst dann in einer Stunde wieder gehen, weil ich morgen frühzeitig aufstehen muss.» Der gegebene Zeitrahmen ist natürlich ein Bluff.

Aber das gibt ihrem Verstand eine subjektive Sicherheit und zusätzlich das Gefühl, dass der Mann derjenige ist, der diesmal anscheinend nicht kann oder will. Wenn sich die Dinge dann trotzdem anders entwickeln, ist es in ihren Augen «einfach passiert!»

Es geht auch zu sagen: «Komm, wir gehen noch irgendwo hin, wo es gemütlicher ist.» Laufen Sie mit ihr einfach Richtung Ihrer Wohnung, wichtig ist nur, dass keine längere Gesprächspause entsteht, wo ihr Verstand plötzlich wie ein Springteufel aus der Box auftaucht und sie fragt: «Wohin gehen wir eigentlich?» Falls das passiert, beruhigen Sie sie einfach, indem Sie sagen: «Irgendwo, wo es gemütlicher ist. Lass dich überraschen!», und dann reden Sie wieder über ein anderes Thema weiter.

Wenn sie schon mal soweit mit ihm gegangen ist, ist die Wahrscheinlichkeit, dass sie auch nach oben kommt, recht groß. «Komm, wir trinken noch kurz ein Glas Prosecco. Ich habe aber nicht viel Zeit, ich muss morgen früh aufstehen.»

Abends ist es prinzipiell romantischer und verführerischer, aber vergessen Sie nicht, dass man auch am Nachmittag

Sex haben kann: «Komm, wir gehen noch kurz einen Kaffee bei mir trinken. Ich hab nicht viel Zeit, ich muss in einer Stunde noch einen Freund treffen. Also, wie war das nochmal mit deinem Hawaii-Urlaub? Wie ging's dann weiter ....» Und während Sie das Thema wechseln, laufen Sie wie selbstverständlich weiter Richtung Haus.
Jeder gute Verführer hat so seine eigene Strategie.

Meine persönliche Favoritenstrategie ist das Kochen. Ich erzähle ihr von meiner Großmutter, die Ungarin war und die mir ein Rezept hinterlassen hat, das hier niemand kennt und was man sonst nirgendwo essen kann. «Letscho». Ich mache es ihr schmackhaft und erzähle, wie ich damit schon Wetten gewonnen habe über die vorausgesagte Menge, die Gäste bei einem Dinner bei mir davon essen würden.

Irgendwann sage ich dann: «Weißt du was, das Gericht geht unheimlich schnell. Das koch ich dir jetzt. Komm, es dauert nur 10 Minuten.»

Allein in London hab ich das drei Mal mit Erfolg bis zum Sex geführt. Sogar am Nachmittag. Ich hatte die Mädchen in der Stadt oder im Park kennen gelernt, kurz die Zutaten mit ihr in einem Lebensmittelladen gekauft und sie dann mit nachhause genommen.

Natürlich hat der Don Juan dann Prosecco, Baileys, Martini, Wein zu Hause, damit sie dann gelockerter wird. Genauso wie romantische Musik und Kerzen. Halten Sie immer eine CD/I-Pod mit romantischer Musik bereit. Kerzen sind ebenfalls ein Muss. Machen Sie zunächst das elektrische Licht an, damit sie nicht gleich den Braten riecht. Aber parallel dazu zünden Sie gleich auch Kerzen an. Um dann, nach einer Zeit der Eingewöhnung, nach und nach das elektrische Licht auszuschalten, so dass irgendwann nur noch das romantisches Kerzenlicht dominiert.

Eine herrliche Geschichte, mit welchen Methoden man das Mädchen nachhause bringen kann, habe ich von Badboy gehört.

Badboy war einer meiner Coaches und lebt in Zagreb, Kroatien. Er hatte ein Aquarium zuhause und war bestrebt, hin und wieder einen neuen Fisch für sein Aquarium zu kaufen. Eines Tages traf er sich mit einem Mädchen am helllichten Tag in einem Café in der Nähe seiner Wohnung. Auf dem Weg nach draußen entdeckte er eine neu eröffnete Zoohandlung. Er stoppte spontan und sagte: «Lass uns kurz schauen, ob vielleicht heute mein Glückstag ist und ich diesen einen außergewöhnlichen Diskusfisch finde?» Sie gingen in die Zoohandlung und tatsächlich: Der seltene, teure Fisch war in dieser Zoohandlung zu finden. Das einzige Exemplar. Badboy schlug zu, der Zoohändler packte den Fisch in eine Plastiktüte mit Wasser und sagte ihm: «Der Sauerstoff in der Tüte reicht nur kurz, der Fisch muss innerhalb von 20 Minuten ins Aquarium gesetzt werden, sonst stirbt er.» Jetzt war plötzlich eine höhere Gewalt aufgetaucht, gemäss der er jetzt dringend in seine Wohnung musste. Badboy sagte dem Mädchen: «Ich bin so froh und dankbar, dass ich endlich diesen seltenen Fisch habe. Ich werde ihn nach dir benennen. Clarissa! Komm wir bringen ihn schnell nachhause!» Er lief mit ihr zu seiner Wohnung, setzte den Fisch in das Aquarium und der Rest ergab sich wie immer.

Am anderen Tag, ließ er diese Begebenheit noch einmal Revue passieren. «Moment, ist das nicht ein wunderbarer Vorwand, die Mädchen nachhause zu lotsen?» Er trug am nächsten Tag den Fisch wieder zum Händler zurück und machte einen Deal mit ihm.

Zwei Tage später kam er mit einem anderen Mädchen in die Zoohandlung. «Haben Sie zufällig diesen seltenen Diskusfisch?» Der Zoohändler: «Mein Gott, Sie haben Glück, wir haben ihn gestern bekommen.» Badboy kaufte denselben Fisch vor ihren Augen, gab ihm diesmal den Namen Nicole. Und sagte zur echten Nicole: «Wir müssen ihn jetzt schnell nachhause bringen, sonst stirbt er.» In den nächsten Monaten bekam der arme Fisch circa 25 unterschiedliche Frauennamen.

Es gibt eine taktisch kluge Vorgehensweise, das Mädchen zu Beginn des ersten Rendezvous die Wohnung unter einem Vorwand sehen zu lassen, damit sie Vertrauen bekommt.

Dazu können Sie folgendes machen. Sie treffen sich zum ersten Rendezvous auf der Straße vor Ihrer Wohnung. Dann sagen Sie, nachdem sie zusammen einige Meter gelaufen sind: «Stopp, ich habe meinen Geldbeutel vergessen, kommt schnell mit hoch, ich muss ihn kurz aus meiner Wohnung holen. Da kannst du auch mal sehen, wie ich wohne.»

Frauen sind von Natur aus neugierige Wesen. Jetzt geht sie hoch mit in die Wohnung, sie sieht die Einrichtung und sie sitzt bereits auf einem Sessel. Dann können Sie ihr noch sagen: «Sekunde, ich muss noch grad mal auf die Toilette.» So hat sie nochmal mehr Gelegenheit sich umzuschauen und Vertrauen zu sammeln. Sie haben natürlich Dinge in der Wohnung platziert, von denen Sie wollen, dass Sie sie wahrnimmt.

Es ist psychologisch gut, wenn sie bereits die Wohnung betreten hat, mit den Räumlichkeiten schon mal vertraut ist, wenn sie weiß, dass da kein «Perverser» wohnt und zusätzlich als Erfahrungswert unterbewusst abspeichert: Ich kann gefahrlos in dieser Wohnung sein, dort ist nichts passiert.

Jetzt wird es am Ende des Abends einfacher, sie noch mal in die Wohnung zu bringen. Denn es ist ja für sie nichts absolut Neues mehr, sondern schon fast ein «gewohnter Gang.»

Suchen Sie auch Themen-Samenkörner aus Ihrer echten Biographie. Ich will Ihnen ein Beispiel geben. Ein schönes Themen-Samenkorn, um mit meiner Freundin später ein neues Girl zu einem Dreier mit nach Hause zu bringen, ist folgende echte Geschichte. Die Geschichte ist länger, deshalb erzähle ich sie nur in einer ruhigeren Umgebung und in der Phase 2, in der Phase des Vertrauens.

> Zu der Zeit, als ich in Genf lebte, lernte ich dort ein Mädchen kennen, das nur für ein Jahr in der Uno-Stadt lebte, um Französisch zu lernen. Ihr Name war Nathalie. Für mich war es nicht mehr als ein Urlaubsflirt für einen schönen Sommer. Im Dezember, als das Jahr für sie zu Ende war, kehrte sie wieder in die Deutsch-Schweiz zurück. Der Abschied war für sie viel schwerer als für mich.
>
> Jedes dritte oder vierte Wochenende kam sie aus ihrer Heimatstadt Luzern nach Genf, um mich wieder zu sehen.
>
> Eines Tages hatte ich sie am Telefon, und dort erzählte sie mir in einem Nebensatz, dass sie «jemanden» kennen gelernt hatte. Ich fragte unberührt, wer das sei und wechselte nach ein paar Sätzen das Thema.
>
> Ungefähr 10 Minuten später, nachdem ich den Hörer aufgelegt hatte, riss es mich weg. Eine unbeschreibliche Eifersucht kroch in mir hoch. Innerhalb von Stunden wurde dieses Mädchen zu allem, was mir im Leben erstrebenswert erschien. Als Erstmaßnahme ließ ich ihr am nächsten Tag einen riesigen Blumenstrauß ins Büro bringen. Meine Freude war überschwänglich, als sie sich per Telefon bedankte und ich spürte, dass sie sich darüber in der Seele gefreut hatte.
>
> Obwohl sie diesen «Neuen» hatte, besuchte sie mich nach wie vor jedes dritte oder vierte Wochenende in Genf. Ihm erzählte sie, dass sie eine «Freundin» besuchen würde. Wir verbrachten immer wunderschöne Tage zusammen. Obwohl mein Herz in Flammen war, machte ich ihr nie eine Andeutung, dass sie ihn aufgeben sollte. Aber eines Tages beschloss ich: Diese Frau eroberst du wieder zurück! Egal wie, egal wann, egal mit welchem Aufwand. Scheitern ist keine Option!
>
> Ich hatte zwei Trümpfe in der Hand. Zum einen wusste ich von ihm, er aber nicht von mir. Die Wahrheit zu kennen, auch wenn sie schmerzhaft erscheint, ist immer viel besser, als ge-

blendet durch einem einlullenden, schönfärbenden Nebel zu laufen. Der zweite Trumpf war mein Hobby: Ich spiele Klavier und Gitarre und hatte zu Hause mit Synthesizer, Schlagzeugcomputer und Soundmodulen die Möglichkeit, Lieder aufzunehmen, die ein Laie von Radioqualität kaum noch unterscheiden konnte.

Ich beschloss: Ich werde ihr ein Lied komponieren! Ich nahm mir daraufhin zwei Wochen meines Jahresurlaubs, in denen ich mich diesem Projekt zuwenden wollte. Ein Lied mit allem Instrumentarium zu komponieren und allein einzuspielen braucht Zeit. Die längste Zeit verging damit, den Gesang mit Chor aufzunehmen, da ich ja alles selbst singen musste.

Dann kam das Wochenende, an dem sie wieder ihren Besuch ankündigte. Ich hatte alles vorbereitet und durchgeplant. Wir verbrachten ein traumhaftes Frühlingswochenende mit Spaziergängen durch die Weinberge und romantischen Restaurantbesuchen. Ich hatte die ganze Zeit ein Päckchen versteckt bei mir. Darin waren ein Walkman, eine Kassette und ein Brief.

Am Sonntagabend brachte ich sie in Lausanne, der Nachbarstadt von Genf, an den Bahnhof. Sie stieg die Stufen hoch in den Zug und als sie so oben an der Zugtür stand und sich zu mir nach unten zum Kuss beugte, zog ich aus meiner Manteltasche das Päckchen, reichte es ihr hoch und sagte: «Nathalie, das ist ein Geschenk für dich. Aber bitte versprich mir, du darfst es erst aufmachen, wenn der Zug fährt». Sie blieb am geöffneten Zugtürfenster stehen, als der Zug langsam aus dem Bahnhof fuhr. Ich winkte ihr solange nach, bis sie aus meinem Blickfeld verschwunden war.

Den Rest der Geschichte kenne ich nur aus ihrer Erzählung. Als der Schaffner im Zug bei ihr vorbei kam, um die Tickets zu kontrollieren, fragte er sie: «Warum weinen Sie denn?» Sie antwortete: «Ich bin so glücklich!»

Mein Nebenbuhler erwartete sie am Abend in Luzern am Bahnhof, um sie abzuholen. Noch am Bahnsteig hat sie mit ihm Schluss gemacht. Ich hatte Nathalie zurück gewonnen.

Ein paar Monate später habe ich mich das erste und bisher einzige Mal in meinem Leben für eine Frau bewegt. Ich suchte mir einen neuen Job in der Nähe von Luzern, bin zu ihr gezogen.

Nachdem ich diese Geschichte erzählt habe, ist es dann naheliegend, später einen Anlass zu kreieren: «Komm schnell mit hoch, damit du das Lied mal hören kannst». [13]

13 Das Lied, das ich ihr komponiert habe, existiert auch online, Sie können es auf meiner Website www.poehm.com unter dem Menüpunkt Produkte/ «Nathalie's Song» downloaden.

# Wirkungsvolle Kurztipps

## Wie Sie ein hochnäsiges Girl handhaben.

Frauen, die nach außen hin arrogant, eingebildet und überheblich erscheinen, sind im Inneren unsicher. Es gibt einen wunderbaren Analysespruch, den man zu so einer Frau sagen kann. Achtung, das muss tatsächlich auswendig gelernt werden. Ich habe Monate des Wiederholens gebraucht, bis ich ihn verinnerlicht hatte. Aber er hat mir schon oft offene Augen und offene Herzen gebracht. Hier ist er:

> Es gibt zwei verschiedene Arten von Menschen auf der Welt. Die Beobachter und die Beobachteten. Du gehörst eher zu den Beobachtern. Wenn du Leute kennen lernst, denken sie teilweise, du wärst eingebildet oder eine Tussi ... aber das ist nicht wahr, sie kennen dich einfach nicht. Denn du erfährst die Welt durch deine Gefühle und möchtest sicherstellen, dass die Leute, die du in dein Leben lässt, gute Menschen sind, und wirklich von Herzen kommen. Wenn du Leute kennen lernst, beobachtest du sie deshalb zunächst, um sie zu verstehen, bevor du dich ihnen öffnest. Und dieses Verhalten ist so etwas wie ein Schutzschild, und wenn du von den richtigen Menschen umgeben bist (zeigen Sie auf sich) und du eine Menge Spaß mit ihnen hast, kannst du einfach du selbst sein. Und ich glaube genau das ist es, wonach du wirklich in deinem Leben suchst: Menschen, zu denen du ehrlich sein kannst und die genau verstehen, was für ein Mensch du bist ...

## Nicht nachrennen, wenn sie weiterläuft.

Wenn Sie ein entgegen kommendes Mädchen in der Straße (in der Bar) ansprechen und sie bleibt nicht direkt stehen, dann gehört es zu den verbotenen Dingen, dem Mädchen sprechend nachzulaufen.

Was der Frauenflüsterer maximal tut, ist dass er seinen Oberkörper in ihre Richtung dreht, aber mit den Beinen fest stabil auf der Position stehen bleibt. Seine Stimme wird zwar lauter, während sie weiterläuft, aber er bewegt sich nicht von der Stelle. Nur wenn auch *sie* plötzlich ihre Schritte verlangsamt und ganz stehen geblieben ist, erst dann geht er wieder einen leichten Schritt auf sie zu. Oberkörper ist aber immer noch leicht abgedreht. Erst wenn *sie* einen Schritt auf ihn zu macht, dann bewegt sich auch der Frauenflüsterer.

## Was, wenn plötzlich ihr Freund auftaucht.

Jeder Casanova kennt das Problem. Er steht mit einer schönen Flamme und flirtet, dass die Wände wackeln, plötzlich kommt ihr Kerl um die Ecke und schaut ihn aus der Entfernung finster drohend an. Hier gibt's den Spruch des Jahrtausends.

Sobald ihr Lover kommt, geben Sie ihm die volle Aufmerksamkeit. Sie müssen eine offene Körpersprache haben, das heißt: die Unterarme öffnen, wobei die Handinnenfläche nach außen gehalten sein sollen. Das ist ein Signal aus Höhlentagen von «Ich hab nichts zu verbergen – ich bin wehrlos». Dann setzen Sie ein augenzwinkerndes Lächeln auf und sagen folgenden Spruch:

> «He, Kumpel (Augenzwinkern), wie kannst du nur so 'ne schöne Frau so lange allein stehen lassen. Ich musste mich um sie kümmern, solange du nicht da warst, damit sie Ansprache hat. (Blick zu ihr) Schau, jetzt hast du wieder deine richtige Begleitung. (Blick zu ihm) Ihr beide passt übrigens gut zusammen. (Blick zu ihm) High Five, Kumpel»

Dabei breites Lächeln zeigen und weggehen.

## Beobachten Sie genau – Es gibt Steilpässe

Steilpässe sind Groß-Chancen, bei denen Ihnen der Ball vor die Füße gespielt wird.

Wenn Sie *vor* einem Club, *in* einem Club, oder einer Bar stehen, dann halten Sie Ihre Augen sehr aufmerksam auf und beobachten die Sie umgebenden Frauen und Frauengruppen. Wenn vor einem Club oder in einer Bar ein Mädchen alleine steht und Sie sehen, dass sie sich unwohl fühlt, dann laufen Sie direkt auf sie zu, bevor es ein anderer tut. Das ist ein Steilpass für Sie, Sie müssen es nur erkennen. Denn es ist für Frauen sehr unangenehm, eine Verabredung zu haben und die verabredete Person kommt zu spät. Dann stehen sie für 5, 10 oder 20 Minuten für alle sichtbar alleine, und das ist für die meisten Frauen eine gefühlte Katastrophe. Sie wird hoch dankbar reagieren, wenn Sie sie ansprechen.

Denselben Steilpass haben Sie, wenn Sie beobachten, dass zwei Freundinnen zusammen sind und eine von ihnen wird angebaggert. Wenn die zweite gelangweilt daneben sitzt, dann ist die Gelangweilte ein dankbares «Opfer». Es reicht, wenn Sie sie ansprechen mit «Hi!»

## Wie Sie ein Mädchen aus der Gruppe lösen

Es ist ein größeres Problem, wenn man alleine unterwegs ist und auf eine Gruppe von zwei oder drei Mädchen trifft, aus der man eine für sich haben will. Es gibt ein ungeschriebenes Gesetz unter Freundinnen, dass man seine Freundin nicht alleine lässt, selbst wenn George Clooney ein Angebot macht. Die Solidarität unter Mädchen ist sehr stark. Auch wenn ein Mädchen ganz offensichtlich Gefallen an einem neu kennen gelernten Mann findet und ihre Freundin fühlt sich nicht beachtet, sie dann am Ärmel zupft und sagt: «Komm, lass uns gehen!», dann wird das Ziel-Mädchen ihrer Freundin fast immer höhere Priorität einräumen als dem Mann. Ich stelle Ihnen hier zwei Lösungen vor:

Wenn zwei (oder drei) Mädchen zusammen stehen und Ihnen gefällt eine davon, dann gehen Sie zunächst auf diejenige zu, die Ihnen weniger gefällt. Machen Sie Smalltalk mit ihr, dann mit allen beiden. Bis Sie mit Ihrem Outing kommen, verschenken Sie beiden Mädchen ungefähr gleich viel Aufmerksamkeit. Wenn Sie spüren, das Sie bei *beiden* Mädchen als angenehmer Gesprächspartner empfunden werden, sagen Sie plötzlich zwischendrin zum Nicht-Zielobjekt: «Melissa, deine Freundin gefällt mir außerordentlich, würde es dir etwas ausmachen, wenn ich mich mit ihr zurückziehe und alleine unterhalte?» Warten Sie ihre Antwort ab und gehen dann mit ihr an einen anderen Ort des Raumes.

Eine weitere Möglichkeit, diese Situation zu handhaben, ist folgende. Sie öffnen die Mädchen Gruppe und sobald Sie denken, dass Sie Ihr Ziel-Mädchen isolieren wollen, geben Sie vor, auf die Toilette zu müssen. Jetzt schauen Sie sich im Club um, wo es einen Typen gibt, von dem Sie annehmen, dass er zum zweiten Mädchen passen würde. Sprechen Sie ihn an und sagen ihm: «Hör zu Kumpel, ich bin der Matthias. Da drüben die Rothaarige, die Freundin von meiner Freundin, die schaut die ganze Zeit interessiert zu dir rüber. Ich spüre, die will was von dir. Ich finde es unfair, wenn du diese einmalige Chance nicht nutzen kannst. Komm mit, ich stell dich vor!» Jetzt gehen Sie zusammen mit Ihrer neuen männlichen Bekanntschaft zum Zweierset zurück. Zwischendurch erklären Sie ihm, wie Sie ihn einführen werden. Zurück bei den Mädchen sagen Sie: «Schaut mal, wen ich hier zufällig im Club getroffen habe! Das ist mein Kumpel Mark, wir haben früher mal zusammengearbeitet. (Blick zum Typen) Mark, darf ich dir vorstellen, das hier ist Melissa, und das hier ist Nicole.» Jetzt wenden Sie sich wieder zu ihrem Zielobjekt, gehen mit ihr weg und lassen Mark mit seiner neuen Flamme alleine.

## Der Einwilligungs-Test

Hunde-Dresseure haben eine Regel: *Gib einem Hund keinen Befehl, von dem du befürchtest, dass er ihn nicht befolgt.* Hunde-Dresseure machen zunächst mit kleineren Aufgaben einen sogenannten Folgsamkeits-Test. Erst wenn der Dresseur erlebt, dass der Hund ihn als Befehlsgeber anerkannt hat, dann gibt er ihm einen größeren Befehl. Diesen Folgsamkeits-Test oder Einwilligungstest machen Sie auch bei Frauen. Sie testen ab, ob sie Sie als Befehlsgeber akzeptiert. Wenn Sie beispielsweise ihr die Hand lesen[14] wollen, dann ist es nicht ratsam, einfach nach ihrer Hand zu greifen und zu sagen: «Komm, ich les mal deine Hand!». Denn es kann passieren, dass sie plötzlich die Hand zurückzieht. Deshalb macht man vorher den Einwilligungs-Test mit kleineren «Aufgaben».

Sie fragen: «Mit welcher Hand schreibst du?» Sie: «Mit Rechts.». Jetzt sagen Sie, ohne Ihre eigenen Hände zu bewegen: «Zeig mir mal deine rechte Handinnenfläche.» Wenn sie diese Bewegung bereitwillig ausführt, wissen Sie, dass sie den ersten Einwilligungs-Test bestanden hat und Sie jetzt einen zweiten hinterher schicken können. Sie sagen ihr: «Strecke deine Hand mal so nach vorne!» Erst wenn sie das getan hat, greifen Sie ihre Hand. Jetzt erst können Sie sicher sein, dass sie die Hand bei Ihnen lassen wird. Falls sie zwischendurch eine Ihrer Anweisungen

14 Es gibt eine Möglichkeit, ihr die Hand zu lesen, mit der Sie frei improvisiert Dinge über sie «wahrsagen» können, die zu 80% auf jede Frau zutreffen. Im Seminar zeige ich den Teilnehmern eine Bilderkette, mit der man sich diese Elemente auf Anhieb und unvergesslich einprägen kann.

nicht ausführt, haben Sie (in der Gegenüberstellung dazu, wenn sie sich abrupt aus Ihrer Handumklammerung löst) nur sehr wenig verloren.

Diese Einwilligungstests machen Sie besonders dann, wenn Sie ihr körperlich nahe kommen wollen. Geben Sie ihr zunächst kleine Befehle, um ihre unterbewusste Einwilligung abzutesten, und erst dann wagen Sie mehr.

## Ein «Requisit» überlassen

Es gibt eine Möglichkeit, die emotionale Bindung zu stärken und gleichzeitig Vertrauen herzustellen. Sie überlassen ihr ein Requisit.

Setzen Sie ihr beispielsweise Ihre Sonnenbrille auf, und dann können Sie getrost das Szenario verlassen, um beispielsweise auf die Toilette zu gehen oder kurz wieder mit Ihren Kumpels zu sein. Mit Ihrer Sonnenbrille auf dem Kopf fühlt sie sich verantwortlich, Sie wieder zu sehen.

Wenn Sie einen Ring von Ihrem Finger nehmen, um ihn ihr anzustecken, dann ist das ein großer Vertrauensbeweis. Wenn Sie ihre Handynummer genommen haben und ihr Ihren persönlichen Ring überlassen haben mit der Aussage: «Den gibst du mir wieder, wenn wir uns das nächste Mal wieder sehen.», dann ist die Chance des Wiedersehens sprunghaft nach oben gestiegen. Natürlich haben Sie irgendwann bei einem Straßenhändler dutzende dieser Ringe eingekauft. Sie können sogar Ihren Geldbeutel bei ihr auf dem Bartresen liegen lassen, wenn Sie sich weg bewegen. Dass das ein präparierter Geldbeutel von Ihnen ist, muss sie ja nicht wissen. Dasselbe gilt für Ihr Handy. Es geht also darum, irgendein Objekt, das scheinbar wertvoll ist, in ihrer Obhut zu belassen und damit die Wahrscheinlichkeit des Vertrauens, der persönlichen Bindung und des Wiedersehens zu erhöhen.

## Interessensindikatoren.

Das Prinzip der Warm-Kalt-Dusche funktioniert nur, wenn auf der Seite der Frau Interesse an Ihnen herrscht. Erst dann funktioniert der Entzug. Nur wenn ein Mädchen wirklich «an der Angel» ist, lohnt es sich, weiter Energie in sie zu investieren.

Es ist für den ungeübten Mann nicht einfach zu erkennen, ob ein Girl Interesse an ihm hat. Es gibt aber einige Interessensindikatoren.

Wenn SIE Fragen stellt, «Wie heißt du?», «Was arbeitest du?», «Was bist du für ein Sternzeichen?» dann ist das ein starker Indikator für ihr Interesse.
Wenn Sie innerhalb von 30 Sekunden *mehrmals* ihr Haar zurecht rückt.
Wenn sie sich zu Ihnen lehnt.
Wenn sie Sie berührt und die Hand länger als notwendig auf Ihrer Hand/Knie lässt.
Wenn sie bereit ist, ihre Freunde zugunsten von Ihnen alleine zu lassen.
Wenn sie ungefragt ihr Alter im Gespräch erwähnt.
Wenn Sie ihre Hand drücken und sie drückt zurück.
Wenn sie Ihren Namen im Gespräch öfter wiederholt.
Wenn sie sich beim Gespräch selbstvergessen am Hals streichelt.
Wenn sie bei einer Bemerkung Ihnen auf die Brust/Oberarm klopft.
Wenn sie Sie bei Pausen im Gespräch trotzdem noch weiter anschaut.
Wenn sie übertrieben über Ihre Witze lacht, vor allem, wenn sie gar nicht lustig waren.
Wenn sie fragt, ob Sie in einer Beziehung sind.
Wenn sie Sie mit bewundernden oder verträumten Augen anschaut.

## Strategisches Spiel beim Platz suchen

Bevor Sie im Lokal einen Platz einnehmen, sehen Sie zu, dass Sie in einer Position sind, dass kein anderer Typ mehr dazwischen kommen kann. Das gilt beim Hinsetzen auf ein Sofa und beim Stehen an der Bar. Wenn Sie sich mit ihr auf eine Sitzgelegenheit setzen, dann sehen Sie zu, dass das Mädchen in einer Position ist, dass entweder neben ihr ein anderes Mädchen sitzt oder sie so am Rand platziert ist, das kein anderer (Mann) sich neben sie setzen kann.

Wenn Sie mit einem Freund (Wing) unterwegs sind und Sie zwei Mädchen aufgetan haben, dann ist es eine hohe Priorität, dass die Mädchen so positioniert werden, dass die Kommunikation zwischen ihnen unterbrochen ist. Wenn Sie auf einer Couch sitzen (oder an der Bar stehen) und die Position ist so:

Mann – Mädchen – Mädchen – Mann,

dann können die Mädchen, wenn die Luft draußen ist, plötzlich miteinander kommunizieren und die beiden äußeren Männer haben verloren. Besser ist folgende Positionierung:

Mädchen – Mann – Mädchen – Mann, oder

Mädchen – Mann – Mann – Mädchen

Falls es bei einem Pärchen jetzt einmal nicht so gut läuft, dann ist die Chance, dass ein Mädchen mit dem anderen Mädchen Kontakt aufnimmt und sie mit ihrer Kommunikation die Männer ausschließen, sehr gering.

## Flippige Kleider machen den Mann

In meinem Verführungs-Seminar gab es einen Teilnehmer, der ca. Mitte 50 Jahre alt war. Er hatte einen technischen Beruf. Er kam mit einer Cordhose, einem Holzfällerhemd und mit Gesundheitsschuhen, die an der Sohle abgerundet waren, ins Seminar. Solchen Menschen vertraut man seine Katze an, aber mit denen geht man nicht auf ein Date. Ich spreche im Seminar auch immer Kleider und Outfit an. Am ersten Tag machte ich sein Erscheinungsbild zum Thema. Irgendwie muss ihn das angespornt haben, denn ohne unser Wissen kaufte er sich nach Kursende eine flippige Hose, ein stylisches Hemd und absolut extravagante, spitze Schuhe und kam anderntags damit ins Seminar. Wir konnten es alle nicht fassen. Meine Freundin, die in punkto Ästhetik allerhöchste Ansprüche hat, und alle Teilnehmer waren von den Socken. Das war wirklich eine andere Person! Plötzlich stand ein attraktiver Lebemann vor uns. Ein extravagantes, flippiges Outfit ist beim Verführungsspiel absolut hilfreich!

Viele haben den Glaubenssatz, man müsste Kleider auswählen, «die zu einem passen». Damit rechtfertigen sie dann nur kleinste Änderungen an ihrem Kleiderstil. Das ist eine Lüge. Sie können Ihren Stil von heute auf morgen komplett ändern, und jeder nimmt Ihnen das ab!

Für das erfolgreiche Verführen sollten Sie sich eine gute Freundin nehmen, Ihre Schwester, einen Schwulen aus Ihrer Bekanntschaft oder nur die Beraterin im Kleidergeschäft und Ihre Klamotten auf Vordermann bringen. Sagen Sie ihr, dass Sie zu einer Party eingeladen sind und dort in punkto Klamotten herausstechen wollen. Absolutes Muss sind außergewöhnliche, gute Schuhe. Frauen achten extrem auf so etwas.

Wenn Ihnen die neuen Kleider nervöses Herzklopfen beim Gang auf die Straße verursachen, dann liegen Sie richtig.

## Standard-Antworten auf Standard-Bemerkungen

Ich bin Schlagfertigkeitstrainer. Da bin ich unter anderem darauf spezialisiert, auf immer wiederkehrende Bemerkungen gut wirkende Antworten auszudenken (bzw. zu sammeln). Ich habe wirksame schlagfertige Antworten zu folgenden Killer-Bemerkungen von Girls:

Bist du ein Player?
Was arbeitest du? (Und Sie wollen es nicht sagen)
Ich habe einen Freund.
Hey, du hast meinen Namen vergessen?
Machst du das mit allen Mädchen?
Warum redest du mit mir?
Was willst du?
Hau ab!
Was, du bist schon 43?
Bist du Single?
Kannst du mir einen Drink spendieren?
Willst du mich hier anmachen?
Wie alt bist du? (Und Sie wollen es nicht sagen)
Ich bin zu jung für dich.
Aber wir haben *keinen* Sex.
Machst du hier jede in der Straße an?
In meiner Website www.Schlagfertigkeit.com finden Sie unter dem Menüpunkt «Flirttipps & Verführungstipps» die Sammlung der pfiffigsten Antworten.

### Frage: Wie krieg ich meine alte Freundin zurück?

Antwort: Indem Sie sich eine Neue suchen!

Je eher Sie Ihre alte Freundin vergessen, desto eher ist Ihr Emotional-Haushalt wieder ausgeglichen und umso eher finden Sie eine neue. Die meisten Männer können ihre vergangene Liebe nicht loslassen und im Verlustschmerz wird sie im Nachhinein verklärt. Es ist nur eine sentimentale Vorstellung, dass ausschließlich diese eine Frau perfekt zu Ihnen passen würde. Die plötzlich rosarot eingefärbte Vergangenheit war niemals so rosarot, wie Sie sich das im Rückblick zurechtlegen und wenn sie tatsächlich zurückkommen würde, wären Sie nach spätestens drei Monaten wieder im alten Frust gefangen.

Das Universum hält hunderte wunderbare potentielle Freundinnen für Sie bereit. Jedes Ende ist immer ein neuer Anfang. Gehen Sie sargen und genießen das Leben.

Es ist deshalb clever, immer ein Rückzugs-Mädchen im Ärmel zu haben, so dass Sie beim Scheitern zur anderen wechseln können. Daher sollten Sie, auch wenn Sie in einer Beziehung sind, immer ausgehen, soziale Kontakte pflegen und das Sargen nicht unterbrechen. Egal, wie toll Ihr Mädchen auch sein mag.

# Schlussbetrachtungen zum Verführen

## Verpflichten Sie sich, um ins Handeln zu kommen

Dieses Buch hier gelesen zu haben, ohne zu handeln, wird Sie nicht weiter bringen. Sie müssen unbedingt ins Handeln kommen. Gehen Sie nach draußen und sprechen Sie Frauen an. Sammeln Sie jede Woche mindestens 20 Striche. Dann haben Sie nach einem Jahr 1000 Striche. Erfolg lässt sich so fast nicht mehr verhindern.

Gehen Sie immer wieder in dieselbe Bar/Club, wo sich schöne, heiße Frauen aufhalten. Es ist wichtig, dass Sie lernen, sich in so einer Umgebung zuhause zu fühlen. Wenn Sie sich ständig dort aufhalten, verlieren Sie langsam die Hemmung. Sehen Sie zu, dass Sie den Barkeeper und die Bediensteten kennen und immer mit großem Hallo begrüßen.

Suchen Sie sich einen gleichgesinnten Kumpel (Wing), mit dem Sie auf Tour gehen. Geben Sie ihm 50 Euro. Er soll sie nur dann zurückgeben, wenn Sie mindestens 10 Frauen am Abend angesprochen haben. Ansonsten gehört das Geld ihm.

Oder machen Sie mit einem gleichgesinnten Freund folgendes Wett-Spiel. Sie trainieren, immer mehr zu wagen, als Sie sich zutrauen. Wer im Laufe der Wochen zuerst 100 Punkte hat, wird vom anderen zum Restaurant-Essen eingeladen. Wichtig dabei ist, dass nicht das Ergebnis honoriert wird, sondern der *versuchte* Torschuss.

| | |
|---|---|
| Ansprechen | 1 Punkt |
| Telefonnummer gefragt | 2 Punkte |
| Küssen versucht | 5 Punkte |
| Nach Hause bringen versucht | 10 Punkte |
| Sex versucht | 20 Punkte |

## Schauen Sie Frauen an und knipsen einen Gedanken an

Auch wenn Sie keine Frauen ansprechen, trainieren Sie, wenn Sie durch die Stadt laufen, Frauen anzuschauen und folgenden Gedanken anzuknipsen: «Dich kann ich *auch* haben». Das ist ein begleitendes Training, um seine Glaubenssätze gegenüber schönen Frauen zu ändern. Halten Sie den Blick so lange stabil, bis Sie kein Angstgefühl mehr in sich spüren. Denn Sie müssen vor schönen Frauen keine Angst haben. Sie sind nur Menschen.

Was ich auch immer wieder mit Erfolg gemacht habe, ist, schöne junge Frauen anzuschauen und ihre selbstzweifelnden Gedanken, ihr Unzufrieden-sein mit sich selbst wahrzunehmen. Es ist erstaunlich, wie man nach einiger Zeit bei allen (nicht nur bei Frauen) diese generelle Unsicherheit und Verwundbarkeit mit Gewissheit spürt. (Hier hilft mir mein spirituelles Wissen: Solange Menschen nicht wissen, wer sie sind, kämpfen und leiden sie!)

Diese Übung hilft, die Frauen nicht mehr auf einem hohen Sockel zu sehen.

## Wie Frauen niemals schlecht von Ihnen denken

Das Buch darüber, wie man Frauen so verführt, dass sie *nie* schlecht von Ihnen denken können, dass sie sich *nie* unwohl bei Ihnen fühlen, ist noch nicht geschrieben worden. Wenn, dann stünde darin ein einziger Satz: «Bleib immer Zuhause!»

## Verführen ist ein Stimmungs-Spiel

Ich garantiere Ihnen, es wird, egal, wie weit Sie sind, die Zeit kommen, wo Sie wieder schlecht mit sich reden werden. Ihre Stimmung ist auf dem Nullpunkt, Sie denken, alle bisherigen Anstrengungen waren für nichts. Hier ist die Methode, um das zu ändern:

Wenn Sie sich unmöglich fühlen, wenn Sie sich als Niemand fühlen, als unfähig und als Loser … gehen Sie hin und … sprechen Girls an.

Solange Sie nicht mindestens 10 Striche haben, dürfen Sie kein Urteil über sich abgeben.

Und wenn nach 10 Strichen Ihre Laune immer noch nicht auf Stufe 3 geklettert ist, dann machen Sie nochmal 10.

Es geht nicht ums Frauen verführen, es geht ums Striche machen!

## Das Lernen hört niemals auf

Der richtige Frauenflüsterer will ständig dazu lernen. Deshalb fragt er irgendwann nach dem Sex das Girl, wie sie die Eroberung erlebt hat. «Was hast du dir gedacht, als ich dich angesprochen habe?» So erfährt er zum Beispiel, wie sie selber und ihre Freundlinnen ihn zu Beginn wahrgenommen haben, welche Handlung in ihren Augen gut und welche schlechter war, was die wirkliche Ursache für ihre erste Zurückhaltung an irgendeiner Stelle war usw. usw.

Machen auch Sie sich das zur Gewohnheit. Sie glauben nicht, welche wertvollen Erkenntnisse Sie dadurch gewinnen und ihr Eroberungsspiel verbessern können.

## Die Identität einer Spinne

Wie bei allen Fähigkeiten im Leben werden Sie dann am erfolgreichsten, wenn Sie eine Identität dazu bekommen. Ob Sie eine Identität als guter Autofahrer, als guter Musiker oder als guter Casanova haben, erst wenn Sie daran glauben gut zu sein, sind Sie es. Bis so eine Identität gebildet ist, dauert es aber seine Zeit. Das geht nicht in zwei Monaten.

Die Identität ist dann erreicht, wenn Sie sich als prinzipiell erfolgreich sehen und die Fehlschläge in Ihrem Bewusstsein als «Ausnahme» betrachten. Wie die tatsächliche numerische Wahrheit aussieht, ist egal. Es geht nur um Ihre *Wahrnehmung*. Vorher: Meistens hab ich Angst aber es klappt manchmal. Nachher: Meistens bin ich erfolgreich, aber manchmal klappt's nicht. Sie müssen die Einstellung einer Spinne bekommen.

Die Spinne zählt nicht die Fliegen, die an ihrem Netz vorbei geflogen sind, sondern nur die, die im Netz hängen blieben.

## Welche Gesellschaft hätten wir, wenn Sargen ein Kulturgut würde

Wenn die Leute elegant Frauen verführen könnten, gäbe es weniger frustrierte Männer, die dann Hooligans werden, Bankräuber, Neonazis, oder Terroristen.

Wenn wir den Männern sargen beibringen würden, wäre das ein wesentlich wirksameres Mittel zur Eindämmung der Vergewaltigungen, als jede Strafverschlimmerung, als jede Psychotherapie, als jeder Bibelkreis.

Ich habe einen Fernsehbericht über einen 25-jährigen Mann gesehen, der zu lebenslanger Haft verurteilt wurde. Eine 42 jährige Frau hatte ihn von einer Bar aus angetrunken mit zu sich nach Hause genommen. Als er in ihrer Wohnung nicht «ran durfte» hat er sie umgebracht.

Es braucht keinen Psychologen, um die Triebkraft hinter dieser Tat zu erklären. Da hat sich das ewig runtergeschluckte Leid ein Ventil gesucht. Alle die geschlechtlichen Frustrationen, der immer wieder verletzte Stolz, die Unfähigkeit den Frauen gegenüber und tiefe, aufsummierte Wunden der Zurückweisung haben sich ihre Bahn gebrochen.

Glauben Sie, dieser 25-jährige würde so eine Straftat begangen haben, wenn er in der Lage gewesen wäre, jede beliebige junge Frau anzusprechen und sie in innerhalb von ein bis zwei Stunden elegant zu verführen?

Unsere Welt krankt an der schiefgeleiteten Moral, dass Frauen zu erobern weder erstrebenswert sein darf, noch dass (und das ist noch schlimmer) diese Fähigkeit den Männer beigebracht werden soll.

Es gibt so viel Leid auf der Welt wegen der Unfähigkeit der Männer, eine Frau ihrer Wahl zu bekommen. Schlägereien am Wochenende, Autoraserei mit Unfällen, Rassismus, Firmeneroberungen, Wirtschaftskriminalität, Betrügereien, private Überschuldung, Gewalt in der Partnerschaft, Kriege ... Die Mehrzahl der Straftaten zur Erringung von Macht, Einfluss und Ansehen hat frustrierte Sexualität als Hintergrund.

Unsere Welt würde wesentlich friedlicher aussehen, wenn Männer gelernt hätten, elegant Frauen zu erobern.

Ich habe eine These, für die ich mich gerne von Feministinnen steinigen lasse: Alle, die wegen Sexualdelikten einsitzen, sollten Sarging Unterricht bekommen. Was, glauben Sie, hilft diesen Menschen mehr? Bibelkreise, therapeutische Ursachenforschung oder die Fähigkeit, locker und ohne Hemmung jede Art von Frau erobern zu können?

Frauen sind wunderbare Geschöpfe. Wenn Männer wissen, wie sie sich ihnen gekonnt nähern, gibt keinen Grund mehr, seinen Frust mit Gewalt ausleben zu wollen.

## Die spirituelle Komponente des Verführens

Die Welt ist spirituell! Spiritualität ist die Basis aller Existenz. Die Quantenphysiker bekommen Nobelpreise für die Feststellung, dass die Materie nur eine Erfahrung ist, aber keine Realität. Bewusstsein erschafft die Welt und nicht umgekehrt. Wir leben in einer gigantischen Illusion und wissen es nicht.

Spiritualität hilft beim Verführen. Spirituelle Wahrheiten entspannen und geben eine Lockerheit, die durch nichts zu ersetzen ist.

Können Sie sich noch erinnern, mit wie viel Geld Sie in Ihrer Lehre oder als Student ausgekommen sind? Wie Sie sich damals vorgestellt haben, welches Glücksgefühl sich bei Ihnen einstellen würde, wenn Sie eines Tages das Doppelte davon verdienen würden? Heute verdienen Sie das fünf bis Zehnfache. Und, sind Sie glücklich?

Können Sie sich noch erinnern, wie Sie sich das Ziel gesetzt haben, die Schule, die Lehre oder das Studium mit dem Abschluss zu erreichen? Inzwischen haben Sie diesen Abschluss. Und, sind Sie glücklich?

Können Sie sich noch erinnern, als Sie Autofahren lernen wollten? Wie Sie damals gedacht haben, wie glücklich Sie doch würden, wenn Sie das Autofahren endlich beherrschen? Heute beherrschen Sie es. Und, sind Sie glücklich?

Ich bringe den Menschen nicht nur bei, wie man beim Verführen besser wird, sondern auch beim Verhandeln, bei der Schlagfertigkeit, und beim Reden vor Publikum.

Aber eines ist gewiss: Egal, welche Fähigkeit Sie erlernen, es wird Sie nie tief glücklich machen. Selbst wenn Sie pro Woche drei Mädchen ins Bett bekommen, die Freude daran wird nur für kurze Zeit anhalten. Dann versuchen Sie, die Dosis zu erhöhen, aber das Gefühl des «Erfolgs» (genau wie beim «Verliebtsein») bleicht immer mehr aus. [15]

«Verführen» wird Sie nicht tief glücklich machen. Genauso, wie Sie die anderen erlernten Fähigkeiten auch in Wahrheit nicht tief glücklich gemacht haben, wird es auch diese «Fähigkeit» nicht tun. Egal, welches Ziel Sie sich setzen, egal, welchen Erfolg Sie erreichen, egal, welche Beziehung Sie haben, egal, welche Anerkennung Sie von anderen bekommen … Sie sind bisher nie dauerhaft glücklich geworden.

Die Menschen denken immer, das nächste Ziel, der nächste Erfolg, die nächste Beziehung, das nächste Kind, die nächste Fähigkeit wird mir endlich diese Zufriedenheit mit mir selbst geben. Aber irgendetwas in Ihnen weiß es bereits: Genauso, wie es in der Vergangenheit nicht funktioniert hat, wird es auch diesmal nicht funktionieren. Die Menschen getrauen sich nicht einzugestehen, was so offensichtlich ist: Nichts im Außen hat Sie je wahrhaft glücklich gemacht und so wird es auch in Zukunft sein. Denn dieses Glück, das auf Gesundheit, auf Freunde, auf Wohlstand, auf Erfolg, auf Kinder, auf Fähigkeiten aufgebaut ist, ist immer an *Angst* gekoppelt: Die Angst vor dem *Verlust* all dieser Dinge. Was fast niemand weiß: Es gibt ein Glück, ohne Angst – und dieses Glück ist tief und dauerhaft und es verlässt Sie auch nicht mehr.

Wenn Sie gut im Verführen von Frauen sind, dann ist das nichts anderes als eine neue «Rolle», die Sie verinnerlicht haben. Das hat nichts mit dem zu tun, der Sie wirklich sind.

---

15 Viele denken, eine *Beziehung* wäre die Lösung, aber auch das endet durchschnittlich nach drei Jahren in Routine oder Drama, wie alle vorhergehenden Beziehungen auch.

Genauso wie Ihre bisherigen Rollen auch nichts mit Ihrem wahren Selbst zu tun haben. Erfolgreicher Arzt, guter Zuhörer, Deutscher, Fussballfan, Vater, guter Tänzer, Mann.

Sie brauchen die imaginären Gedanken anderer Menschen, um diese Identität aufrecht zu erhalten. Wenn es Ihre eingebildeten Gedanken anderer Menschen über Sie nicht gäbe, hätten Sie keine eigenständige Persönlichkeit mehr, Ihre ganze Identität wäre verloren. Ist Ihnen das bewusst?

Wer ist Ihr wahres Selbst? Wer sind Sie wirklich?

Die Antwort auf diese Frage ist der Kern, um Frieden mit sich selbst und der Welt zu finden. Es ist der Kern, um Glück ohne Angst zu erleben, der Kern, um wirklich, wie ein Zweijähriges, völlig frei von dem Gedanken «Was denken die anderen von mir» zu sein. So etwas gibt es tatsächlich, es ist aber fast niemand bekannt.

Ihr wirkliches «Selbstbewusstsein» wird weder durch Bungeejumping noch durch das Lernen des Redens vor Publikum, noch durch das Lernen von Ansprechen und Erobern der schönsten Frauen der Welt erreicht. (Verstehen Sie mich richtig: Das alles ist nicht verkehrt, ich habe es auch gelernt, aber … es wird Sie halt nicht glücklich machen) Denn die Menschen sind sich nicht ihrer «selbst bewusst». Sie wissen nicht, wer sie sind. Es gibt in Wahrheit keinen wirklich selbstbewussten Menschen, es gibt nur Menschen, die Selbstbewusstsein als *Rolle* spielen. Solange Sie nicht wissen, wer Sie wirklich sind, ist Angst ein ständiger Begleiter in Ihrem Leben. 75% Ihrer Gedanken drehen sich darum, was andere von Ihnen denken könnten. Wenn Sie wirklich selbst-bewusst sind, dann haben Sie nie mehr Angst, was andere von Ihnen denken könnten.

(Falls Sie glauben, Sie gehören schon dazu, dann gehen Sie alleine in die Fußgängerzone und hüpfen 300 Meter auf einem Bein und beobachten dabei Ihre Gedanken)

Wenn jemand sagt: «Jeder hat seinen eigenen Weg zum Glück», dann redet er von etwas anderem als wovon ich rede. Wie für das Wort «Liebe» haben wir auch für das Wort «Glück» nur *eine* Vokabel, aber es gibt zwei unterschiedliche Bedeutungen.
Stellen Sie sich vor, Sie unterhalten sich mit einer Gruppe von Ausländern, die frisch Deutsch gelernt haben, über die Gewinnung von Gold. Dieser Ausländergruppe hat man irrtümlicherweise erklärt, das Eisen im Deutschen «Gold» heißt. Jetzt diskutieren Sie mit dieser Gruppe über die Gewinnung von «Gold» und es gibt natürlich große Missverständnisse. Denn jedes Mal, wenn Sie von Gold sprechen, versteht diese Gruppe «Eisen». Die Ausländer versuchen verzweifelt, Sie von etwas zu überzeugen: «Ja, wir wissen wie Gold gewonnen wird, bei uns gibt es viele, die das machen». Die Ausländer denken an Eisen, wenn sie diese Vokabel benutzen, aber Sie denken an Gold, und ein Verstehen ist nicht möglich.

Das ist ungefähr die Situation, wenn ich mit Menschen über das «Glück» rede.

Die Menschen sind so an Sorgen, Furcht, Angst, Gewissensbisse, Schuldgefühl, Konflikte, Kummer gewöhnt, dass sie das als normal ansehen. Wenn in so einem Leben ein paar Ereignis-bezogene Freudemomente auftauchen, weil man z.B. einen sicheren Job hat oder weil man von anderen anerkannt wird oder weil das Kind zum ersten Mal «Papa» zu einem sagt, bezeichnen sich manche schon als «glücklich». Es gibt ein Glück OHNE Sorgen, Angst, Gewissensbisse, Schuldgefühl, Konflikte und Kummer. Davon weiß aber kaum jemand etwas. Das ist echtes Gold – und nicht nur das Etikett «Gold», womit man Eisen etikettiert hat.

Die Menschen verwechseln kurzzeitige Glücksgefühle mit Glücklichsein. Ein Orgasmus erzeugt ein Glücksgefühl. Aber Ihr Leben ist nicht glücklich, nur weil Sie öfter einen Orgasmus haben. Dasselbe gilt für Erfolg, Wohlstand, Freunde, Partnerschaft und Kinder.

Wenn ich von «glücklich» rede, dann meine ich ein anderes Glück als das zeitweise Zufriedensein auf Grund von äußeren Umständen. Wenn ich von Glück rede, dann meine ich einen dauerhaften Zustand, der von allen äußeren Umständen unabhängig ist. Wenn Sie dieses «Glück» haben, können Sie alles verlieren und Sie werden immer noch sagen «Ja, ich bin glücklich».

Ich benutze das Wort «Glück» oder «glücklich» in meinen Büchern, und auch andere benutzen dieses Wort, sie meinen aber etwas anderes damit. Wir haben dasselbe Wort, aber wir verstehen etwas anderes darunter. Ich meine mit Glück eine von allem unabhängige «Glückseligkeit» (wo Sorgen, Angst und Schuld für immer wegfallen), die alles durchdringt und die NICHTS mehr von dieser Welt braucht. Ja, so etwas *gibt* es! Davon schreibe ich in meinem Buch «Sie wollen keinen Erfolg, Sie wollen glücklich sein. Der Weg zum Glücksdurchbruch» Band 1 und Band 2.

## Wie es für Sie weiter gehen kann

Lesen Sie dieses Buch nicht nur einmal, lesen Sie dieses Buch mehrere Male. Sie werden bei jedem Lesen immer wieder völlig Neues entdecken. Um weiterzukommen, müssen Sie dran bleiben.

Die Techniken, Methoden Tipps und Tricks, die Sie im Buch kennen gelernt haben, sind durch einfaches Lesen, ohne Handeln, noch nicht verinnerlicht und damit nicht präsent, wenn Sie wieder einer schönen Frau begegnen. Die weitere Erfahrung ist, dass die meisten Männer zu bequem sind oder sich einfach nicht getrauen, das hier Gelesene auch auszuprobieren. Das ist die Erfahrung, die ich gemacht habe.

Deshalb empfehle ich Ihnen zusätzlich den Besuch eines Verführungs-Seminars, in dem die Dinge nicht nur intellektuell verstanden, sondern vor allem auch eintrainiert werden. Teil meines Seminars ist immer auch, mit den anderen Teilnehmern nach draußen zu gehen, und die gelernten Dinge bei echten Frauen anzuwenden. Der Gruppendruck bringt Sie dazu, die Dinge auch auszuprobieren, die Sie bis jetzt nur für gut *befinden.*

Wenn Sie Informationen über Orte, Termine und Kosten meiner Seminare haben möchten, klicken Sie in meine Homepage unter www.poehm.com. Die Seminare werden regelmäßig in Deutschland, Österreich und der Schweiz durchgeführt, gehalten von mir persönlich.

Matthias Pöhm – Pöhm Seminarfactory
Alte Stationsstr. 6 – CH-8906 Bonstetten/Zürich
Mail: poehm@poehm.com – Homepage: www.poehm.com

## SIE WOLLEN KEINEN ERFOLG - SIE WOLLEN GLÜCKLICH SEIN

**Der Weg zum Glücksdurchbruch**
Buch 1 und Buch 2

Das "tiefe Glück" ist das letztendliche Ziel unseres Erdenaufenthalts. Es ist das Ziel hinter allen anderen Zielen. Wenn wir Wohlstand wollen, eine gute Beziehung, eine erfüllende Arbeit, suchen wir in Wirklichkeit nur tiefes Glück. Wir machen jedoch den Fehler, nicht in erster Linie das tiefe Glück anzustreben. Denn dann ergäbe sich alles andere von selbst.
Wir haben unser Leben auf Lebensillusionen aufgebaut. Erfolg macht uns im tiefen nicht glücklich, auch unsere Ehe nicht, und auf lange Sicht auch nicht unsere Kinder. Die meisten Menschen versuchen, ihr Leben in den Griff zu bekommen, setzen sich Ziele in Mitten eines uferlosen Ozeans und strampeln wild, in der vagen Hoffnung, dadurch irgendwann festen Grund zu erreichen. Dabei müssten sie nur zu strampeln aufhören und würden feststellen, dass unter ihnen bereits JETZT schon fester Grund ist.

Unser aller Leben steuert auf ein einziges Ziel zu:
Den Glücksdurchbruch.

Statt dem regulären Einzel-Gesamtpreis können Sie Buch 1 + Buch 2 zum ermässigten Paketpreis beziehen. Nur auf www.poehm.com

---

Bestellen unter:
Tel: ++41 44 777 98 41
Email: poehm@poehm.com
**www.poehm.com**

## PRÄSENTIEREN SIE NOCH ODER FASZINIEREN SIE SCHON?

Abschied von “Betreuten Lesen.”
Emotionale Rhetorik statt PowerPoint!

Ihre Firma will anders sein, als alle anderen, da müssen auch Ihre Präsentationen anders sein als alle anderen. Die Logik kann keine Entscheidungen fällen. Nur Gefühle bewegen die Menschen. In diesem Buch erfahren Sie Tricks zum besseren Präsentieren, die Sie so noch nirgendwo anders gelesen haben.
Sie können auf Knopfdruck Faszination auslösen. Das ist kein gutklingender Werbespruch, das geht wirklich! Das Buch zeigt Ihnen wie. Ausserdem: Erfahren Sie, warum Sie auf Ewig auf PowerPoint verzichten können und vor allem, mit welcher Alternative Sie eine fünf Mal höhere Wirkung erzielen.

- Wie funktioniert Überzeugung wirklich
- Wie Sie aus jedem noch so trockenen Thema einen spannenden Krimi machen
- Sich selbst als Macher verkaufen und Meinungsführer werden
- Geschichten so erzählen, dass Sie eine Stecknadel fallen hören können.
- Wie Sie komplizierte Sachverhalte, brillant einfach vermitteln
- Warum PowerPoint und Beamer Wirkung verhindert: Die Tatsachen!
- Zahlen und Diagramme ohne PowerPoint mit dreimal mehr Wirkung darstellen
- Die 5% Ausnahmeregelungen für PowerPoint. Aber wie?
- Durch Präsentationen Ihre Auftragschancen verdoppeln

---

Bestellen unter:
Tel: ++41 44 777 98 41
Email: poehm@poehm.com
**www.poehm.com**

## SCHAGFERTIGKEIT IN PREIS- UND HONORARVERHANDLUNG

Die meisten freien Dienstleister, wie Anwälte, Softwareentwickler, Unternehmensberater, Ärzte,... usw. haben nicht gelernt sich selbst zu verkaufen. Das erbrachte Leistungen auch ihren Preis haben, muss dem Gegenüber so vermittelt werden, dass eine Diskussion darüber gar nicht erst aufkommt. Vielen fehlt der Mut ihre Preise durchzusetzen. Dieses Buch zeigt Ihnen hoch-wirksame Methoden und Tricks, wie Sie im Honorargespräch um ein Vielfaches häufiger als bisher, Ihre Preise durchset.

- Matthias Pöhm hat einen durchgestylten Gesprächsablauf entwickelt, der Ihnen stabile Leitplanken für ein stressfreies erfolgreiches Gespräch gibt. Sie erfahren den psychologisch idealen Moment, um auf den Preis zu sprechen zu kommen.

- Der systematische Aufbau dieses Gesprächsverlaufs und seine geplante Dramaturgie macht es unwahrscheinlich, dass der Kunde am Preis herumdiskutieren will. Nach der Lektüre dieses Buches müssen Sie nie mehr fürchten, dass ein Kunde sagt: "Das ist aber teuer" oder "Die Konkurrenz macht das aber billiger."

---